불편한
연금책

김태일

고려대학교 행정학과 교수. 서울대학교 경제학과를 졸업하고, 미국 카네기멜론대학교에서 박사 학위를 받았다. 국내에서 손꼽히는 재정 전문가로 현재 고려대학교 고령사회연구원 원장을 맡고 있다. 2010년부터 '함께하는시민행동' 공동대표, '좋은예산센터' 소장을 맡아 시민운동가로도 폭넓게 활동하고 있다.《국가는 내 돈을 어떻게 쓰는가》《재정은 어떻게 내 삶을 바꾸는가》《한국 경제, "경로를 재탐색합니다"》《복지의 문법》(공저) 등을 집필했다.

불편한 연금책
ⓒ 김태일, 2023

초판 1쇄 인쇄 2023년 11월 8일
초판 1쇄 발행 2023년 11월 24일

지은이 김태일
펴낸이 이상훈
인문사회팀 김경훈 최진우
마케팅 김한성 조재성 박신영 김효진 김애린 오민정

펴낸곳 ㈜한겨레엔 www.hanibook.co.kr
등록 2006년 1월 4일 제313-2006-00003호
주소 서울시 마포구 창전로 70(신수동) 화수목빌딩 5층
전화 02) 6383-1602~3 **팩스** 02) 6383-1610
대표메일 book@hanien.co.kr

ISBN 979-11-6040-710-5 03300

불편한 연금책

놀랍도록 허술한
연금 제도 고쳐쓰기

김태일 지음
고려대학교 고령사회연구원 기획

2060
2055
2050
2045
2040
2035
2030
2025
2020

한겨레출판

차례

I. 연금 제도 바로 알기

1장. 연금의 이해

2장. 세대 간 계약의 공정성

3장. 우리 연금, 이대로 괜찮을까

왜 지금 연금 개혁인가?

놀랍도록 허술한 우리의 노후 소득 보장 제도

인간의 특성을 정의하는 용어 중 '경제인호모 에코노미쿠스'이라는 것이 있다. 원뜻은 '경제적 이익에 따라 행동한다'는 것이라지만, 나는 사람이 살아가며 겪는 온갖 문제 중 상당수가 경제적인 문제라는 의미로 해석한다.

생의 각 단계에서 겪는 경제적 문제는 다양하다. 그중 개인적인 것은 차치하고 대다수가 공통으로 겪는 것들만 추려보자. 성년이 되어 처음 사회에 진출할 때는 어떤 일자리를 갖느냐가 으뜸 되는 문제다. 취업 다음에는, 혼자 살든 가족을 이루든, 주거가 큰 문제다. 결혼해서 아이를 낳으면 양육 관련 온갖 비용이 문제다. 양가 부모가 손주 키워주기 힘든 상황의 맞벌이라면 아이 돌보는 분들의 급여가 큰 부담이다. 또 취학 전부터 예체능·

어학·두뇌 개발(?) 등 각종 학원 등록비도 만만찮다. 취학 이후 대학 입학 때까지 들어가는 막대한 사교육비는 두말할 나위가 없다. 자식 다 키워놓고 나면 노후가 걱정이다. 과거와는 비할 바 없이 길어진 노년기로 인해 진작부터 노후를 준비해야 한다는 것을 알고는 있다. 하지만, 집 장만하고 자식 키우는 데 모든 힘을 쏟느라, 자기 노후를 위한 준비는 소홀할 수밖에 없다.

　　문명이 발달하고 사회가 발전한다는 것, 경제가 성장하고 잘 살게 된다는 것은 무엇일까. 살면서 부딪치는 온갖 경제적 문제를 이전보다 잘 해결할 수 있다는 것, 이를 위해 져야 하는 부담이 줄어든다는 것 아닌가. 근대 이전 사회에서는 경제력이 낮은 탓에, 말 그대로 먹고사는 문제, 매일의 끼니 걱정 더는 것도 버거웠다. 하지만 산업 혁명 이후 생산력이 비약적으로 높아졌고, 그 덕에 인류는 그런 원초적인 생활고에서는 벗어났다. 하지만 여전히 살면서 맞닥뜨리는 경제적 어려움은 즐비하다.

　　"앞으로 100년 후에는 경제적 걱정에서 벗어날 것이다. 경제 문제는 결코 인류 사회의 해결 불가능한 영구 문제가 아니다." 20세기 전반기, 대공황으로부터 자본주의를 구하는 데 혁혁한 공헌을 한 경제학자 케인스가 1928년에 한 말이다.[1] 그는 앞으로 100년간 1인당 GDP는 적어도 네 배 이상 여덟 배까지 늘어날 것으로 전망했다. 소득이 그 정도로 커지면, 일주일에 15시간만 일해도 살아가는 데 필요한 온갖 수요를 충족할 수 있다고 했다. 그러고는 이어서 이렇게 말했다.

---

[1]　본문의 케인스에 대한 논의는 내가 2017년에 출간한 저서 《한국 경제, "경로를 재탐색합니다"》의 7장에서 인용한 것이다.

"인류 역사상 처음으로 진정한 문제에 봉착할 것이다. 이는 경제적 걱정에서 해방됨으로써 갖게 된 자유를 어떻게 활용할 것인지, 과학과 복리가 안겨줄 여가 시간을 어떻게 채우면서 인생을 보람 있게 살아갈 것인가이다."

케인스가 예언한 100년이 거의 지났다. 100년간 소득 수준이 네 배 이상 늘어날 것이라는 예측은 맞았다. 사실은 초과 달성했다. 오늘날 대한민국의 1인당 GDP는 100년 전의 한국은 말할 것도 없고 당시의 영국과 비교해도 네 배가 훨씬 넘는다. 이처럼 소득 수준 향상에 대한 예측은 맞았으나 나머지는 전혀 아니다. 일주일에 15시간만 일한다는 예측이 틀린 것은 물론이고, 여전히 경제적 걱정으로부터 자유롭지 못하다. 케인스의 예언이 틀린 이유는 자명하다. 경제력이 커진 만큼 인간의 욕망도 커졌고, 게다가 늘어난 부가 골고루 배분되지도 않았기 때문이다.

케인스는 탁월한 학자면서 유능한 주식 투자가였고 외교에도 출중한 면모를 보였다. 순진한 백면서생과는 거리가 멀었던 그가 진심으로 그리되리라 믿었을 것 같지는 않다. 케임브리지 대학생을 상대로 한 강연의 한 대목이었다니, 젊은 엘리트들에게 그런 미래를 만들어보라는 격려 차원에서 한 말일지도 모르겠다.

케인스는 2차 세계 대전 종전 직후 62세, 요새 기준으로는 상당히 이른 나이에 죽었다. 만일 그가 더 오래 살아서 2차 세계 대전 이후 수십 년간 서구 사회에서 진행된 경제·사회 진보, 그리고 그 결과물인 복지국가 출현을 목격했다면 낙담하기보다는 뿌듯해했을 것 같다. 그리고 20세기 말부터 삐걱거리기는 했어도 여전히 건재한 오늘의 복지국가에 대해서도 우려는 할망정 비관하지는 않을 것 같다.

비록 케인스의 예언에는 못 미쳐도, 서구 사회는 높아진 경제력과 늘어난 생산물을 기반으로 튼튼한 사회안전망을 구축했다. 그래서 과거에는 대다수 사람이 공통으로 겪어야 했던 경제적 고민 중 상당 부분을 해결했다. 대표적인 것이 노후 소득 보장이다. 요즘 우리는 노인 빈곤이 심각하다는 얘기를 많이 한다. 노인이 빈곤한 것은 예전에도 마찬가지였지만 노인 규모가 과거보다 훨씬 커졌기에 가시적인 문제로 대두한 것이다. 나이 들어 기력 쇠해서 일하지 못하면 어쩌겠는가. 정성껏 돌봐줄 자식 있으면 다행이지만, 그런 노인은 과거에도 많지 않았다. 과거에는 대다수가 농부 등 자영업자여서 정년퇴직이란 게 없었고, 또 거동 불편할 때까지 오래 사는 경우도 흔치는 않아서 큰 문제가 아니었을 뿐이다.

산업화 이후 비약적인 생산력 향상으로, 모두가 잘살게는 못해도 대다수가 빈곤에서 벗어나게 할 수는 있게 됐다. 빈곤층 중 가장 규모가 큰 집단은 노인이었다. 산업화로 인해 '은퇴'를 해야 하는 임금근로자가 되었고, 수명도 늘었기 때문이다. 그래서 복지국가가 출현하면서 가장 역점을 둔 것이 노인 빈곤 해결이었고 이를 위해 연금이 등장했다.

"연금 덕에 노인 빈곤은 크게 개선됐다. 오늘날 노인 빈곤율은 비노인 빈곤율보다 낮다. 또한 연금 생활자의 생활 수준 격차는 크지 않다. 노인 집단의 소득 불평등도는 비노인 집단보다 낮다. 물론 고령화로 인해 연금 지출이 늘면서 국가 재정에 상당한 부담이 되긴 했다. 하지만 노후 빈곤 해소는 복지국가의 기본 목적이기에 훼손할 수 없었다. 연금 수급은 미래에도 계속되어야 하므로 지속 가능한 연금 재정 체계를 구축해야 했다. 연금 재정의 지속 가능성과 노후 소득 보장의 조화는 1990년대 이후 복지 국가 개혁의 핵심이었고, 다수 국가는 이 과제를 해냈다. 규모가 커서 부담은 되지만, 이를 감당할 재정 구조를 갖추었다. 예전보다 급여액이 감소하고 더 오랜 기간 일해야 하지만, 연금은 여전히 노후 생활의 든든한 버팀목 역할을 한다. 고령화가 진행 중이지만 재정 안정화와 노후 소득 보장의 조화를 위한 노력과 진통(!) 역시 계속되기에 자기 늙었을 때 연금 못 받을까 걱정하는 사람 없고, 이럴 바에야 연금 폐지하자는 목소리는 들을 수 없다."

내가 앞 문단을 따옴표로 묶은 까닭은? 이는 서구 사회에 관한 얘기이며, 우리는 해당 사항이 없기 때문이다. 우리 연금 체계가 노후 소득 보장도 제대로 못 하면서, 재정의 지속 가능성 역시 결여됐다는 것, 그래서 차라리 연금 없애자는 말이 나온다는 데는 긴 설명이 필요 없겠다.

이 책을 쓰는 동안 다양한 감정을 겪었다. 분노, 자괴감, 죄책감, 안타까움이 오갔다. 제일 먼저 화가 났다. 어떻게 국민의 노후 대책을 이리도 엉망으로 만들어놨느냐는 생각 때문에 울화가 치밀었다. 이 세상에 이토록 엉망인 노후 소득 보장 제도를 가진 나라는 우리밖에 없다.[2] 우리 정도의 경제력을 지니고 이토록 노후 소득 보장이 빈약하고 지속 가능성이 취약한 연금 체계

---

2   내가 지칭하는 '이 세상'은 흔히 우리가 선진국으로 생각해서 벤치마킹했던 국가들, 그러니까 영미권과 서유럽 국가들을 말한다. 만일 전 세계를 뒤지면, 어쩜 우리보다 더 엉망인 노후 소득 보장책을 지닌 나라를 찾을 수도 있겠다.

불편한 연금책

를 지닌 나라는 달리 없다. 대체 우리의 정치인과 관료들은 요 모양 요 꼴이 되도록 뭘 했느냐고 원망했다. 자괴감과 죄책감도 느껴야 했다. 명색이 행정학자이고 재정과 복지를 연구한다고 내세우면서 이토록 연금 체계가 망가졌는데도 그저 관망했다는 것에, 나 자신이 창피했고 나의 게으름을 후회했다.

안타까움도 컸다. 국가란 무엇인가. 국민을 보호하고 안녕을 보장하는 것은 국가의 기본 책무이다. 삶을 위협하고 위험에 빠뜨리는 수많은 요인 중 개인이 대처할 수 없는 것, 그리고 대처할 수는 있으나 공동 대응이 더 효과적인 것을 책임지고 해결하는 게 국가의 역할이다. 노후 소득 보장도 그중 하나이다. 노후 빈곤율이 높은 것은, 우리가 베짱이처럼 내일을 준비하지 않아서가 아니다. 개인이 스스로 알아서 노후 대비 잘하는 사회는 전 세계 어디에도 없다. 국가가 제대로 된 노후 소득 보장 체계를 마련하지 않으면, 다수는 늙어서 빈곤하기 마련이다(1장 참조).

얼마 전 동료 학자에게 놀라운 얘기를 들었다. 청년층 집단 면접 조사에서 출산 기피 이유를 물었더니, 한 참여자가 '아이를 키우느라 본인 노후 대비는 못 할 것 같아서'라고 답했다고 한다. 또 다른 참여자는 '내 아이가 성인이 되었을 때의 세상은 너무 살기 힘들 것 같아서'라고 답했다고 한다. 소수 의견일 것이다. 설마 이런 생각을 지닌 청년들이 다수는 아닐 것이다. 그렇더라도 충격적이다. 충분한 경제력도 갖췄고 국민은 성실한데, 대체 왜 우리는 자신의 노후를 걱정하고 아이들의 미래를 근심해야 하는가.

머리말을 쓰면서 저자가 이토록 흥분하는 게 이상하게 여겨질 수 있다. 하지만 이 책을 읽으면 이해할 것이다. 그리고 나한 테 동조할 것이다. 국민의 삶과 국가 재정에 막대한 영향을 미치는 정책이, 이토록 엉성하게 설계되고 허술하게 운영되고 있음에 정말 놀랄 것이다.

책의 주요 내용

이 책은 프롤로그와 에필로그를 제외하면 총 10개의 장으로 이뤄져 있다. 1장에서는 연금이 필요한 이유와 연금의 속성에 관해 논의했다. '만일 연금이 없다면'이라는 가상 상황에 대한 논의로부터, 왜 연금 지출로 큰 재정 부담을 지면서도 모든 나라는 이 제도를 유지하고 있는지를 설명했다. 이어서 연금의 속성은 무엇인지를 논의했다. 연금은 보험이면서 저축의 속성도 지녔다. 그래서 보험 속성만 지닌 다른 사회보험보다 지속 가능성이 더욱 중요하다. 또한 연금은 노후 대비를 위한 근로 시기의 저축으로 이해할 수도 있고, 노인 부양에 관한 세대 간 계약으로 간주할 수도 있다. 둘 중 어느 것으로 이해하느냐에 따라 지속 가능성을 위한 조건은 달라질 수 있다.

2장에서는 1장 말미의 논의를 이어서 연금이 지속 가능하기 위한 조건을 살폈다. 연금이 저축이라면 '낸 원금(보험료)+운용 수익'만큼 급여를 받을 때 수지 균형이 맞아서 지속 가능하다. 연금이 세대 간 계약이라면, 당대의 근로 세대가 낸 보험료로 당대의 노인 세대 급여를 충당하는 식으로 지속된다. 따라서 근로 세대와 노인 세대의 상대 인구 규모에 따라 시기별 근로 세대의 보험료 부담은 달라진다. 근로 세대가 노인 세대보다 훨씬 많으면 작은 보험료 부담으로도 제법 괜찮은 수준의 급여 지급이 가능하다. 하지만 노인 세대가 많아질수록 근로 세대의 보험료 부담은 높아진다. 우리의 고령화 속도를 감안하면 수십 년 뒤에는 근로 세대 보험료로 노인 세대 급여를 충당하는 것이 거의 불가능하다. 그때에도 연금이 지속 가능하려면 훨씬 일찍부터 '낸 보험료+운용 수익' 정도를 받도록 해야 한다. 이처럼 고령화 속의 연금 지속 가능성 조건을 도출하면서, 현 대한민국 사회의 세대 간 공정성을 평가했다.

3장에서는 국민연금의 노후 소득 보장 기능을 다른 OECD 국가들과 비교하여 평가하고, 우리의 연금 급여액이 작은 이유를 규명했다. 대한민국 노인의 연금 소득은 OECD 국가 중 최하위 수준이다. 연금 소득이 작은 탓에 일하는 노인이 많아서 근로 소득 규모는 최고 수준이며, 그럼에도 노인 빈곤율이 매우 높다. 우리의 연금 소득이 작은 이유를 파악하기 위해 제도 설계상의 연금 급여액을 다른 국가와 비교했다. 이 과정에서 특히 전문가들 사이에서 논란이 되었던 OECD 보고서의 '한국의 소득 대체율'에 대해 상세히 검토했다. 또한 연금 보험료 납부율과 납부 기간도 비교 분석했다. 이를 통해 국민연금의 노후 소득 보장 기능이 취약한 핵심 이유는 짧은 가입 기간과 넓은 사각지대임을 밝혔다.

4장에서는 국민연금의 역진성에 대해 논의했다. 국민연금 급여에는 소득 재분배 장치가 있다. 그래서 소득 대체율 혹은 낸 보험료 대비 받는 급여액 비율은 소득이 낮을수록 높아진다. 이

것만 보면 국민연금은 소득 재분배에 기여할 것 같다. 실제로는 정반대로 역진적이다. 이는 소득에 따른 가입 기간 격차가 크기 때문이다. 국민연금의 혜택, 즉 낸 것보다 많이 받는 금액은 가입 기간에 비례한다. 그런데 소득이 낮을수록 가입 기간이 짧으며, 여성의 가입 기간은 남성보다 짧다. 이 때문에 국민연금의 혜택은 역진적이며, 여성은 남성보다 미수급자가 많고 수급자의 급여액도 작다. 4장에서는 이런 현황을 구체적으로 밝혔으며, 이를 통해 국민연금 개혁에서는 전반적인 가입 기간을 늘리는 것과 함께, 소득과 성별에 따른 가입 기간 격차를 줄이는 것이 중요함을 보였다.

5장에서는 노후 소득 보장 체계 구성 원리에 대해 설명했다. 연금 체계는 통상 비스마르크형과 베버리지형이라는 두 유형으로 구분한다. 비스마르크형은 사회보험 방식의 공적연금이 중추 역할을 하고 저소득층을 위한 보충 연금과 중산층 이상을 위한 퇴직연금이 보완하는 방식이다. 베버리지형은 노후 소득 보장에서 사적연금(퇴직연금)도 공적연금(기초연금과 소득 비례 연금)에 버금가는 역할을 담당하는 방식이다. 상대적인 중요성에 차이는 있지만 오늘날 대다수 국가의 노후 소득 보장 체계는 조세·사회보험료 재원의 공적연금 및 사적연금(퇴직연금)의 다층 체계로 이뤄져 있다. 우리의 노후 소득 보장 체계 역시 조세 재원의 기초연금, 사회보험 방식의 국민연금. 사적인 퇴직연금의 3층으로 구성되어 있다. 그러나 우리는 각각이 부실하며 제도 간 정합성을 지니지 못하여 노후 소득 보장 기능이 미약하다.

6장에서는 기초연금 개혁을 논의했다. 우리 기초연금은 빈곤 노인에게 지급하는 것도 아니며, 그렇다고 모든 노인에게 지급하는 것도 아니다. '노인의 70%'라는 선정 기준은 우리만의 독특한 것이다. 그래서 대체 이런 지급 기준이 어떻게 만들어진 것이며, 무슨 문제가 있는지 검토했다. 기초연금의 목적이 빈곤 방지라면 그에 걸맞게 빈곤 노인에 집중해야 한다. 기초연금의 목적이 모든 노인의 최소한 소득 보장이라면 모든 노인에게 지급하고, 그 대신 국민연금을 축소해야 한다. 두 대안 중 우리에게는 전자가 현실적인 대안임을 논의했다. 단, 현행 체계로부터 '빈곤 노인 집중'으로의 전환은 시간을 두고 천천히 진행되어야 함을 강조했다.

7장에서는 국민연금 보장성 강화 방안을 논의했다. 1부에서 살폈듯 국민연금 급여액이 낮은 주된 이유는 짧은 가입 기간이며, 소득 계층 및 성별에 따른 가입 기간 격차는 저소득층과 여성의 노후 소득을 더욱 취약하게 한다. 따라서 보장성 강화 방안은 전반적인 가입 기간을 늘리는 동시에 소득 계층·성별에 따른 가입 기간 격차를 완화하는 것이어야 한다. 이를 위해 가입 상한 연령 상향, 18세 자동 가입, 군 복무·출산·실업 크레딧 확충, 저소득 지역 가입자 보험료 지원을 제안했다.

8장에서는 퇴직연금 개혁을 논의했다. 퇴직연금 개혁은 이 책에서 특히 강조하고 싶은 부분이다. 2022년에 우리 국민이 퇴직연금 보험료로 낸 돈은 국민연금 보험료로 낸 돈보다 많다. 10년 뒤의 퇴직연금 적립금은 1000조 원이 넘고, 그 후에도 계속 커질 전망이다. 그런데 퇴직연금은 운용 수익률이 국민연금에 훨씬 못 미치며, 노후 소득 보장 기능을 거의 못 하고 있다. 다른 나라는 전혀 다르다. 우리가 국민연금 운용 수익률 높이겠다고 참조하는 나라들의 퇴직연금은 우리 국민연금보다 수익률이 높으며, 공적연금을 보완하여 노후 보장 기능을 당당히 수행하고 있다. 그런데 왜 우리는 못 하는가. 8장에서는 우리 퇴직연금이 얼마나 엉망인지 현황을 공개하고, 대체 우리는 다른 나라보다 뭐가 부족해서 그런지를 설명했다. 그리고 우리 퇴직연금이 이토록 엉망인 데는 정부 책임이 크다는 것을 강조하면서, 제대로 된 퇴직연금 운영 방안을 제시했다.

9장에서는 국민연금의 지속 가능성을 높이는 방안을 논의했다. 지속 가능성을 높이려면 더 내거나, 기금 운용 수익률을 높이거나, 덜 받아야 한다. 가장 좋은 것은 수익률을 높이는 것이다. 하지만 쉬울 리 없다. 여기서는 얼마나 수익률을 높일 수 있는지, 주의해야 할 점은 무엇인지를 논의했다. 덜 받는 방법에는 두 가지가 있다. 급여액을 줄이거나 수급 개시 연령을 늦춰서 받는 기간을 줄이는 것이다. 지금도 연금 급여가 많은 편은 아니니 급여액 줄이기는 어렵다. 그렇다면 수급 개시 연령 늦추는 것은 어떤지, 주의할 점은 무엇인지를 논의했다. 국민연금 보험료율은 낮다. 다른 나라와 비교해도 낮고 받는 급여액과 비교해도 낮다. 수익률 높이고 덜 받는 것만으로는 지속 가능성을 높이는 데 제한적이다. 결국 더 내야 한다. 부담이 되어도 할 수밖에 없다. 우선은 보험료율을 높여야 하며, 그래도 모자라면 일반 재정(조세) 투입도 검토할 수 있겠다. 이에 따라 재원 확충 방안으로서 보험료 인상과 일반 재정 투입의 차이와 주의점을 논의했다.

10장에서는 공무원 연금 개혁을 논의했다. 국민연금을 개혁하려면 공무원 연금도 개혁해야 한다. 국민연금 개혁의 핵심 과제 중 하나는 낸 것보다 많이 받는 구조를 바꾸는 것이다. 그런데 공무원 연금은 낸 것보다 많이 받는 정도가 국민연금보다 더 심하다. 이런 상황에서 공무원 연금은 그대로 둔 채 국민연금만 바꾸면 수용성이 약하다. 또한, 미래의 기금 고갈을 염려해서 국민연금을 개혁한다면서, 이미 기금이 고갈되어 매년 상당한 규모의 재정이 투입되는 공무원 연금을 그대로 둔다면 역시 설득력이 약하다. 확실히 공무원 연금 개혁은 필요하다. 그렇다면 어떻게? 과거 공무원과 일반 국민 대상 연금을 분리 운영했던 다수 국가가, 이제는 둘을 통합했다. 우리도 공무원 연금 개혁의 종착지는 둘의 통합이 될 것이다. 하지만 분명히 할 것이 있다. 그동안 분리 운영한 이유이다.

공무원은 민간 기업 종사자와는 다른 특수성이 있다. 민간 기업보다 좋은 점도 있고 불리한 점도 있다. 이의 균형을 맞추기 위한 장치 중 하나가 민간 기업보다 후한 연금이다. 공무원 연금을 민간 기업 대상 연금(국민연금+퇴직연금)과 동등하게 바꾼다면 공무원의 특수성을 반영하는 또 다른 장치가 있어야 한다. 한편, 공무원 중에는 공무원 연금이 국민연금보다 불리하다고 믿는 분도 있다. 내는 것은 두 배인데(국민연금 9%, 공무원 연금 18%), 받는 것은 두 배에 못 미치니, 보험료 대비 급여 비율을 따지면 더 손해라는 것이다. 실상은 전혀 아니다. 어떤 기준으로도 공무원 연금이 훨씬 이득이다. 개혁의 시작은 실상을 올바르게 파악하는 것이다. 그래야만 문제점도 올바르게 알 수 있고, 제대로 된 대안을 도출할 수 있다. 그래서 10장에서는 공무원 연금이 국민연금

프롤로그 왜 지금 연금 개혁인가?

보다 얼마나 후한지를 평가하는 것부터 시작했다. 그다음으로 공무원 연금이 국민연금보다 더 후하게 설계된 이유를 설명하고, 향후 공무원 연금의 개혁 방안을 논의했다.

그 밖에 전하고 싶은 얘기들

이 책은 대중서다. 연금의 원리, 체계, 현황, 개혁 방안에 대한 논의는 상당 부분 전문적인 내용으로 채워질 수밖에 없다. 그럼에도 전문서 대신 대중서 형식을 택한 것은, 더 많은 사람에게 실상을 제대로 알리고 연금 개혁의 공감대를 넓히기 위해서다. 더 많은 독자를 만난다는 이점을 취하려면 반대급부로 포기해야 하는 것도 있기 마련이다. 가장 큰 것은 상세한 설명을 담지 못한다는 점이다. 전문적인 내용을 상세하게 다루면 대중서가 아니다. 그래서 다소 복잡한 내용은 생략했다. 간략하게 논의하다 보니 얼마간 오해의 여지도 있을 것 같다. 또한, 더 깊이 알고 싶은 독자의 욕구를 채우기에는 부족하다. 어쩔 수 없는 일이다. 그래도 이런 한계를 줄이기 위해 대중서치고는 주석을 상세하게 달았다. 그리고 주석 방식으로는 책의 맨 끝에 두는 미주 대신 본문과 함께 배치하는 각주를 택했다. 대중서는 통상 미주 형식을 취한다. 그런데 주석을 책의 맨 끝에 달면 찾아 읽기가 번거로워서 대개는 안 읽는다. 비록 대중서지만 주석도 함께 읽기를 바라는 마음에서 각주로 처리했다.

대중서를 지향하며 풀어 쓴다고 했지만, 연금 실상과 개혁이라는 주제가 여행기나 맛집 탐방기처럼 흥미로울 리는 만무하다. 많은 사람이 읽기를 바란다고 했으나, 이 소망이 얼마나 충족될지는 잘 모르겠다. "아는 만큼 보인다." 교양서의 절대 지존인 《나의 문화유산 답사기》의 유명한 구절이다. 연금이 문화유산은 아니지만, 나의 삶에 매우 큰 영향을 미친다. 우리의 연금 체계가 엉망인 이유 중 으뜸은 국민의 무관심이다. 친지들과 얘기해 보면 자신들이 가입한 국민연금과 퇴직연금에 대해 놀랍도록 모른다. 모르니 관심이 없고, 관심이 있는 경우도 오해가 많다. 국민이 관심 없는데 정치권과 정부가 알아서 잘 만들고 정성껏 운영할 리 없다. 그다지 재밌지 않더라도 눈 밝은 시민들이 많이 읽으면 좋겠다. 읽고 난 후 주위에 적극 추천하면 더욱 좋겠다.

책 내용 중 일부는 기존에 내가 쓴 글에서 따왔다. 학술 논문이면 본인 글이라도 모든 인용 부분마다 정확한 인용 주를 달아야 한다. 하지만 대중서임을 감안해서 꼼꼼하게 인용 주를 다는 대신, 각 장의 첫 부분에 어디에서 인용했는지 개괄적으로 밝히면서 넘어가기도 했다. 대표적인 것이 〈경향신문〉 칼럼이다. 이책을 집필하는 동안 〈경향신문〉에도 칼럼을 기고했다. 내 전공을 살려서 복지와 재정 이야기를 쓰기로 마음을 정했다. 연금은 대표적인 복지와 재정 정책이기도 하고, 이 책 집필 기간 내내 연금 이슈에 꽂혀 있었기 때문에, 칼럼 내용을 이 책의 얘기로 채웠다. 책 원고를 먼저 쓴 다음 그 내용을 칼럼에 실은 것이지만, 칼럼이 먼저 게재되었으니, 이 책의 해당 장에서 〈경향신문〉 칼럼에도 유사한 내용이 실렸음을 밝혔다. 몇몇 학술 논문도 마찬가지로 방식으로 인용 주를 달았다. 그리고 직접 인용하지는 않았지만 내가 연금을 공부하면서 읽었던 글 중 중요한 것들도 참고 문헌에 따로 정리했다.

한창 이 책을 집필 중이던 2022년 말 고려대학교에 고령사회연구원이 생겼고 내가 초대 원장이 됐다. 이름대로 고령 사회의 제반 문제를 연구하는 곳이다. 연금은 대표적인 고령 사회의 문제다. 통상 연구 기관에서 책을 낼 때는 머리말에 '이 책의 내용은 저자의 견해일 뿐이며 연구원과는 관련이 없다'는 식의 단서를 단다. 나는 이런 관행이 불만이다. 연구원 이름을 달았는데, 어떻게 책임이 없겠는가. 이 책은 그런 단서를 달지 않겠다. 오히려 당당히 밝히겠다. 이 책 속의 각종 판단과 제안은, 내 주장이면서 또한 고려대학교 고령사회연구원의 의견이기도 하다고.

이 책 이전, 나는 복지와 재정을 주제로 책을 집필 중이었다. 그 내용에는 연금에 대한 논의도 포함됐다. 특히 연금은 복지와 재정의 핵심 주제라서 세 개 장을 할애했다. 원고가 마무리 단계에 접어들 무렵, 연금 개혁이 우리 사회의 중요 의제로 등장했다. 그런데 연금 개혁에 대한 일반인, 특히 젊은 층의 반응은 부정적이었다. 그렇다고 정치권이 국민의 냉담 혹은 반대를 무릅쓰고 개혁을 이루겠다는 의지가 충만한 것 같지도 않았다. 힘겨운 연금 개혁에 조금이나마 힘을 보태고 싶었다. 학자가 가장 잘할 수 있는 도움은 관련 책을 쓰는 것일 테다. 세 개 장이던 연금 논의를 독립된 한 권의 책으로 확충할 것을 결정했고, 그래서 이 책이 나오게 됐다. 애초 집필 중이던 '복지와 재정' 책은 한국연구재단의 지원을 받았다. 그중 일부를 확장한 것이니 이 책도 한국연구재단의 지원을 받은 셈이다. 이에 따라 판권 면에 사사 표기를 했다.

한 권의 책이 나오기까지 많은 사람의 노력이 필요하다. 저자로서 이 책의 완성을 위해 수고하신 분들께 감사드린다. 우선 이 책의 편집을 담당한 김지호 편집자에게 감사드린다. 김지호 편집자는, 내가 쓰면서도 약간 어렵겠다고 생각한 부분은 어김없이 잡아내서 풀어 쓸 것을 요청했고 중언부언한 표현은 가다듬었다. 그 덕분에 내용이 좀 더 명료해지고 문장이 매끄러워졌다. 출간을 총괄한 한겨레출판의 김경훈 대리에게도 감사드린다. 김경훈 대리는 빡빡한 출간 일정을 맞추기 위해 많은 애를 썼다. 덕분에 일정에 맞춰 책이 출간될 수 있었다. 또한, 디자인을 맡은 주영훈 님께도 감사드린다. 덕분에 책이 단정하고 참한 모습을 갖추게 됐다.

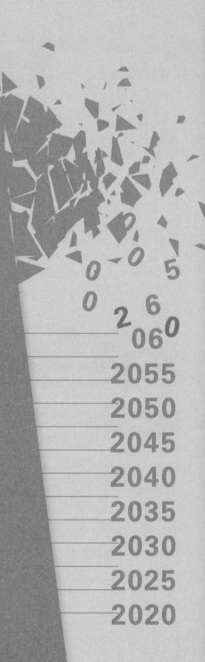

Ⅰ
연금 제도
바로 알기

연금의 이해

우리에게 연금이 없다면

근본적인 질문부터 해보자. 연금이 필요한 이유는 무엇일까? 나이 들어 은퇴하면 수입원이 끊긴다. 그때를 대비해서 근로 시기 동안 미리 저축해 두는 것은 필요하다. 그런 면에서 노후 대비 수단으로서 연금이 필요하기는 하다. 문제는 각자 알아서 준비하게 두지 않고 왜 정부가 강제하는가이다.

대부분의 사람은 개인의 노후 소득 보장을 위해 정부가 연금 제도를 운용하는 것에 반대하지 않을 것이다. 물론 우리 사회에는 국민연금에 대한 불신과 불만이 팽배해 있다. 특히 젊은 층에서 심하다. 하지만 이는 국민연금의 지속 가능성 혹은 세대 간 불공평 논란 때문에 생긴 것이지 공적연금의 필요성 자체를 부정하기 때문은 아니다. 하지만 진지하게 정부의 연금 운영을 반대하는 사람들도 있다. 대표적인 자유주의 경제학자인 밀턴 프리드먼Milton Friedman 교수도 그중 한 명이다. 그는 1962년에 쓴《자본주의와 자유》라는 책에서 국가가 국민에게 연금 가입을 강제하는 것은 잘못이라고 말했다. 대충 이런 얘기다.[3]

"국가가 국민의 노후를 보장해야 하는가? 이를 위해 연금 가입을 강제할 권한이 있는가? 개인의 자유를 존중한다면, 남에게 피해를 입히지 않는 한 본인에게 해로운 결정을 하는 자유도 인정해야 한다. 철수가 '노세, 노세, 젊어서 노세. 늙어지면 못 노나니'를 외치며 저축은 일절 않고 번 것을 몽땅 써버린다고 해서, 충고는 해줄 수 있을지언정, 못 하게 막을 권리는 우리에게 없다.

혹자는 연금 제도를 통해 노후 대비 저축을 강제하지 않는다면, 노인 빈곤 대처를 위해 국가가 별도로 지출해야 하는데, 이는 그만큼 납세자 부담을 늘린다고 한다. 즉 강제 저축은 본인이 아니라 다른 사람의 이익(부담 감소)이라는 면에서 정당성을 지닌다고 한다. 연금 제도가 없을 때, 스스로 노후를 대비하지 않는 사람이 다수라면 이 주장은 일리가 있다. 그러나 그런 사람이 소수라면 그렇지 않다. 왜 1%가 사회에 끼치는 부담을 걱정해서 99%의 자유를 제한해야 하는가? 스스로 노후를 대비하기 어려운 소수에게는 공공부조를 통한 국가 지원이 필요할 것이다. 하지만 나머지 다수는 자발적으로 노후를 대비하게 맡기는 것이

---

3 밀턴 프리드먼, 심준보·변동열 옮김,《자본주의와 자유Capitalism and Freedom》, 청어람미디어, 2007. 혹은 *Capitalism and Freedom*(40th Anniversary Edition), University of Chicago Press, 2002. 이 책에 실린 내용을 필자가 요약한 것이다.

불편한 연금책

강제적인 연금 가입보다 낫다."

　오늘날 제대로 된 국가치고 연금 제도 없는 나라는 없다. 그리고 연금 제도를 운영하는 나라치고 재정의 지속 가능성을 고민하지 않는 나라도 찾기 어렵다. 그래서 프리드먼 교수처럼 연금이 필요 없다고는 생각하지 않더라도, 대체 왜 골치 아픈 연금 제도를 국가가 유지해야 하느냐는 질문을 던져볼 필요는 있다.

　프리드먼 교수의 말처럼 대다수가 알아서 노후 대비를 잘한다면 연금 제도는 그다지 필요치 않다. 소수의 빈곤 노인만 국민기초생활보장 제도 같은 공공부조를 통해 지원하면 된다. 문제는 알아서 노후 대비 잘하는 사람들이 많지 않다는 데 있다.

　〈그림 1-1〉에는 경제협력개발기구OECD 국가 중 통상 선진국으로 취급되는 국가들의 노인 빈곤율이 제시되어 있다. 단, 마지막의 OECD 평균은 OECD 국가 전체에 대한 것이다. 막대그래프 전체는 시장 소득 빈곤율을 나타내고 아래의 회색 부분은 가처분 소득 빈곤율을 나타낸다.

　시장 소득은 정부 개입이 없는 상태의 개인 소득, 그러니까 순수하게 시장에서 벌어들인 소득을 뜻한다. 세금이나 사회보험료로 떼어가는 것도 없고, 기초연금이나 국민연금 급여와 같이 나라에서 지원하는 '공적 이전 소득'도 포함되지 않는다. 반면에 가처분 소득은 이들을 모두 포함한, 개인이 실제 지출할 수 있는 소득을 말한다.

　가처분 소득 위의 파란색 부분은 시장 소득 빈곤율과 가처분 소득 빈곤율의 차이, 즉 공적 이전 소득으로 인해 빈곤율이 얼마나 감소했는지를 보여준다. 공적 이전 소득에는 '국민기초

　　　　　　　　　　　　　　　1장 연금의 이해

생활 보장 급여' 같은 공공부조도 있지만, 연금이 대부분을 차지한다.[4]

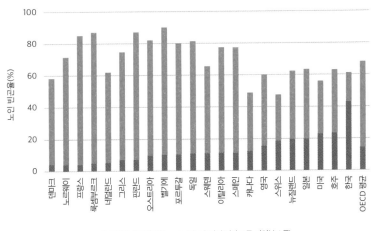

〈그림 1-1〉 주요 OECD 국가의 노인 빈곤율(2019년 기준)[5]

■ 가처분 소득 빈곤율　■ 빈곤율 차이(시장 소득-가처분 소득)

출처: OECD.Stat에서 발췌

　　이 그림을 보면, 우리를 제외한 다른 국가에서는 시장 소득 빈곤율과 가처분 소득 빈곤율 간 차이가 매우 크다. 예를 들어 프랑스를 보면, 시장 소득 빈곤율은 85.1%인데 가처분 소득 빈곤율은 4.4%이다. 80% 이상의 노인이 시장 소득만으로는 빈곤층이지만 공적 이전 소득(대부분 연금) 덕에 빈곤층에서 벗어난 셈이다. 물론 이들 모두가 "연금 제도가 없었다면 빈곤층이 되었을 것"이

4　　가처분 소득은 시장 소득에서 소득세 등 조세와 사회보험료를 제외하고 공적 이전 소득을 더한 것이다. 그런데 빈곤층 노인은 조세와 사회보험료를 매우 적게 낸다. 그래서 시장 소득과 가처분 소득 사이의 차이가 대부분 공적 이전 소득에 의해 발생한다.

5　　호주와 일본은 2018년 자료임.

　　　　　　　　　　　　　　　　　　　　　　　　불편한 연금책

라고 할 수는 없다. 여기에는 연금 제도가 있으니 별도의 노후 대비를 하지 않은 사람들, 즉 연금 제도가 없었다면 스스로 노후 대비를 했을 사람도 상당수 포함되어 있을 것이기 때문이다. '연금 제도가 없었다고 가정했을 때의 노인 빈곤율'은 현재의 시장 소득 빈곤율과 가처분 소득 빈곤율 사이 어딘가에 있을 것이다.

시장 소득과 가처분 소득 빈곤율 차이가 가장 작은 국가는 바로 우리, 한국이다.[6] 시장 소득 빈곤율은 61%이고 가처분 소득 빈곤율은 43.2%이다. 다른 국가에 비해 시장 소득 빈곤율이 낮은 것은 연금 제도가 부실한 탓에 스스로 노후 대비하는 사람이 많기 때문이다.[7] 70대 이상의 노동 참여율은 우리가 OECD 국가 중 가장 높다. 그리고 노후 소득 중 근로 소득 비중은 우리가 멕시코 다음으로 높다.

가처분 소득 빈곤율이 높은 까닭은 개인적인 노력만으로는 노후 대비에 역부족이기 때문이다. 국민연금은 1988년에 도입되었고 전 국민을 포괄하게 된 것은 2000년대 들어와서다. 그래서 현재의 노인 중에는 연금 수급권이 없는 사람이 많으며, 수급자라도 급여액이 적다. 2022년에 65세 이상 노인 중 국민연금과 공무원 연금 등 공적연금 수급자 비율은 절반에 못 미친다. 국민연금 수급자의 평균 수령액은 57만 원 정도다.

우리는 시장 소득 빈곤율과 가처분 소득 빈곤율 간 차이가

---

6   표에 제시된 국가 중에는 가장 작고, OECD 전체를 기준으로 하면 멕시코 다음으로 작다.

7   미국, 스위스, 캐나다의 시장 소득 빈곤율이 우리보다 낮은 것은 의외일 수 있는데, 이는 이들 국가의 경우 기업의 퇴직연금이 노후 대비 기능을 잘하고 있기 때문이다. 퇴직연금은 사적연금으로 분류되므로 시장 소득에 포함된다. 우리의 퇴직연금이 노후 보장 기능을 제대로 못 하는 것도 큰 문제인데 이는 뒤에서 논의한다.

작아서, 이 두 빈곤율 사이 어딘가에 있을 '연금 제도가 없었다고 가정했을 때의 노인 빈곤율'을 제법 근사하게 추정할 수 있다. 기초연금도 없고 국민연금도 미약했던 2010년경을 예로 보겠다. 당시 가처분 소득 빈곤율은 40% 후반이었다. 시장 소득 빈곤율은 그때도 50% 후반이었다. 아마도 연금 제도가 없었다면 노인 빈곤율은 그 사이 어딘가에 존재했을 것이다. 내 생각에는 가처분 소득 빈곤율인 40% 후반에 좀 더 가까워서 대략 50% 내외였을 것 같다. 당시 시장 소득 기준으로는 빈곤하지만, 가처분 소득 기준으로는 빈곤하지 않은 사람들은 대부분 특수직역연금이나 국민연금 수급자였다. 이들은 근로 시기 동안 중산층에 속했을 것이고 연금 제도가 없었더라도 스스로 노후 대비를 했을 사람들이다.[8]

참고로 그림 〈1-2〉에는 각 국가의 연금 지출 규모와 노인 빈곤율의 관계를 제시했다. 이를 보면 확실히 연금 지출 규모가 클수록 노인 빈곤율이 낮고 반대로 노인 빈곤율이 높을수록 연금 지출 규모가 작다. 한국은 전 세계에서 노인 빈곤율이 가장 높고 연금 지출 규모는 두 번째로 작다. 연금 지출 규모가 가장 작은 국가는 멕시코다. 멕시코의 노인 빈곤율도 높지만 우리보다는 상당히 낮다. 이는 주로 멕시코의 고령화율, 즉 전체 인구 중 노인 비율이 매우 낮은 데 기인한다. 멕시코의 고령화율은 우리의 절반에도 못 미친다.[9]

---

8   시장 소득 빈곤율보다 가처분 소득 빈곤율이 낮은 데는 기초노령연금도 일정 부분 기여했을 것이다.

9   2019년 우리의 고령화율은 15.5%인데 멕시코의 고령화율은 7.4%이다.

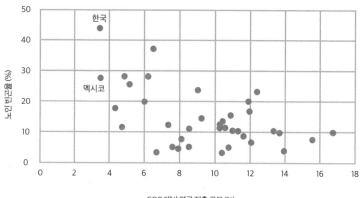

〈그림 1-2〉 연금 지출 규모와 노인 빈곤율(2017년 기준)[10]

왜 다수 노인은 스스로 노후 대비를 하지 않을까? 이게 프리드먼 교수 주장처럼 개인의 합리적인 선택의 결과일 리는 없다. 행동 경제학의 설명에 따르면 사람들은 미래 사건에 대한 가치, 경험해 보지 못한 일에 대한 가치는 과소평가하는 경향이 있다고 한다. 나이 들면 돈 벌지 못하게 된다는 사실을 머리로는 인지하더라도 노년기 빈곤이 얼마나 심각한 문제인지는 실제로 경험하기 전에는 절실히 느끼지 못한다. 그래서 현재(젊었을 때)에는 노년기를 대비한 저축보다 당장 필요한 소비에 더 큰 가치를 두게 된다. 만일 노후 대비 대신 소비를 선택한 것이 정말 합리적이었다면, 나이 들어서 '젊었을 때 저축을 많이 해둘걸' 하고 후회하지는 않을 것이다. 정리하면, 스스로 알아서 노후 대비를 잘하

---

10 이 표의 연금 지출 규모에는 공적연금 이외에 사적연금도 포함되어 있다. 뒤에서 논의하지만 OECD 국가 중에는 강제적인 사적연금이 중요한 노후 대비 수단인 나라들이 있다. 이 경우 공적연금만으로는 그 나라의 노후 소득을 제대로 보장하지 못한다.

1장 연금의 이해

는 사람은 적다. 연금 제도가 없다면 많은 사람이 노후 빈곤을 겪을 것이다. 그래서 강제로라도 젊었을 때 저축하여 노후를 대비하게 하는 연금 제도가 필요하다.

연금의 필요성은 다음에 이어지는 복지국가의 출현 배경 논의를 보면 좀 더 분명하다. 연금은 대표적인 복지 정책이고 건강보험과 함께 지출 규모가 가장 큰 두 개 항목이다. 복지국가의 등장 이유는 곧 연금 제도의 필요성과 함께한다.

한 가지만 더. 우리 사회에 국민연금에 대한 불신이 만연한 데는 국민연금의 노후 소득 보장 기능이 취약하다는 점도 큰 몫을 차지할 것 같다. 서구 사회처럼 연금이 노후 소득에서 큰 비중을 차지하고 〈그림 1-2〉처럼 연금이 노인 빈곤율 감소에 절대적인 역할을 한다면, 사람들이 연금의 중요성을 체감한다. 그러면 "차라리 안 내고 안 받겠다"는 목소리가 클 수는 없다.

앞서 연금이 없었다면 노인 빈곤율은 50% 정도일 것이라고 했다. 그런데 2019년 우리의 노인 빈곤율은 43.2%다.[11] 연금이 노인 빈곤율 감소에 미친 영향이 작은데, 그나마 이 정도 수치가 나온 것은 주로 기초연금 덕분이고 국민연금의 효과는 미미하다. 그리고 빈곤층이 아닌 노인도, 공무원이나 교직원 은퇴자가 아니면, 소득에서 공적연금이 차지하는 비중은 미미하다(이에 대해서는 3장에서 논의한다).

국민연금 무용론을 들어본 사람들도 공무원들이 공무원 연금 무용론을 제기했다는 이야기는 들어본 적이 없을 것이다. 은

---

11 2021년부터는 노인 빈곤율이 40% 이하가 됐다. 그래서 2023년 기준으로는 OECD 노인 빈곤율 1위 타이틀을 다른 국가에게 넘겼을 수도 있다!

퇴한 공무원은, 연금 대신 일시금을 택한 극소수를 제외하고는, 누구나 연금 급여를 받는다. 그리고 급여액은 국민연금보다 훨씬 많다. 은퇴한 선배들이 연금 덕에 얼마나 여유로운 노후를 즐기는지 잘 알기에 재직 공무원 중에 공무원 연금 안 내고 안 받겠다는 사람은 없다. 아니, 풍족한 연금이야말로 애초에 직업으로 공무원을 선택한 주요 이유다.

복지국가의 출현과 '사회서비스'의 역할

나처럼 정부를 연구하는 학자가 보기에 20세기 이후의 '현대'를 이전 시대와 구분 짓는 가장 큰 특징은 정부 규모가 비할 바 없이 커졌다는 것이다. 20세기 초반까지 국내 총생산GDP 대비 정부 지출 규모는 전쟁 시기를 제외하면 10%에 못 미쳤다. 1·2차 세계 대전을 겪고 난 20세기 중반, 평상시의 정부 지출 규모가 급격히 증가했다. 오늘날 OECD 평균 정부 지출은 GDP 대비 40%가 넘는다. 정부 지출 급증은 복지 분야 지출 증가에 기인한다. 20세기 초반, 당시 복지 지출 규모가 가장 큰 국가는 덴마크였는데 GDP 대비 1.75%를 지출했다.[12] 웬만한 국가들은 0.5%에도 못 미쳤다. 지금 OECD 국가의 복지 지출 평균은 GDP 대비 20%가 넘으며, 정부 지출의 절반이 넘는다(우리의 복지 지출은 OECD 국가 중에는 매우 낮은 편인데도, GDP 대비 14%가 넘는다). 정부

---

12   Lindert, Peter. H(2004). *Growing Public: Social Spending and Economic Growth*. Cambridge University에서 수치 인용.

지출의 절반 이상이 복지 분야에서 이뤄지는 오늘날의 국가를 복지국가라고 부른다. 어째서 국가의 복지 역할은 20세기, 그것도 중반 이후에야 본격화되었을까?

현대 국가를 떠받치는 두 기둥은 경제 체제로서의 자본주의, 그리고 정치 체제로서의 민주주의이다. 복지국가는 이 둘, 자본주의와 민주주의의 산물이다. 자본주의는 두 측면에서 복지국가의 탄생을 가져왔다. 하나는 대규모 재정 지출을 가능케 한 경제력이다. 20세기 초반까지, 전쟁 같은 예외적인 경우를 빼고 평상시 정부 지출이 10%에 못 미친 까닭은 그만큼 경제력이 크지 않았기 때문이다. 국민 다수가 하루하루 먹고사는 데 급급한 상황에서 정부가 얼마나 세금과 보험료를 걷을 수 있겠는가. 정부가 동원할 수 있는 재정이 제한되었으므로 기본적인 정부 기능인 국방·치안 등 체제 유지 및 사회간접자본인 SOC 건설, 그리고 낮은 수준의 공교육 정도만 감당할 수 있었다. 20세기 중반 이후 산업 사회가 성숙하면서 경제력이 커졌고 대규모 정부 지출을 감당할 수 있게 되면서, 본격적인 복지 확대도 가능하게 됐다.

산업 혁명은 전통 사회를 자본주의 체제로 변화시켰고, 자본주의 체제는 산업화를 더욱 촉진했다. 그리고 산업화는 대규모 복지 수요를 창출했다. 우리 대부분은 일해서 돈 벌고 그 돈으로 먹고산다. 그런데 늙으면 일하기 어렵다. 다치거나 병들어 누워도 일 못 한다(게다가 치료비도 큰 부담이다). 몸이 멀쩡해도 실직하면 일 못 한다. 다치거나(산재), 잘리거나(실업), 병들거나(질병), 나이 들어(노령) 일하지 못하는 것은 어느 시대나 마찬가지겠지

불편한 연금책

만, 이전 시대에 비해 산업화 시대에 들어와서 이런 위험은 더욱 커졌다.

산업 사회의 전형적인 일자리 형태는 임금근로자, 가족 형태는 핵가족이다. 이전 사회의 대표적인 일자리인 농부, 그리고 대가족 제도와 비교해 보자. 임금근로자는 자영업자인 농부와 달리 해고당할 수 있다. 잘리지 않더라도 정년이 되면 은퇴해야 한다. 또한, 블루칼라 노동자는 농부보다 산재 사고 위험이 크다. 대가족 제도에서는 가족 중 누군가가 일하지 못해도 서로 도와서 먹고살 수 있다. 핵가족 제도에서는 다르다. 이처럼 산업 사회에서는 이전 사회보다 산재·질병·노령·실업으로 경제적 곤경에 처할 위험이 커졌고 이 위험을 가족·친지가 떠맡기도 어려워졌다. 이네 가지 사유는 개인의 잘못 때문이 아니며, 누구에게나 닥칠 수 있다. 개인의 잘잘못과 상관없이 누구든지 당할 수 있는 위험이라는 의미에서 이를 '사회적 위험'이라고 부른다.

시장 경제에서 혹시 당할지 모르는 경제적 위험에 대비하는 방법은? 보험에 가입하는 것이다. 화재로 인한 재산 손실 위험에 대비하려면 화재 보험에 가입하면 된다. 자동차 사고로 발생하는 수리비와 병원비 부담을 대비하기 위해 자동차 보험을 든다. 화재나 자동차 사고 대비 보험은 각자가 가입하면 된다.[13] 하지만 노령·산재·질병·실직에 처하는 것, 그 결과로 일을 못 하게 되어 경제적 어려움을 겪는 것은 다르다. 이를 두고 개인 책임이니 각자 알아서 보험에 가입하라고 해도 될까? '그렇다'라고 생각하는

---

13   단, 자동차 사고는 본인은 물론 상대방도 피해를 입기에 이에 대한 보상을 위해 차 주인이 의무로 가입하게 한다.

사람도 있을 것이다. 그러나 19세기 후반부터, 자본주의 경제에서 이를 대비하는 것은 국가 책임이라는 인식이 커졌다. '노령·산재·질병·실직'을 사회적 위험이라고 부르는 데는 이를 대비하는 것은 개인이 아닌 공동 즉, 사회의 책임이라는 의미도 포함되어 있다. 사회적 위험에 대비하기 위해 국가가 운영하는 보험이 사회보험이다.[14]

'노령·산재·질병·실직'은 자본주의 경제 체제에서 사람들을 빈곤하게 만드는 대표적인 위험이다. 빈곤해지는 원인은 그 밖에도 많지만, 모든 경우에 국가가 대비할 수는 없다. 대신 어떤 이유에서든 빈곤해진 사람들에 대한 국가의 대처는 필요하다. 빈곤 정책은 어느 시대나 존재했다. 하지만 복지가 국가의 책임이 되기 이전의 빈곤 정책은 굶어 죽지 않을 정도로만 지원하는 수준이었고, 빈민을 위해서라기보다는 사회 혼란을 막기 위한 측면이 강했다.

19세기 후반부터, 그리고 본격적으로는 20세기 들어와 '노령·산재·질병·실직'에 대한 대비가 국가 책임이 되었듯이 모든 국민에게 일정 수준의 생활을 보장하는 것 역시 국가 책임이 됐다.[15] 오늘날 국가는 조세를 재원으로 하는 공공부조 제도를 통해 빈곤층에게 일정 수준의 생계를 보장한다. 우리의 국민기초생활보장제도가 여기에 해당한다.

사회보험과 공공부조 제도는 사전적이냐 사후적이냐의 차

---

14 국가와 사회는 다른 개념이다. 그런데 사회가 공동으로 책임진다는 것은 결국 국가가 책임지는 것이므로, 복지 분야에서는 국가와 사회를 혼용한다.

15 19세기 후반은 가장 먼저 복지국가로 전환한 유럽 선진국들을 기준으로 한 것이다. 우리의 경우는 20세기 후반부터라고 봐야 할 것 같다.

이는 있지만 모두 개인의 생계 곤란이라는 위험에 대한 국가의 대책이다. 국가가 일정 수준 이상의 생활을 보장한다는 의미에서 이를 사회보장 제도라고 한다.[16]

앞서 얘기한 사회적 위험은 일을 못 하게 되어 겪는 것이다. 그런데 일하고 돈을 벌더라도 경제적으로 어려움을 겪게 되는 경우는 흔하다. 가장 보편적인 경우가 아이 기르고 거동 불편하신 부모 돌보는 것이다(이 경우는 경제적으로뿐만 아니라 육체적으로도 힘들고 시간도 엄청 뺏긴다). 아이 키우고 부모 돌보는 것은 전형적인 가족 역할이다. 하지만 국민의 생활을 보장하는 것, 국민의 삶을 편하게 하는 것이 국가 역할이 되면서 아이와 노인 돌봄도 국가 책임이 됐다.

돌봄이 국가 책임이 된 것은 일하는 기혼 여성이 급증한 것과 관련이 깊다. 서구에서도 20세기 중반까지는 남편은 밖에서 일하고 부인은 집에서 살림하는 것이 일반적인 모습이었으나 경제·사회 변화에 따라 20세기 후반부터 부인도 밖에서 일하는 것이 보편화됐다. 맞벌이 부부에겐 일·가정 양립이 큰 부담이다. 맞벌이가 일반화되고, 이혼 등으로 부부 중 어느 한쪽이 양육 부담을 지는 게 흔한 모습이 되면서 일·가정 양립의 어려움은 새로운 사회적 위험이 되고, 이의 해결 역시 국가 책임이 된 것이다. 돌봄이 본격적으로 국가 책임이 된 것은 서구를 기준으로도 20세기 중반 이후이다. 우리는 2000년대에 들어와 국가의 보육료 지

---

16 사회적 위험과 사회보장을 영어로는 각각 social risk, social security라고 한다. 사회적인 위험(risk)으로부터 사회가 개인들을 안전(security)하게 하는 것이다. 그래서 이를 사회안전망(social safety net)이라고도 한다.

1장 연금의 이해

원이 시작되었고 2007년에 '노인장기요양보험'이 도입됐다.

아이와 노인 돌봄은 서비스다. 가족이 돌볼 때는 '서비스'란 표현이 어색하다. 하지만, 가족 아닌 타인이 돌볼 때를 생각하면 서비스가 분명하다. 우리는 보육 교사와 요양 보호사가 제공하는 돌봄 서비스를 구매하는 것이다. 기존에 가족 혹은 시장에서 제공되던 서비스가 국가 책임으로 바뀐 이후, 이를 '사회서비스'라고 부른다. 저출생·고령화, 일·가정 양립, 가족 해체 등 사회 변화에 따라 복지 제도에서 사회서비스가 차지하는 중요성은 매우 커졌다.

요약하면 오늘날 복지 제도의 역할은 ①빈곤 계층에게는 일정 수준의 소득을 보장하고(공공부조), ②아동, 거동 불편 노인·장애인 등 돌봄이 필요한 집단에게는 돌봄을 제공하며(사회서비스), ③나머지 사람들은 노령·산재·질병·실직의 위험으로부터 보호하는 것(사회보험)이라고 할 수 있다.[17]

자본주의가 발달함에 따라 노령·질병·산재·실업 대책에 대한 수요가 커졌고, 이를 감당할 재정력도 갖춰졌다. 수요가 있고 공급 능력도 마련되었으니 필요한 복지 제도가 척척 도입되고 확충된 것일까? 그렇지는 않다. 여기에는 나름대로 이유가 있다. 다수 국민이 산재·질병·노령·실업으로 경제적 곤경에 처하면 체

---

17 ①은 공공부조에 의해, ②는 사회서비스에 의해 ③은 사회보험에 의해 주로 달성되지만, 서로 교차되기도 한다. 예를 들면 노인 돌봄의 내용은 사회서비스지만 형식은 우리의 장기요양보험처럼 사회보험에 의해 이뤄지는 경우가 많다. 우리는 질병에 대한 대비로 보험료를 재원으로 하는 국민건강보험 제도를 갖추고 있지만, 영국은 조세를 재원으로 하는 국민 의료 서비스 제도를 운영한다. 또한, 노령에 대한 대비책으로서 국민연금은 연금 보험료를 재원으로 하지만 기초연금은 조세를 재원으로 한다. 그리고 부모 급여는 아동 돌봄을 위한 것이지만 서비스 대신 조세를 재원으로 하는 현금으로 지원한다. 그리고 사회서비스에는 '돌봄' 이외에도 다양한 서비스가 있다.

제가 불안해진다. 그러니 체제 불안정을 막기 위한 최소한의 복지 제도가 필요했다. 하지만 체제 유지를 위한 최소한을 넘어서서 전체 국민의 복리 증진을 추구하는 복지 제도가 구축되려면 한 가지가 더 갖춰져야 했다. '민주주의'의 발전이다.

다수 국민은 산재·질병·노령·실업에 대한 국가 대책이 없으면 경제적 곤경에 처하겠지만, 기득권층에 속하는 소수는 아니다. 이들에게는 체제 안정을 유지할 수 있는 한, 세금 적게 걷는 작은 정부가 유리하다. 그래서 최소한을 넘어서는 복지로 확충이 이뤄지려면 다수 국민의 이익을 대변하는 정치, 민주주의가 충분히 작동하는 정치 체제가 필요했다.

시민 혁명을 거치고 국민의 대표인 의회가 통치를 담당하면서 민주주의는 시작됐다. 민주주의의 절차적 요건 중 핵심은 투표권이다. 지금은 나이가 차면 누구나 투표권을 갖는다. 하지만 처음부터 그랬던 것은 아니다. 의회 민주주의 초기에는 일정 규모 이상의 재산을 지닌 남성에게만 투표권이 부여됐다. 19세기 초반, 영국에서 투표권을 가진 사람은 성인 인구의 5% 남짓이었다. 이후 긴 투쟁을 겪으면서 19세기 중반부터 남성 노동자에게도 투표권이 부여됐다. 여성에게 투표권이 부여된 것은 20세기에 들어와서다.

노동자 계층이 투표권을 가짐에 따라 이들의 이익을 대변하는 정당이 설립되고 의회에 진출했다. 독일의 사회민주당은 1875년에, 스웨덴의 사회민주노동당은 1889년, 영국의 노동당은 1900년에 창당했다. 노동자 이익을 대변하는 정당이 의회에 진입하면서 노동자 권익 향상을 위한 정책이 만들어졌다. 근로기준법 같은 노동권을 보호하는 법이 제정되었으며, 산재·질병·노령·실업을 대비하는 사회보험이 도입됐다. 물론 노동자 이익을 대변하는 정당이 집권했을 때만 복지 제도가 확충된 것은 아니다. 어느 정당이든 집권을 위해서는 국민이 선호하는 정책을 내세워야 했고, 그 결과 복지 제도가 확충됐다.

다시 강조하지만, 자본주의와 민주주의는 복지국가를 낳은 두 요인이다. 그래서 개별 국가 복지 제도의 내용과 수준에는 그 나라의 경제와 정치 체제가 큰 영향을 미쳤다. 우리도 마찬가지다. 우리 복지 제도의 특성을 한마디로 나타내면 '작은 복지국가'라고 할 수 있는데, 이 역시 우리의 경제·정치 제도 특성에 따른 것이겠다.[18] 작은 복지국가 특성은 연금에서 특히 두드러지는데, 이에 대해서는 2장에서 상세하게 논의한다.

연금의 속성 1: 보험이냐 저축이냐

앞서 복지 제도의 역할을 ①빈곤 계층에게 일정 수준의 소득을 보장(공공부조), ②타인의 돌봄이 필요한 집단(아동, 거동 불편한 노인·장애인 등)에게 돌봄 제공(사회서비스), ③나머지 사람들은 노령·산재·질병·실직의 위험으로부터 보호(사회보험)라고 구분했다. ①과 ②는 취약 계층이 대상인 데 비해 ③은 일반인을 대상으로 한다. 취약 계층 지원은 현대 복지국가 이전에도 수행했던 정

---

18   '작은 복지국가'라는 표현을 널리 유행시킨 학자는 연세대학교 양재진 교수이다.

부 역할이다. 비록 규모와 내용은 오늘날보다 작고 열악했지만 어쨌든 옛날 국가도 취약 계층에 대한 구휼과 보호 활동을 했다. 그래서 현대 복지국가와 이전 국가를 구분하는 가장 큰 차이는 일반인을 사회적 위험으로부터 보호하는지 여부이다.

사회적 위험, 즉 아프고, 다치고, 해고되고, 늙어서 일하지 못하게 되는 상황에 대한 대비로 우리는 건강보험, 산재보험, 고용보험, 국민연금이라는 사회보험 체계를 갖추고 있다. 그런데 다 같이 묶어서 사회보험이라고 부르지만, 국민연금은 나머지 셋과는 성격이 다르다.[19]

보험은 언제 닥칠지 모르는 위험에 대한 대비책이다. 평소에 소정의 보험료를 내다가 특정 사건(급여 지급 사유)이 발생하면 보상받는다. 사고가 안 나면 보험료만 날리는 것이지만 그래도 불안감에서 해방된다. 보험의 본질은 언제 발생할지 모른다는 '불확실성'에 대비하는 것이다.[20] 장래에 큰 경제적 부담을 초래할 사안이라도 언제 발생할지 알 수 있으면 보험에 들지 않는다.[21] 결혼, 내 집 마련, 대학 학비 등은 경제적 부담이 크지만, 언제 얼마나 목돈이 필요할지 예상할 수 있다. 그래서 이를 위해 저축을

---

19 과거에는 건강보험, 산재보험, 고용보험, 국민연금을 4대 사회보험이라고 했으며, 이제는 여기에 장기요양보험을 더해서 5대 사회보험으로 부른다.

20 정확히는 발생 여부뿐만 아니라 발생 규모의 불확실성에도 대비한다. 접촉 사고일 때와 대형 충돌 사고일 때 자동차 보험 급여액은 천양지차다. 감기 걸렸을 때와 암으로 수술할 때의 건강보험 급여액 역시 천양지차다. 자동차 보험이 강제인 이유는 접촉 사고 시 변상하기 위함이 아니라 대형 사고를 당했을 때 충분한 보상금을 확보하기 위해서다. 건강보험이 꼭 필요한 이유도 감기 걸렸을 때 부담 없이 병원 가기 위함이 아니라 중병에 걸렸는데 비용 때문에 치료 못 하는 것을 막기 위함이다.

21 특정 사건의 발생 여부 및 발생 시기를 알 수 있으면 보험이 성립하지 않는다. 보험은 개개인에게는 언제 발생할지 알 수 없는 위험이지만 집단으로 보면 일정 비율로 안정적으로 발생하기 때문에 성립한다.

하거나 대출을 받기는 해도, 보험으로 해결하지는 않는다.

아프거나, 다치거나, 해고당하는 일은 언제 발생할지 불확실하다. 그래서 건강보험, 산재보험, 고용보험은 불확실한 위험에 대한 '보험'이 맞다. 연금은 조금 다르다. 수급 연령이 정해져 있어서 언제 연금을 받게 되는지 확실하다. 그런데 왜 연금을 보험이라고 할까?

세계 최초로 사회보험 제도를 도입한 국가는 독일이다. 철혈 재상으로 유명한 비스마르크의 주도로 1883년에 질병보험, 1884년에 산재보험, 1889년에 연금이 도입됐다. 연금 제도를 도입할 당시, 수급 연령을 70세로 정했다. 지금보다 130여 년 전이다. 본인이 신체 건장한 군인이었던 비스마르크라면, 대다수가 70세까지는 일할 수 있다고 여겼을지 모르겠다. 하지만 당시 독일 성인 남성의 기대 수명은 50세 이하였다. 그러니 성인 남성 중 70세 넘게 사는 사람이 얼마나 되었겠는가? 대다수는 수급 연령 훨씬 전에 죽었을 것이고, 소수만 70세를 넘겼을 것이다. 특정 노동자가 70세를 넘겨 살 수 있을지 여부는 다치거나 해고당할 위험 못지 않게 불확실했다. 그러니 연금은 장수長壽라는 불확실성에 대한 보험이 맞다. 참고로 높은 수급 연령에 원성이 심해지자 나중에 이를 65세로 내렸는데, 이게 오늘날 세계적으로 '노인'의 기준 연령이 됐다는 설이 유력하다.

100여 년 전의 연금은 가입자 중 장수라는 행운(혹은 불운?)을 맞은 소수만 급여를 받는 보험이었다. 그러나 지금은 다르다. 대다수가 연금 수급 연령을 넘겨 생존한다. 그래서 오늘날 연금은 불확실한 위험이 아닌, 예상되는 경제적 곤란에 대한 대비가 됐다. 물론 여기에도 불확실성은 있다. 언제부터 받을지는 확실하나 언제까지 받을지는 불확실하다. 각자의 수명이 다르므로 어떤 이는 10년만 받고 다른 이는 30년을 받는다. 그러나 발생은 확실하나 지속 기간이 불확실한 것과 발생 여부 자체가 불확실한 것은 차원이 다르다. 얼마나 오래 살지 불확실하면 조금 여유롭게 준비하면 된다. 그랬다가 일찍 죽으면 유가족에게 상속하면 된다. 예상보다 오래 살면? 이건 좀 걱정된다. 이 경우는 친지의 도움을 받거나 아니면 국민기초생활보장 제도와 같은 공공부조 신세를 져야 하겠다. 결국, 연금은 불확실성에 대비하는 보험인 측면도 있지만, 노후를 대비하는 저축 성격이 강하다. 아, 스스로 알아서 하는 것이 아니라 법으로 강제하는 것이니 강제 저축 성격이 강하다고 해야겠다.

민간 연금은 저축일까, 보험일까?

연금의 저축 성격은 민간 연금에서 더욱 두드러진다. 민간 연금은 일정 기간 보험금을 납입한 후, 정해진 연령이 되면 연금을 수급한다. 이때 통상 10년, 20년처럼 수급 기간을 정한다. 당연히 기간이 짧을수록 수급액이 많다. 연금 수급 이전에 보험자가 사망하면 그동안 낸 원리금을 유족에게 준다. 연금을 수급하다가 기간 만료 전에 사망하면 유족에게 남은 기간 지급한다. 확실히 보험이 아니라 저축이다. 그래서 이름도 연금 저축이다!

민간 연금 중에도 죽을 때까지 수급하는 종신 연금이 있다. 종신 연금은 오래 살면 더 많이 받으므로 미래에 대한 보험 성격이 있다. 그런데 종신 연금도 일반 연금 저축과 마찬가지로 보험자가 수급 이

전에 사망하면 유족에게 원리금을 지급하고 수급자가 조기 사망하면 유족에게 일정 기간 급여를 지급한다. 즉 보험 특성을 가미한 저축에 해당한다.

국내에는 없지만, 종신 연금 중에는 '톤틴Tontine'이라는 게 있는데 이는 보험 성격이 훨씬 강하다. 이 연금은 수급자가 죽을 때까지 지급하지만, 그 밖의 지출은 일절 없다. 보험자가 연금 수급 연령 이전에 죽으면 그걸로 끝이며, 조기 사망해도 유족 연금은 없다. 대신 일반적인 종신 연금보다 연금 급여액이 높다.

독자 여러분은 어떤 방식을 선호하는가. 내가 죽으면 가족은 어떡하나 걱정된다면 일반적인 종신 연금이 낫겠다. 하지만 오직 내 입장에서 노후 대비만 고려한다면 톤틴이 낫겠다. 17세기 이탈리아의 로렌초 톤티라는 사람이 고안했다고 해서 톤틴이란 이름을 갖게 된 이 연금은 한때 번창했으나 20세기 들어 운용사의 기금 횡령 등이 문제 되면서 거의 사라졌다. 이후 2016년 일본에서 톤틴형 연금 상품을 출시하면서 부활했다. 이는 초기 톤틴 연금과 달리 유족에게 얼마간의 혜택이 주어지나 기존 종신 연금보다는 훨씬 적다. 그래서 수급자에게는 좀 더 높은 급여 지급이 가능하다. 이 상품은 유산을 남겨줄 가족이 딱히 없는 독신자들을 중심으로 상당한 인기를 얻고 있다고 한다. 우리나라 보험 회사들도 톤틴형 연금에 관심이 많다는데, 어찌 될지는 두고 볼 일이다.

국민연금 수급권 제한의 오해와 진실

2004년 한 네티즌이 올린 '국민연금의 8대 비밀'이라는 글이 인터넷에서 널리 퍼지면서 '안티국민연금' 운동이 일어났다. 그 글에서 제시한 비밀 중 첫 번째는 이렇다.

부부가 모두 맞벌이를 해서 국민연금을 내고 결국 나이가 되어 연금 혜택을 받으려 했지만 아쉽게도 배우자가 사망했다면?

→ 배우자의 유족 연금을 받든지 아니면 자기가 낸 연금을 받든지, 둘 중 유리한 하나를 선택해야 합니다. 예를 들어 자기 연금을 선택한다면 아내가 낸 연금은 국민연금에서 꿀~꺽합니다. 원금도 못 받죠. 분명 낼 때는 같이 냈는데 말입니다. 이것이 바로 국민연금의 교묘한 수급권 제한입니다.

표현이 거칠고 내용이 교묘하지만 둘 중 하나만 받는다는 것 자체는 맞다. 국민연금이 저축일 뿐이라면 배우자 몫을 상속할 테니 둘 다 받아야 한다. 하지만 국민연금은 사회보험이기도 하다. 사회보험은 일하지 못하게 되어 경제적 어려움 겪을 것에 대한 대비이다. 그래서 연금 수급권자의 사망으로 배우자의 생계가 막막하다면 유족 연금이 지급된다. 하지만 배우자 본인도 수급권이 있으면 생계 곤란을 겪지 않을 테니 유족 연금을 지급하지 않는 것이다.

사회보험의 취지를 생각하면 연금 수급권 있는 배우자는 받지 않는 것이 타당하다. 그렇기는 하지만, 좀 야박하다는 생각도 든다. 그래서 이후에는 본인 연금 수급을 선택한 경우에는 배우자 연금액의 30%를 가산해서 받는 것으로 제도가 바뀌었다.

연금의 속성 2: 저축이냐 세대 간 계약이냐

연금이 보험과 다른 점은 또 있다. 보험은 가입해서 보험료를 내다가 특정 사건(보험료 지급 사유)이 발생하면 급여를 수급한다. 자동차 보험을 생각하면 이해하기 쉽다. 건강보험, 산재보험, 고용보험은 확실히 그렇다.[22] 연금은 다르다. 보험료를 내는 기간(가입 기간)과 급여 받는 수급 기간이 분리되어 있다. 정해진 기간에 보험료를 내고, 나중에 정해진 연령에 도달하면 수급이 시작된다.

앞서 연금은 근로 시기에 보험료를 내고 은퇴 후 급여를 받으니 강제 저축 성격을 지닌다고 했다. 그런데 '젊어서 보험료 납부, 나이 들어 급여 수령'을 달리 해석할 수도 있다. 바로 세대 간 계약이다.

국민연금은 근로 시기에 수입 일부를 강제로 떼어서 보험료로 납부한다. 연금공단은 쌓인 보험료로 기금을 운용해서 수익을 올린다. 그리고 보험료 납부자가 나이 들면 본인이 낸 보험료를 기준으로 급여를 지급한다. 그런데 연금이 정녕 저축이라면, 즉 젊어서 저축한 돈을 노후에 찾아 쓰는 것이라면 기금 고갈을 걱정할 이유가 없다. 물론 개인마다 수명이 달라서 수급 기간이 다르겠지만, 평균 수급 기간을 추정하고 거기에 맞춰 연금을 지급하면 된다. 그럼 수명에 따라 더 짧은 기간 받는 사람도 있고 더 오

---

22 이때 가입자와 보험료를 내는 사람이 꼭 일치하는 것은 아니다. 건강보험의 경우 피부양자는 보험료를 내지 않으며, 산재보험의 보험료는 고용주가 낸다. 하지만 건강보험이든 산재보험이든 가입되어 있으면 계속 보험료를 내야 하며, 그러다가 해당 사건이 발생하면 보험 급여를 받게 된다.

래 받는 사람도 있겠지만 평균으로는 수지 균형을 맞출 수 있다.

국민연금은 그렇게 설계되어 있지 않다. 평균으로 계산하면 낸 보험료(+운용 수익)보다 많이, 그것도 아주 많이 받는다. 국민연금 기금은 2023년 중반 기준으로 950조 원 정도이다. 아직은 보험료를 내는 사람이 수급하는 사람보다 훨씬 많아서 매년 기금 적립금이 쌓인다. 하지만 낸 것보다 많이 받는 구조에서는 결국 기금이 소진된다. 2040년경까지는 적립금이 쌓이지만 이후 급격히 줄어서 2050년대 중반이면 모두 소진될 전망이다. 모아둔 돈이 없으면 걷는 보험료로 급여를 지급해야 한다. 그리되면 더 이상 젊어서 저축한 돈을 나이 들어 찾아가는 것이 아니다. 이건 당대의 근로 세대가 노인 세대를 부양하는 방식이다. 즉 노인부양에 관한 세대 간 '계약'에 해당한다.

보험료를 모아 기금으로 적립해서 운용하고, 기금에서 급여를 지급하는 방식을 적립식이라고 한다. 이에 비해 부과식은 연 단위로 그해에 필요한 재원을 보험료로 걷는 방식이다. 이렇게 되면 올해 거둔 근로 세대 보험료로 올해 받을 노인 세대 급여를 지급하는 셈이 된다. 따라서 적립식이면 강제 저축, 부과식이면 세대 간 계약에 해당한다. 적립식이 계속 유지되려면 낸 것과 받는 것 사이의 수지 균형이 필수다. 적립식으로 시작했어도 낸 것보다 많이 받게 설계되어 있으면 언젠가는 기금이 소진되며, 이후에는 부과식으로 전환된다. 우리의 국민연금이 이런 구조다. 국민연금은 완전한 적립식이 아닌 탓에 '부분' 적립식이라고도 부른다. 우리만 그런 게 아니다. 노령연금 역사를 보면, 처음부터 완전 적립식으로 시작한 국가는 찾기 어렵다. 우리보다 훨씬 앞서 연금 제도를 시작한 서구 국가들은 시작은 적립식이었어도 지금은 대부분 부과식으로 운용하고 있다.

전술했듯 세계에서 가장 먼저 사회보험으로서 연금을 도입한 국가는 독일이다. 독일의 연금은 애초 적립식으로 출발했다. 도입 직후 10년간은 기여금을 적립하고, 그 이후부터 기금 적립과 급여 지출이 이뤄졌다. 그래서 1910년대 초반에는 기금 적립액이 연간 급여 지출액의 아홉 배가 될 정도로 안정적이었다. 그런데 1차 세계 대전 이후 세계사에 남을 어마어마한 초인플레이션[23]을 겪고, 그나마 남은 적립금을 2차 세계 대전 군비로 지출한 탓에 적립금이 고갈되어 부과식으로 전환됐다. 프랑스는 독일보다 늦은 1910년에 공적연금을 법제화했지만, 실제 작동한 것은 1930년부터이다. 처음에는 본인 기여금을 본인 연금 계좌에 적립하는 완전한 적립식으로 시작했다. 그런데 1930년대 중반, 대공황 수습 과정에서 정부가 연금 기금을 실업 구제를 위한 공공사업 재원으로 가져다 사용하는 바람에 적립금이 소진되었으며, 프랑스 화폐가 몇 차례 평가 절하를 겪으면서 적립식의 유지가 어려워졌다. 그래서 1941년부터 부과식으로 전환됐다.

우리의 노후 소득 보장 제도에는 국민연금만 있는 것이 아니다. 기초연금도 있고 퇴직연금도 있다. 기초연금, 국민연금, 퇴직연금의 운용 방식을 구분하면 기초연금은 부과식, 국민연금은 부분 적립식, 퇴직연금은 적립식에 해당한다. 퇴직연금은 강제 가입이지만 민간 금융 기관이 운용한다. 민간이 운용하므로 절대

---

23   예를 들어 1923년 1년간 물가는 1조 배가 넘게 뛰었다.

불편한 연금책

내는 것(+운용 수익)보다 많이 줄 수 없다. 당연히 적립식이고 재정 지속 가능성을 염려할 이유가 없다(사실 퇴직연금의 문제는 낸 것만큼도 안 준다는 데 있는데, 이에 관해서는 8장에서 논의한다). 기초연금은 조세가 재원이다. 기초연금 지급만을 위해 별도의 세금을 걷는 것은 아니다. 하지만 그해 예산에서 그해 급여를 지급하므로 넓은 의미에서는 부과식에 해당한다. 조세 부담은 특정 세대에 한정되지는 않는다. 하지만 근로 세대가 주로 부담한다. 그래서 기초연금 역시 '근로 세대 부담-노인 세대 혜택'이라는 세대 간 계약의 일종이라고 할 수 있다.

적립식이 계속 유지되려면 낸 것과 받는 것 사이의 수지 균형이 맞아야 한다고 했다.[24] 부과식은 어떨까? 부과식은 그해 걷은 보험료로 그해 급여를 충당한다. 통상적인 보험의 재원 조달은 부과식으로 이뤄진다. 모든 가입자로부터 걷은 보험료로 특정 사고가 발생한 사람에게 급여를 지급한다. 전술했듯 연금은 통상적인 보험과 다르다. 통상적인 보험은 보험료를 내고 있는 사람 중에서 수급자가 발생하지만 연금은 젊었을 때 내고 늙었을 때 받으므로 가입자(보험료 내는 사람)와 수급자가 시기적으로 분리된다. 그래서 연 단위로 재원을 운영하는 부과식으로 운영되면, 그해 수입과 지출의 수지 균형은 맞출 수 있어도 수급자 입장에서

---

24   물론 낸 것보다 적게 가져가도 적립식은 유지된다. 이 경우 연금 기금은 계속 쌓일 것이다. 하지만 낸 것보다 적게 가져간다면 저축으로서의 정당성을 상실한다. 그리되면 국민연금에 가입하려 하지 않을 것이다. 결국 낸 것만큼 가져가는 것이 되어야 적립식 연금이 유지된다. 구체적으로 얼마를 내고 얼마를 가져가야 낸 것만큼 가져가는 것이 되느냐는 다소 복잡하다. 왜냐면 기금 운용 수익과 연금 제도 운영비도 고려해야 하기 때문이다. 수지 균형을 맞춘다고 해도 기금 운용 수익률이 높으면 좀 더 가져갈 수 있고, 운영비가 많이 들면 좀 더 적게 가져가야 한다.

낸 것과 받는 것 사이의 수지 균형은 맞출 수 없다.

어쨌든 부과식으로 하면 그해 수입·지출의 균형이 맞으니 지속 가능성은 염려할 필요가 없을까? 그렇지 않다. 지속 가능한 계약의 핵심은 공정성이다. 어느 한쪽이 손해 보는 계약은, 강압적으로 억누르지 않는 한 오래 유지될 수 없다. 지금의 국민연금 구조는 낸 것보다 많이 받는다. 누군가가 낸 것보다 많이 받으면 누군가는 낸 것보다 적게 받아야 재정적으로 지속할 수 있다. 그런데 낸 것보다 많이 받는 측은 기분이 좋겠지만, 낸 것보다 적게 받는 측은 어떻겠는가. 여러분이라면 낸 것보다 적게 받는 계약을 계속 유지하고 싶겠는가.

이런 내 말에 대해 반박하는 사람도 있다. 반박의 논리는 지금 대다수 서구 국가의 연금은 부과식으로 운영된다는 것이다. 전술했듯 다수 서구 국가도 우리처럼 적립식으로 시작했으나, 낸 것보다 많이 받는 구조, 전쟁, 경제 위기 등으로 인해 기금이 소진되었고 지금은 부과식으로 운영되고 있다. 그러니 다른 국가는 부과식으로도 잘만 굴러가는데 왜 우리는 안 되느냐는 것이다. 일견 혹하기는 하는데 틀린 주장이다. 우리는 낸 것보다 많이 받는 현행 구조를 유지하다가 기금 고갈된 후에 부과식으로 전환할 수 없다. 과거의 서구와 미래의 우리는 처한 입장이 전혀 다르기 때문이다.

왜 우리는 기금 고갈 후 부과식 전환이 불가능한지를 명확히 하는 것은 국민연금 개혁에 핵심이 되는 두 가지 전제 중 하나이다(또 하나는 국민연금의 노후 소득 보장 기능이 취약한 이유를 분명히 하는 것이다). 너무나 중요한 이슈이고, 또 확실히 이해하려면 제법 논의가 길어지니, 다음 장에서 다루기로 한다.

정부 재정의 운용 원리-세대 간 계약

기초연금도 재원은 근로 세대가 주로 부담하고 혜택은 노인 세대가 누리므로 세대 간 계약의 일종이라고 했다. 그런데 넓게 보자면 기초연금뿐만 아니라 정부 재정 운용 자체가 세대 간 계약이라고 할 수 있다. 보험료든 조세든 정부 지출 재원을 근로 세대가 주로 부담하기 때문이다.

요양보험은 물론이고 건강보험 역시 노인 세대가 주된 수혜자다(노인 1인당 건강보험 급여 지출은 비노인 1인당 지출액의 네 배에 달한다). 따라서 기초연금처럼 근로 세대 부담-노인 세대 혜택의 세대 간 계약에 해당한다. 아니, 노인 세대에게 혜택이 집중되는 지출만 그런 게 아니다. 국방이나 치안 등 모든 국민이 혜택을 보는 공공 지출 역시 근로 세대가 주로 재원 부담을 진다. 세대를 미성년기-근로 시기-노령기로 구분하고 세대별 재정 지출의 혜택과 부담을 비교하면, 즉 혜택에서 부담을 뺀 순 혜택을 따지면 미성년기는 플러스(+), 근로 시기는 마이너스(-), 노령기는 플러스가 된다.

따지고 보면 세대 간 계약은 삶을 지속하는 기본 원리이다. '근로 세대가 일해서 돈 벌고 그걸로 자식 키우고 부모 부양하는 것'에 의해 인류는 삶을 이어왔다. 단지 과거에는 가족 내에서 이루어진 세대 간 계약이 중요했지만, 이제는 가족을 넘어 사회 전체의 세대 간 계약이 중요해진 것뿐이다.

가족 내 세대 간 계약에서도 계약의 공정성은 중요하다. 부모 자식 간이라도 자식한테 별반 해준 것 없는 부모라면 당당히 혜택을 요구하기 어렵다(사실은 과거에 해준 게 많아도 그렇다). 하물며 가족도 아닌 세대 간 계약이라면 어떻겠는가. 모든 세대는 미성년기→근로

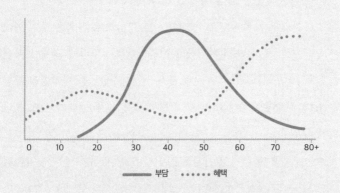

시기→노령기를 거치면서 순 혜택(혜택-부담)은 각각 플러스, 마이너스, 플러스가 된다. 시기별로는 플러스인 때도 있고 마이너스인 때도 있지만 모두 합치면 영(0)이 되어야 공정한 계약이 된다.[25] 특정 집단의 생애 전체 순 혜택이 플러스라면, 다른 어떤 집단은 생애 전체 순 혜택이 마이너스가 된다. 과연 생애 전체 순 혜택이 마이너스인 집단이 이를 순순히 받아들일까.[26]

---

25   2장에서 논의하듯이 생애 전체 순 혜택이 플러스라도 공정한 계약이 되는 경우도 이론적으로는 가능하다. 하지만 오늘날의 현실에서는 불가능하다.

26   현대 사회의 미성년기-근로 시기-노령기 혜택과 부담을 보면, 가족 내에서는 플러스와 마이너스를 합하면 0에 가까울 것이다. 즉 미성년기는 혜택을 보고 근로 시기는 부담을 지며, 노령기는 자식 덕 보는 것 없이 알아서 살아간다. 한편 정부로부터의 혜택과 부담을 따지자면 각각 플러스와 마이너스, 플러스다. 노령기의 경우 예전에는 가족 내 플러스가 컸으므로 정부 혜택이 작아도 큰 문제는 없었다. 하지만 지금은 가족 내에서는 0에 가까우므로 이 부분의 중요성이 커진 것이다.

세대 간 계약의 공정성

국민연금 제대로 이해하기

1장에서 논의한 연금의 성격을 정리하면 다음과 같다. ①연금에는 강제 저축과 세대 간 계약의 성격이 있다. ②연금 재정 운영 방식이 적립식이면 강제 저축, 부과식이면 세대 간 계약에 해당한다. ③적립식이 지속 가능하려면 낸 것만큼 받는 구조여야 한다. ④부과식이라도 낸 것만큼 받는 구조가 아니면 지속 가능하지 않다. ⑤현재 국민연금은 대규모 기금을 쌓아놓고 있지만, 지금의 보험료와 급여 구조를 유지하면 결국 기금이 고갈되어 부과식으로 바뀌어야 한다.

1장에 이어 이번 장에서 논의하려는 것은 ④와 ⑤에 대한 것이다. 왜 국민연금은 현행 구조를 유지할 수 없는지를 명확히 해야만, '그렇다면 어떻게 바꾸어야 하는가?' 하는 문제 제기와 함께 개혁안을 도출할 수 있기 때문이다. 이와 관련하여 우선 논의할 것은 국민연금 재정 추계이다. 대다수 국민은 지금의 구조를 유지하는 한, 장래에 국민연금 기금이 고갈된다는 것을 알고 있다. 미래 국민연금 기금 고갈이 널리 알려진 것은 정부가 이를 공식적으로 발표하기 때문이다.

정부는 국민연금법에 의하여 5년마다 국민연금 재정을 추계하고 결과를 발표해야 한다. 가장 최근의 추계 발표는 2023년 1월 말에 이루어졌다. 내용은 지금 900조 원 정도 쌓여 있는 기금은 2040년까지 계속 불어난 후, 2041년부터 적자로 돌아서고 급기야 2055년에는 기금이 모두 소진된다는 것이다. 국민연금 재정의 적자 전환과 기금 고갈 뉴스는 처음이 아니다. 이번 재정 추계는 다섯 번째이다. 그러니까 2003년부터 5년마다 재정 추계가 이뤄졌는데, 매번 미래의 적자 전환과 기금 고갈 문제가 발표됐다. 다만 적자와 고갈 시점은 조금씩 달랐다. 예를 들면 4차 재정 추계에서는 적자 전환은 2042년, 기금 고갈은 2057년으로 추정했는데, 5차 추계에서는 적자 전환 시점은 1년, 기금 고갈 시점은 2년 앞당겨졌다.

기금 고갈 뉴스에 대한 반응은 다양하다. 그중 양극단의 반응을 보자. 극단의 한쪽은 확정된 것으로 간주하고 큰일 났다고 하는 반응이다. 예를 들면 5차 추계 결과 발표 후, 1990년생부터는 연금 급여를 받지 못한다는 제목의 기사가 실렸다. 1990년생은 2055년에 연금 수급 연령인 65세가 된다. 그런데 그때 기금이 고갈되므로 급여를 받지 못한다는 얘기다. 극단의 다른 쪽은 추계 결과를 부정하는 것이다. 부정의 논리는 수십 년 뒤의 미래를 어찌 알 수 있느냐는 것이다. 2055년이면 30년도 더 뒤의 일이다. 지금부터 30여 년 전인 1990년 즈음을 떠올려보자. 수년 전의 인기 드라마 〈응답하라 1988〉의 배경이던 시절이다. 당시에 오늘날처럼 인터넷과 스마트폰이 삶의 양식을 확 바꿔버릴 줄 누가 알았으며, 빅 데이터, 인공 지능AI, 바이오 공학 등의 4차 산업 혁명을 어찌 예측했겠는가. 마찬가지로 30여 년 뒤의 미래를 지금 시점에서 어찌 알겠느냐, 2055년에 기금이 고갈되고 그 이후에도 급여를 지급하려면 보험료가 30% 가까이 높아진다는 것은 지금 시점에서의 예측일 뿐이다, 진짜로 그리된다고 확신할 수 있겠느냐는 논리다.

둘 다 어느 한 측면만을 과장한 것으로 전혀 타당하지 않다. 이는 연금 재정 추계의 목적을 보면 분명하다. 5년마다 국민연금 재정 추계를 의무화한 규정은 국민연금법 4조 2항이다. 그런데 이에 앞선 4조 1항은 "급여 수준과 연금 보험료는 국민연금 재정이 장기적으로 균형을 유지할 수 있도록 조정되어야 한다"라고 규정하고 있다.

법률에 명시되어 있듯, 국민연금 재정 추계의 목적은 기금 고갈 시점을 맞추기 위한 것이 아니다. 현 상황을 그대로 둔다면 미래 연금 재정이 어떻게 될지 전망하고, 균형 유지가 어려운 것으로 나오면 급여와 보험료 수준을 변경하여 균형이 유지되게 하려는 것이다. 5차 재정 추계 기간이 2093년까지 70년인 이유도, 재정 추계 연도(2023년)의 국민연금 신규 가입자에게 안정적인 연금 수급을 보장할 수 있는가를 보기 위함이다. 장수하는 사람의 수명을 90세로 잡고, 20세에 가입했다고 가정하면 2093년까지 연금을 수급할 것이기 때문이다.

정부가 2055년에 기금이 고갈되도록 손 놓고 있을 리 없다. 법의 규정 때문이기도 하지만, 그 상태까지 가면 엄청난 혼란이 있을 것이므로, 국정 운영의 담당자로서 절대 그렇게 될 때까지 방치할 수 없다. 당연히 2055년에 기금이 고갈되지 않도록, 국민연금의 지속 가능성을 높이기 위한 개혁이 이뤄질 수밖에 없다.

향후 30여 년간 무슨 새로운 과학 기술이 출현하고 어떤 세상이 될지는 알 수 없다. 하지만 30여 년 뒤의 성인 인구 구조는 대략 예측할 수 있다. 인구학자인 조영태 교수는 《정해진 미래》라는 제목의 책을 썼다. 지금 태어난 아이는 30년 뒤에 30세가 된다. 그래서 30년 뒤의 30세, 40세, 50세 인구 규모는 지금 0세, 10세, 20세 인구 규모로부터 거의 정확하게 예측할 수 있다.

연금 재정은 인구 구조의 절대적인 영향을 받는다. 근로 연령대 인구가 많아서 보험료를 내는 사람이 많으면 연금 재정은 좋아진다. 노인 인구가 많아서 연금 수급자가 많으면 연금 재정은 나빠진다. 30여 년 뒤의 근로 연령대 인구와 노인 인구는, 어느 정도의 오차는 있겠지만, 현재의 인구 구조로부터 크게 틀리지 않게 예측할 수 있다. 물론 그사이에 갑자기 이민 문호를 대폭 개방해서 근로 연령층이 대거 유입될 수도 있다. 혹은 전쟁이나 천재지변으로 인구가 대폭 감소할 수도 있다. 또한, 청정 무한 에너지 같은 게 발명되어서, 굳이 국민연금에 목맬 필요 없이, 모든 노인에게 높은 금액의 기초연금을 지급할 만큼 정부 재정이 풍부해질 수도 있다.

현재 제도를 그대로 유지한다고 해서 정확히 2055년에 기금이 고갈된다고 하기는 어렵다. 하지만 그게 기금 고갈에 대한 대책이 필요 없음을 의미하는 것은 전혀 아니다. 연금 재정은 5년마다 추계한다. 지금 추정하고 그 결과에 기반해서 보험료와 급여 수준을 바꾼다고 해서 이를 수십 년간 고수하는 것은 아니다. 5년 뒤, 10년 뒤에 상황이 변하면 거기에 맞춰서 수정하면 된다. 예상되는 문제가 있는데도 방치하면, 나중에는 너무 커져서 고치기 힘들어진다.

기금 고갈은 1차 재정 추계 때부터 매번 대두된 문제라고 했는데, 그렇다면 과거에는 추계 이후 어떤 대처를 했을까. 2003년 1차 재정 수지 계산 이후 정부는 당시 60%인 소득 대체율을 2008년까지 50%로 내리고, 9%인 보험료율은 5년마다 조금씩 높여서 2030년 15.9%까지 올리는 안을 만들어 국회에 제출했다. 그런데 2004년 봄에 한 네티즌이 온라인에 올린 '국민연금의 8대 비밀'이 삽시간에 퍼지면서 소위 안티국민연금 사태가 발생했다.[27] 그래서 제대로 논의도 못 한 채 16대 국회 임기 만료로 자동 폐기됐다.

소득 대체율을 꼭 기억하자

소득 대체율은 연금 급여 수준을 나타내기 위해 가장 흔히 사용되는 지표이다. 이는 연금 급여가 근로 시기(보험료 납부 기간) 평균 소득의 몇 %인지를 의미한다. 소득 대체율이 50%라면 연금 수급 연령이 되어서 처음 받는 연금 급여액이 근로 시기 평균 소득의 절

---

27   2003년 7월부터 5인 미만 영세 사업장 등으로 가입을 확대하고 지역 가입자 관리 강화에 나서면서 국민연금에 대한 반발이 생기기 시작할 무렵이었다.

2장 세대 간 계약의 공정성

반이라는 의미이다. 근로 시기 평균 소득을 계산할 때 과거 소득에 대해서는 임금 상승률을 적용하여 현재 가치로 환산한다. 그리고, 연금 급여는 물가 상승률만큼 매년 상승한다. 소득 대체율은 '지급률×가입 기간'으로 표시할 수 있다.

지급률은 가입 기간 1년당 소득 대체율을 나타낸다. 가입 기간은 보험료 납부 연수를 나타낸다. 우리의 소득 대체율은 2028년부터 40%라고 하는데 이는 40년 가입 기간을 전제로 한 것이다. 즉 40년 가입에 40%이므로 지급률은 1(%)이 된다. 소득 대체율, 지급률, 가입 기간은 연금 급여 수준을 이해하는 데 중요한 개념이며, 앞으로 자주 등장하니 꼭 기억하도록 하자.

이후 2006년에 정부는 기초노령연금을 도입하는 대신 국민연금 급여의 소득 대체율을 2028년까지 40%로 인하하고 보험료율은 2017년까지 12.9%로 올리는 개혁안을 만들었다. 그런데 이 안에서 보험료율 인상은 빠지고 소득 대체율 인하만 국회를 통과했다. 그 결과 소득 대체율은 2008년에 50%로 인하하고, 이후 매년 0.5% 포인트씩 낮춰서 2028년에 40%가 되는 것으로 정해졌다.

2008년의 2차 재정 추계는 대폭적인 국민연금 제도 개선 직후에 이뤄졌기에 재정 계산만 하고 별도의 재정 안정화 방안은 내놓지 않았다. 2013년 3차 재정 추계 때도 재정 안정화 필요성은 충분했지만 이를 위한 개혁안은 만들어지지 않았다.

보험료율이 1998년 9%로 인상된 이후 20년간 그대로 유지된 탓에, 2018년 4차 재정 추계 때는 재정 안정화를 위해 보험료율을 높이는 개혁안이 나와야 한다는 목소리가 높았다. 개혁안은 먼저 국민연금 제도발전위원회라는 데서 만든 후, 정부를 거쳐 국회로 간다. 그런데 위원회 위원 간 의견이 대립해서 단일안 대신 가안과 나안이라는 두 대안이 만들어졌다. 가안은 소득 대체율을 45%로 높이되, 보험료율 2% 포인트를 즉각 인상하는 것이다. 나안은 2019년부터 2029년까지 점진적으로 보험료율을 4.5% 포인트 높이는 것이다. 가안은 보험료율과 소득 대체율을 함께 올리는 것인데, 보험료 인상분이 급여 인상분을 보전하기에도 모자라는 수준이라 재정 안정화에는 전혀 도움이 안 된다. 나안은 재정 안정화에 도움 되지만 충분치는 않다. 어차피 5년마다 재정 추계를 하고 그에 따른 후속 조치를 해야 하므로 한꺼번에 완벽한 재정 안정화를 이루는 대신, 점진적으로 개선해 가자는 대안이다.[28] 그런데 문재인 대통령은 국민 눈높이에 맞지 않는다면서 두 대안을 모두 반려했다.

많은 연금 재정 전문가는 4차 재정 추계 후 아무런 조치가 이뤄지지 못한 것을 아쉬워한다. 5년이 미뤄진 탓에 상황은 좀 더 악화됐다. 그래서 5차 재정 추계 때는 재정 안정화를 위한 개혁을 더 이상 미루기 어렵다는 공감대가 형성됐다.

---

28 나안에는 이와 함께, 2030년 이후에도 재정 안정화가 필요하면 지출 조정(수급 연령 상향, 기대 여명 상승과 연동한 소득 대체율 인하)과 추가적인 보험료 인상을 추진하는 방안이 포함되어 있었다.

2장 세대 간 계약의 공정성

부과식 국가 보험과 연금의 재정 균형

　국민연금법은 5년마다 재정 수지를 계산하고, 장기 재정 균형 유지를 위해 필요한 조치를 하라고 규정하고 있다. 그래서 법규에 따라 5년마다 재정을 추계한다. 하지만 '필요한 조치'의 시행은 다르다. 추계 때마다 적자 전환과 기금 고갈이 예측되었지만, 후속 조치를 했을 때도 있고 그냥 넘어갔을 때도 있다. 또 후속 조치를 한 경우에도 문제가 완전히 해결된 것은 아니었다. 2018년에 이뤄진 4차 재정 추계에서도 2050년대 중반 기금 고갈이 예측되었지만 아무런 조치 없이 그냥 넘어갔다. 그럼 이건 법규 위반이 아닐까.

　그 자체는 법규 위반이 아니다. 왜냐면 '장기 재정 균형 유지'라는 말이 모호하기 때문이다. 연금 재정을 적립식으로 운영할 경우는, 낸 것(+운영 수익)만큼 받아야 장기적인 재정 수지 균형이 유지된다. '적립식'이라는 용어 자체가 적립(저축)한 뒤, 찾아간다는 말이니 당연하다. 부과식은 좀 다르다. 부과식은 그해 낸 보험료로 그해 급여를 지출한다. 매년 급여 지출에 필요한 만큼 보험료를 걷기만 하면 수입과 지출의 균형이 유지된다. 문제는 기금 고갈 후 급여 지출에 필요한 만큼 보험료를 걷을 수 있겠느냐이다.

　2023년 봄에 이뤄진 5차 재정 추계에 따르면 2055년 기금 고갈 후, 그해 걷은 보험료로 그해 급여 지출을 충당하려면 보험료율이 26% 이상이 되어야 한다. 그리고 2060년에는 30%, 2080년에는 35%가 되어야 한다. 이 정도의 보험료를 과연 걷을 수 있을까? 못 걷는다. 두 측면에서 그렇다. 첫째는 그 정도의 보험료율이면 받는 것보다 낸 것이 많게 되며, 민간 연금보다도 수익률이 떨어지기 때문이다. 많이 내고 적게 받는 연금을 당시의 가입자들이 순순히 받아들일 리 없다. 국민연금 탈퇴하고 민간 연금 들겠다고 할 것이다. 둘째는 감당하기 어려울 만큼 보험료 부담이 크기 때문이다. 백번을 양보해서 미래의 가입자들이 워낙 착해서 부모 세대를 위해 자신들은 많이 내고 적게 받는 것을 감수할 의향이 충만하다고 치자. 마음은 그럴지 몰라도 현실의 부담이 너무 크다.

근로 세대가 보험료를 내고 노인 세대가 혜택을 보는 것은 연금만이 아니다. 장기요양보험도 그렇고 건강보험도 상당 부분 그렇다. 건강보험과 장기요양보험은 소득이 있으면 노인들도 보험료를 낸다. 하지만 대부분은 근로 세대가 낸다. 건강보험은 국민 전체가 급여 혜택을 누린다. 하지만 노인 세대는 비노인 세대보다 훨씬 의료 이용이 많다. 그래서 고령화율이 높아지면 의료와 장기요양 지출도 늘어나고, 이에 따라 건강보험과 장기요양보험의 보험료율도 높아진다. 현재의 추세가 지속되면, 2060년경 건강보험과 장기요양보험 보험료율 합계는 적어도 20%는 넘어야 한다.

2060년경 국민연금과 건강보험, 장기요양보험의 보험료율을 모두 더하면 50%가 넘을 텐데, 여기에 고용보험과 산재보험을 더하면 더 높아진다. 과연 소득의 50% 이상을 사회보험료로 내는 것이 가능할까. 그나마 임금근로자라면 고용주가 절반을 부담하지만, 자영업자는 오롯이 본인이 부담해야 한다. 더구나 사회보험료 이외에 소득세 등 세금도 내야 한다. 연금뿐만 아니라 향후 늘어나는 의료비와 장기 요양비 문제를 어떻게 해결할 것인가는 미래 재정의 큰 과제이다.

지금까지의 논의를 정리하면 이렇다. ①기금 고갈 후 부과식으로 연금 급여 지출을 충당하려면, 당대의 근로 세대는 받는 것보다 많이 내야 한다. ②받는 것보다 많이 내는 연금 제도는 존립이 어렵다. ③따라서 연금 제도가 존속하려면, 보험료를 올려서 기금 고갈을 막아야 한다. 3단 논법에 따라 ①과 ②로부터 ③이 도출된 것이다. 굳이 3단 논법이 아니라도, 연금 보험료를 올려서 기금 고갈을 막아야 한다는 데는 대부분 동의한다. 문제는 보험료를 얼마나 올려야 하는가이다.

적립식은 낸 것(+운영 수익)과 받는 것이 동등한 수준이 되어야 장기적으로 지속 가능하다. 그런데 부과식에서는 '받는 것보다 적게 내더라도' 장기적으로 지속 가능하다는 주장이 있다. 어떻게 '받는 것보다 적게 내는 것'이 장기적으로 유지될 수 있을까?

부과식은 근로 세대가 낸 보험료 수입으로 노인 세대 급여 지출을 충당하므로 수입과 지출 규모는 근로 세대와 노인 세대 규모에 크게 의존한다. 노인 세대(수급자)보다 근로 세대(보험료 납부자) 비중이 크면 보험료가 낮아도 급여 지출을 충당할 수 있다. 반대로 근로 세대보다 노인 세대 비중이 크면 급여 지출을 위한 보험료는 높아야 한다. 인구가 계속 증가하는 경우, 1세대보다 2세대 인구가 항상 많은 경우를 생각해 보자. 예를 들어 한 세대 내려가면 인구가 두 배가 된다고 하자. 이 경우 우리가 근로 세대일 때 100의 보험료를 낸다면 우리가 노인이 되었을 때의 근로 세대가 낸 보험료는 전체적으로 200이 된다. 따라서 우리는 100

만 냈지만 200의 혜택을 볼 수 있다! '다음 세대 인구 두 배'가 계속 유지된다면 항상 낸 것보다 두 배의 혜택을 볼 수 있다.

기금 운용 수익률보다 높은 경제 성장률이 유지되어도 부과식에서는 낸 것보다 많이 받는 것이 지속 가능하다. 어떤 사람이 근로 기간에 100의 보험료를 냈고 기금 운용 수익이 30이라고 하자. 이 경우 이 사람이 노인이 되었을 때 130의 급여를 받으면 낸 것(+운용 수익)만큼 받는 게 된다. 그런데 경제 성장률(임금 상승률)이 기금 운용 수익률의 두 배라고 하자. 그럼 세대별 인구 규모와 보험료율이 동일하다고 할 때, 우리 세대가 근로 시기에 100의 보험료를 냈다면 자식 세대는 근로 시기에 160의 보험료를 낸다. 따라서 부과식에서 우리는 160의 혜택을 누릴 수 있다. 즉 낸 것(+운용 수익)보다 많이 받게 된다.

빠른 인구 증가와 높은 경제 성장률이 계속 유지된다면 부과식에서는 '받는 것보다 적게 내는 것'이 지속 가능하다. 하지만 그게 가능하겠는가. 지금 4·50대보다 2·30대의 인구 규모가 작으며 2·30대 인구 규모보다 10대 이하의 인구 규모가 더 작다. 2055년 기금 고갈 후 급여 지출 충당을 위한 보험료율이 30% 가까이 되어야 하는 것, 그래서 받는 것보다 많이 내야 하는 이유도 이 때문이다. 다음 세대 인구 규모가 두 배가 되면 낸 것의 두 배를 받을 수 있다는 말은, 다음 세대 인구 규모가 절반으로 줄어들면 낸 것의 절반만 받아야 한다는 말이다.

기금 운용 수익률과 경제 성장률 중 어느 쪽이 높을까? 2019년부터 2021년까지 3년간 기금 운용 수익률은 연평균 10% 정도로 경제 성장률보다 훨씬 높다. 하지만 이는 예외적이다. 2022년

2장 세대 간 계약의 공정성

에는 -8% 이상 손해를 봤다. 기간을 20년 정도로 연장해서 비교하면, 기금 운용 수익률은 경제 성장률보다 약간 높다. 앞으로도 별반 다르지 않아서 경제 성장률이 기금 운용 수익률보다 단기는 몰라도 장기적으로 높기는 어렵다. 참고로 국민연금 재정 추계에서는, 미래의 기금 운용 수익률을 경제 성장률보다 제법 높게 잡고 있다.[29] 정리하면 부과식이라도 내는 것보다 훨씬 많이 받는 것은 지속 가능성이 없다. 결국 적립식과 유사한, 즉 낸 것에다 운용 수익을 더한 정도로 받아야 한다.

참고로, 낸 것(+운용 수익)만큼만 받아야 한다는 것의 의미를 명확히 하자. 이는 수급자 개인이 낸 것(+운용 수익)만큼만 받아야 한다는 것이 아니다. 가입자 전체를 놓고 봤을 때, 낸 것과 받는 것의 균형이 맞아야 한다는 것이다. 앞서 세계 최초로 사회보험 연금을 도입한 독일 얘기를 하면서, 당시는 연금 수급 연령(70세 혹은 65세)까지 사는 사람이 적었다고 했다. 보험료를 납부하는 근로 세대 중 20%만 연금 수급 연령을 넘겨서 산다고 하자. 그러면 5명이 낸 보험료로 1명에게 급여를 지출하는 셈이 된다. 따라서 받는 급여가 낸 보험료의 다섯 배가 되어도 수지 균형이 맞는다. 이 경우는 적립식으로 운영하더라도 낸 것보다 훨씬 많이 받

---

29 경제학 베스트셀러였던 피케티의 《21세기 자본》에서 가장 유명한 공식이 r⟩g이다. r은 자본 수익률이고 g는 경제 성장률이다. 피케티는 r⟩g를 역사적으로 경험한 법칙이라고 했다. 그리고 자본 수익률은 거의 일정하게 유지되는 데 비해, 향후 경제 성장률은 낮아질 전망이므로 r⟩⟩g이 될 것, 즉 자본 수익률과 경제 성장률의 격차는 더 벌어질 것이라고 주장했다. 피케티의 주장에 대해 논란이 있지만 향후 경제 성장률이 낮아질 것, 그래서 경제 성장률이 자본 수익률보다 크지는 않을 것이라는 점은 대체로 동의할 수 있다. 물론 피케티의 자본 수익률 r은 기금 운용 수익률보다 넓은 개념이다. 아마 기금 운용 수익률은 피케티가 주장하는 자본 수익률 r보다는 높을 것이다. 따라서 향후 경제 성장률(혹은 임금 상승률)이 기금 운용 수익률보다 계속 높기는 어렵다.

을 수 있다![30]

물론 이는 100년 전에나 가능했을 극단적인 설정이다. 하지만 오늘날도 개인별로 따지면 평균보다 오래 사는 사람은 낸 것보다 더 받고, 평균보다 일찍 죽는 사람은 낸 것(+운용 수익)보다 적게 받는다. 다만 집단 평균으로 보면 플러스와 마이너스가 상쇄되어 낸 것만큼 받는 셈이 된다는 얘기다. 단, 여기서의 '집단'은 동일 세대 집단을 의미한다는 점을 분명히 해야 한다. 각 세대 내에서 내는 것(+운용 수익)과 받는 것의 수지 균형을 이룬다는 것, 그럼으로써 다음 세대에게 이전되는 잉여도 없고 빚도 없다는 것, 이게 낸 것(+운용 수익)만큼 받는다는 것의 핵심이다.

보험료 인상과 '낀 세대론'

연금은 적립식이든 부과식이든, 즉 강제 저축으로 인식하든 세대 간 계약으로 간주하든, 낸 것(+운용 수익) 정도로 받아야 지속 가능하며 공정한 계약이 된다. 국민연금 사이트에 들어가면 본인이 은퇴 후 받을 예상 연금액을 알아볼 수 있다. 성실히 납부한 정규직 직장인이라면 대체로 100만 원은 넘고 150만 원에는 약간 못 미칠 것이다. 이 정도의 연금액이 노후 대비로 충분하다고 여겨지지 않는다. 국민연금은 노후 소득을 100% 책임지려는 의도로 만들어진 것은 아니다. 노후 소득 대비 수단에는 퇴직연

---

30   단, 이 경우는 1장에서 말한 톤틴 방식으로 운영되어서 가입자의 조기 사망 시 유족에게 지급하는 일시금이나 유족 연금이 없어야겠다.

2장 세대 간 계약의 공정성

금도 있고 개인연금도 있다. 한국의 전반적인 노후 대비 체계에 관해서는 5장에서 논의하기로 하고, 여기서는 국민연금의 내는 금액과 받는 액수 문제를 따져보자.

국민연금 급여의 소득 대체율은 40%라고 알려져 있다.[31] 전술했듯 40년 가입을 기준으로 한다. 늘어나는 수명을 감안하면, 앞으로는 65세부터 받더라도 평균 25년은 받을 것이다. 국민연금에 40년간 가입하는(즉 40년간 보험료를 납부하는) 사람은 극소수겠지만, 어쨌든 40년간 보험료를 납부한다고 가정하자. 소득 대체율이 40%면 평균 소득이 400만 원인 사람은 160만 원을 받는다. 매달 160만 원을 25년간 받으려면 보험료로 얼마를 내야 할까? 기금 운용 수익률과 임금·물가 상승률 등을 고려하지 않고 단순 계산하면 매달 $100 (=160 \times \frac{25}{40})$만 원씩 내야 한다. 즉 소득의 25%를 보험료로 내야 한다! 물론 실제로는 기금 운용 수익률과 임금·물가 상승률을 반영해야 하는데, 기금 운용 수익률은 임금·물가 상승률보다 높다. 그래서 25%보다는 낮게 내도 된다. 얼마나 낮아지는가는 기금 운용 수익률과 임금·물가 상승률 차이에 달려 있다. 차이가 클수록 더 낮아진다. 전문가들의 계산은 가정에 따라 다른 데, 후한 쪽과 박한 쪽의 중간을 잡으면 대략 18%가 균형 보험료율이 된다.[32]

현행 보험료는 9%이니 대략 낸 것(+운용 수익)보다 두 배 정도 받는 셈이다. 이것도 많이 낮아진 것이다. 애초에는 3% 보험료

---

31 정확히는 2028년 이후의 소득 대체율이다. 국민연금의 소득 대체율은 2008년 50%에서 20년간 매년 0.5% 포인트씩 떨어져서 2028년 이후에는 40%가 되는 것으로 예정되어 있다.

32 40년 가입을 가정하면, 균형 보험료율은 18%보다 좀 더 낮아진다. 이 18%는 25년 정도 가입한다고 가정하고 계산한 것이다. 이에 대해서는 9장에서 상세하게 다루겠다.

와 70% 소득 대체율로 시작했다. 그럼 대체 낸 것의 몇 배를 받는 것인가. 물론 그 뒤에 보험료는 올랐고 소득 대체율은 내렸으므로 초기에 설정한 수익률을 누리는 사람은 없다. 그래도 초기 가입자, 그러니까 지금 연금 수급자는 두 배보다 훨씬 높은 수익률을 누린다.

이상의 논의를 정리해 보자. '낸 것보다 많이 받게 설계되어 있고, 그 정도가 과거에는 더욱 심했던 탓에, 지금 이대로면 2050년대 중반 기금은 고갈되고, 고갈 이후에도 연금 제도가 유지되려면 보험료율이 30% 가까이 되어야 한다. 그러면 그때의 근로 세대는 받는 것보다 훨씬 많은 보험료를 내야 한다. 세대 간에 불공평한 것은 물론이고 지속 가능하지 않다.' 장황하게 설명했지만, 그럴 필요도 없이 이미 대부분 국민이 알고 있는 내용이다.

그렇다면 해결책은 명확하다. 보험료를 올리거나 급여 수준을 낮춰서 낸 것(+운용 수익)만큼 받게 만들어야 한다. 그러면 세대 간 계약의 공정성이 유지되어 지속 가능하다. 자명한 결론인 것 같지만 현실은 그렇지 않다. '낸 것보다 훨씬 많이 받는 구조, 장래 기금 고갈, 이후의 매우 높은 보험료'는 예전부터, 적어도 국민연금 재정 추계가 공식화된 2003년 이후에는 잘 알려진 일이다. 그런데도 지난 20년간 보험료율은 9%로 고정됐다. 급여액은 낮췄으나 대신 기초연금을 도입했다. 그래서 국민연금 재정만 치면 개선이지만 노후 소득 보장 전체의 재정 개선에는 별반 도움 되지 않았다. 그리고 국민연금 재정만 따져도 기금 고갈 시점을 조금 뒤로 미뤘을 뿐 세대 간 불공정과 지속 가능성 결여 문제를 해결하지는 못했다. 대체 왜 그랬을까?

2장 세대 간 계약의 공정성

가장 큰 이유는 정치적인 고려일 것이다. 보험료든 조세든 부담 높이는 것은 표를 얻는 데 불리하다. 그래서 당장 기금이 바닥나는 것은 아니므로 자꾸 미룬 탓일 것이다. 장기적인 국민의 복리보다는 단기적인 정치적 유불리에 더욱 민감한 것은 정치의 근본 속성이니, 이걸 시비할 생각은 없다. 다만 짚고 넘어갈 것은 이를 위해 동원한 논리이다. 비록 정치적 부담 때문에 해야 할 일을 미루더라도, 거기에는 그럴듯한 이유가 필요하다. "국민연금이 지속 가능하려면 보험료율을 두 배로 높여야 합니다. 하지만 그리하면 표를 잃게 되니 그냥 버틸 수 있을 때까지는 버텨보겠습니다." 이렇게 대놓고 말할 수는 없는 노릇이다. 옳든 그르든 정책 실행(혹은 미실행)에는 나름의 논리와 근거가 필요하다. 이런 논거는 대개 학자들이 제공한다.

　　10여 년 전 연금 보험료 인상 필요성이 제기되었을 때, 이에 반대하는 논리로 소위 '샌드위치 세대(낀 세대)'라는 게 있었다. 샌드위치 세대는 원래 1980년대 초 미국의 사회학자들이 자녀와 부모를 함께 돌봐야 하는 기성세대(주로 여성)를 지칭하는 용어로 사용했다. 그런데 이를 부모를 부양하면서 동시에 본인의 노후 대비도 해야 하는 당시의 근로 세대를 지칭하는 용어로 차용한 것이다. 당시 근로 세대, 즉 오늘의 중장년 세대는 한편으로는 연금 제도가 없었던 탓에 노후를 자식에게 의존하는 부모 세대를 부양하면서, 동시에 자식이 우리 노후를 책임져줄 리 없으니 스스로 노후를 준비해야 해서 이중의 부담을 진다는 얘기다. 그러니 국민연금이라도 받는 것보다 덜 내는 구조를 유지함으로써 과중한 부담 일부를 후세대와 나누자는 것, 그래야 공평하다는 논리다.

　　　　　　　　　　　　　　　　　　　　　　불편한 연금책

소위 586세대인 나로서는 낯 뜨거운 얘기다. 나를 포함한 중장년 세대가 얼마나 사적으로 부모를 잘 모시는지는 회의적이다. 각설하고 ①지금 중장년 세대가 노인 부양 및 본인 노후 준비로 지는 부담, 그리고 ②미래의 중장년 세대가 노인 부양 및 본인 노후 준비로 져야 할 부담, 둘 중 어느 쪽이 더 과중하겠는가? 샌드위치론은 잠시 유행했으나 이제는 잠잠하다. 이대로 가면 미래의 중장년 세대가 지금 중장년 세대보다 훨씬 큰 부담을 져야 한다는 것이 너무나 분명하기 때문이다.

노령화 시대의 세대 간 계약

1장 말미에서 정부 재정 운용 자체가 넓게 보면 세대 간 계약이라고 했다. 그리고 세대별로 기여한 것(조세+보험료)과 누리는 것(연금과 각종 사회보험 혜택, 공공 지출로 인한 기타 혜택)의 비교를 통해 세대 간 계약의 공정성을 판단할 수 있다고 했다. 세대별로 혜택분과 기여분을 비교하는 것을 세대 간 회계generational accounting 라고 한다.[33] 대한민국의 세대를 청년(어린이 포함)-중장년-노인의 세 세대로 구분해서 세대 간 회계를 비교해 보자.

우선 노인 세대부터. 노인 세대 국민연금 수급자는 낸 것보다 아주 많이 받는다. 또 70%의 노인은 기초연금도 수급한다. 기

---

33   통상 세대 간 회계는 현시점을 기준으로 향후 각 세대가 부담과 혜택을 계산하는 것으로, 본문처럼 각 세대의 생애 혜택분과 기여분을 계산하는 것과는 다소 다르다. 현시점을 기준으로 하는 것은 현재의 재정 운용이 향후 각 세대에 미치는 부담을 파악하기 위한 것이다. 하지만 이를 확장하면 각 세대의 생애에 걸친 기여분과 혜택분을 계산할 수 있다.

초연금은 조세가 재원인데, 세금은 노인보다는 비노인 세대가 주로 부담한다. 과거 노인 세대가 근로 세대였을 때는 기초연금뿐만 아니라 장기요양보험 및 기타 지금 있는 복지 제도 대부분이 없었다. 그래서 당시 근로 세대는 지금보다 사회보험료와 세금을 훨씬 적게 냈다. 현 노인 세대가 누리는 국민·기초연금을 비롯한 다양한 복지 혜택을 그분들이 낸 사회보험료 및 세금 납부액과 비교하면, 비용보다 편익이 훨씬 크다.

단, 여기에는 주의점이 있다. 세대 간 회계에서 노인 세대가 흑자라는 것은 정부 부문만 따진 것, 정부에 납부한 것과 정부로부터 받는 혜택만 비교한 것이라는 점이다. 그런데 세대 간 계약의 공정성을 따지려면 정부뿐만 아니라 민간 부문도 포함한 사회 전체에 대한 각 세대의 기여와 수혜를 따지는 것이 타당하다. 민간 부문 중 가족끼리 주고받는 것은 사회 전체의 비용과 편익이 아니므로 제외해도 된다. 그러나 사회 구성원이 공동으로 누리는 인프라는 포함해야 한다.

한 사회의 공동 인프라는 다양한데 그중 경제력을 형성하는 인프라를 따져보자. 오늘날의 경제력은 노인 세대가 어렸을 때, 그리고 젊었을 때와는 비교할 수 없이 크다. SOC(도로, 철도, 항공, 항만 등)와 에너지(전기, 수도, 가스 등) 같은 공공의 물적 인프라, 빌딩·공장 등 민간의 물적 인프라, 그리고 교육·의료 등 공공 서비스 인프라와 민간 기업이 제공하는 다양한 서비스 인프라. 이들의 규모와 질은 수십 년간 놀랍도록 성장했고, 그 덕분에 수십 년 전 절대빈곤 국가였던 대한민국은 이제 선진국의 반열에 올라섰다. 유·무형의 인프라가 커진 것은 과거 저축 및 그에 따른 투자

의 결과이다. 이전 세대가 그때 번 것을 그때 다 써버리고 저축하지 않았다면 지금의 인프라는 없다.[34]

그분들이 사회에 기여한 바에서 중요한 것이 또 있다. 자식을 많이 낳고 키웠다는 점이다. 앞서 세대 간 계약은 삶을 지속하는 기본 원리라고, '근로 세대가 일해서 돈 벌고 그걸로 자식 키우고 부모 부양하는 것'에 의해 인류는 삶을 이어왔다고 했다. 그리고 과거에는 가족 내에서 이루어진 세대 간 계약이 중요했지만, 이제는 가족을 넘어 사회 차원의 세대 간 계약이 중요해졌다고 했다. 자식을 많이 낳아 키웠다는 것은, 다음 대의 노동력 규모가 커진다는 것을 의미한다. 경제가 성장한다는 것은 GDP가 늘어난다는 것이다. GDP는 자본과 노동력이 투입되고, 여기에 생산성이 결합해서 산출된다. 즉 $Q=f(K,L)$로 나타낼 수 있는데, 생산성 f와 자본 K는 그동안 축적된 유·무형의 인프라에 의해 결정되고 노동력 L은 근로 세대 규모에 의해 결정된다. 노인 세대는 열심히 일해서 고도성장을 일구었을 뿐만 아니라 다음 대 경제 성장의 원천을 키웠다.

세대별 인구 규모는 경제 성장뿐만 아니라 '1인당 부양 부담'이라는 측면에서도 중요하다. 청년(어린이 포함)-중장년-노인의 세 세대를 경제 활동의 관점에서 보면 대강 경제 활동 준비 세대-경제 활동 세대-경제 활동 종료 세대가 된다. 경제 활동 세대

---

34 빌딩, 공장, 대기업 등 민간 인프라는 소유주가 있고, 소유주의 부가 늘어날 뿐이니 이를 사회 전체가 혜택을 보는 공동 인프라라고 하기는 어렵다는 견해도 있을 수 있다. 하지만 소유주가 정해져 있어도 그로 인한 혜택을 소유주만 보는 것은 아니다. 많은 개도국 사람들이 일자리를 찾아 한국으로 온다. 한국이 본국보다 일자리가 많고 임금도 높기 때문이다. 수십 년 전에는 우리가 일자리를 찾아 외국으로 나갔다. 이처럼 처지가 달라진 것은 공공뿐만 아니라 민간 인프라의 성장 덕분이다.

가 버는 것으로 나머지 세대가 먹고사는 것, 즉 경제 활동 세대에 의한 준비 세대와 종료 세대 부양이 세대를 넘어 이어지는 것이 바로 세대 간 계약이다. 지금의 노인 세대는 한 세대 전 경제 활동 세대일 때 많은 수의 준비 세대를 키웠다. 그 덕분에 지금 경제 활동 세대 규모가 크다. 그래서 중장년인 경제 활동 세대가 종료 세대인 노인을 부양하는 데 큰 부담을 지지 않는다.

긴 설명이 필요 없다. 상식적으로 생각해 보자. 오늘의 노인 세대는 한국 전쟁과 이후의 절대 빈곤 속에 성장기를 보냈으며, 근로 시기 때는 '한강의 기적'으로 불렸던 고도성장의 주역이었다. 이분들이 그동안 한국 사회에 기여한 것이 더 많겠는가, 아니면 받은 것(+앞으로 받을 것)이 더 많겠는가? 나는 나의 부모와 삼촌·이모 세대는 지금보다 훨씬 대우받을 자격이 있다고 생각한다.[35]

정리하면 지금의 노인 세대는 비록 정부 재정에 직접 기여한 것과 받는 것만 따지면 흑자일 수 있겠지만, 범위를 사회 전체로 확장하면 받는 것보다 기여한 것이 많다. 그분들이 과거에 낸 보험료·세금보다 후한 복지 급여를 받는다고 해도, 절대 후세대 부담으로 혜택을 누린다고 할 수 없다. 공정하게 말하면 그분들

---

35 우리보다 훨씬 먼저 연금을 도입한 서구 국가는 대부분 부과식으로 운영한다고 했다. 적립식으로 시작했으나 부과식으로 바뀌었다는 것은, 초기 세대는 낸 것보다 많이 받았다는 것을 의미한다. 연금 제도가 처음 도입된 19세기 말부터 20세기 전반은 대상 노인 규모가 작고 급여액도 보잘것없어서 연금 재정에 별문제가 안 된다. 연금 급여액 규모가 커진 것은 20세기 후반부터이다. 20세기 후반의 노인 세대는 낸 것보다 상당히 많이 받았다. 이 세대가 낸 것보다 많이 받은 데는, 이 세대가 서구 현대사에서 가장 불행한, 큰 희생을 치른 세대였다는 인식이 크게 작용했다. 20세기 전반의 유럽은 1·2차 세계 대전을 겪었다. 그로 인한 인적·물적 피해는 굳이 언급할 필요가 없을 것이다. 그래서 20세기 후반의 노인 세대는 젊어서 큰 희생을 치렀으므로 그에 대한 보상을 받아야 한다는 공감대가 형성되어 있었다. 물론 후한 급여 지급이 가능했던 데는 20세기 후반이 서구 자본주의의 황금기로서 수십 년간 안정적인 경제 성장이 이뤄졌다는 것, 그래서 재정 여력이 제법 있었다는 사실도 중요하다.

이 누리는 혜택은 기여한 것에 비하면 태부족이다. 2021년 유엔 UN은 대한민국을 기존의 개도국 그룹에서 선진국 그룹으로 변경했다.[36] 개도국에 속했다가 선진국으로 변경된 국가는 우리가 유일하다. 경제력은 그토록 높아졌지만, 우리의 노인 빈곤율은 높아진 위상에 전혀 걸맞지 않다. OECD 기준이든 UN 선진국 기준이든 우리의 노인 빈곤율은 비교 대상 중 가장 높다.

소설보다 영화 내용이 더 선명한 것은 글보다 그림이 더 강한 인상을 남기기 때문이다. 향후 고령화가 빠르게 진행되어 노인은 많고 젊은이와 아이는 적은 세상이 된다는 것은 누구나 알고 있다. 그런데 다음의 인구 피라미드 그림을 보면 막연히 알고 있는 것하고는 느낌이 전혀 다르다.

2020년의 인구 피라미드는 중간이 넓고 위아래가 좁다. 중간(중장년 세대)이 뚱뚱한 것은 노인 세대가 아이를 많이 낳고 키운 덕분이다. 하지만 지금의 중장년 세대는 아이를 적게 낳은 탓에 아래가 좁다. 이로 인해 한 세대 후인 2055년(국민연금 고갈 시점)이 되면 위가 뚱뚱하고 밑으로 내려갈수록 홀쭉한 모습이 된다.

청년-중장년-노인 세 세대를 연령으로 구분하면 대략 0~29세, 30~59세, 60세 이상이 될 것이다. 공식적인 노인 연령은 65세부터이지만 국민연금 가입 기간이 59세까지이고, 퇴직 연령도 그 정도라서 59세까지를 중장년 세대로 끊었다.

---

36   UN 산하 유엔무역개발회의(UNCTAD)의 회의에서 결정된 것이다. 1964년 창설 당시 UNCTAD는 회원국을 지역 및 사회 경제적 수준에 따라 그룹 A(아시아·아프리카), 그룹 B(선진국), 그룹 C(중남미), 그룹 D(동구권)의 넷으로 구분했다. 그룹 B에는 서유럽, 북미 이외에 아태 지역의 일본·호주·뉴질랜드도 포함되어 선진국으로 분류된다. 우리는 기존의 그룹 A에서 그룹 B로 변경됐다.

〈그림 2-1〉 2020년과 2055년의 인구 피라미드

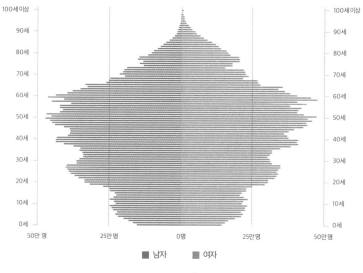

2020년

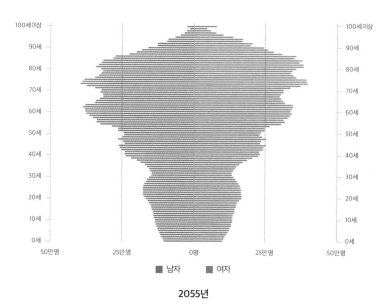

2055년

출처: 통계청 통계지리정보서비스

0~29세, 30~59세, 60세 이상의 세 집단 중 가운데인 30~59세 집단(중장년 세대)을 100으로 했을 때, 세 집단의 비는 2020년에 66:100:50인데 2055년에는 53:100:135가 된다. 앞서 청년-중장년-노인 세 세대를 경제 활동의 관점에서 준비 세대-활동 세대-종료 세대라고 했다. 20대 후반 청년과 60대 초반 노인의 상당수는 경제 활동에 종사하겠지만, 단순화를 위해 29세까지는 준비 세대, 60세 이상은 종료 세대로 간주하자. 경제 활동 세대는 준비 세대와 종료 세대를 부양한다. 2020년에는 100명이 116명을 부양했다면, 2055년에는 100명이 215명을 부양해야 한다.[37] 부양 부담이 두 배 가까이 늘어나는 셈이다.

지금의 중장년 세대보다 한 세대 뒤 중장년 세대(지금의 청년 세대)의 부양 부담이 훨씬 크다는 것은 익히 알고 있는 일이다. 그런데 한 세대 전과 비교하면 어떨까? 그러니까 지금의 노인 세대가 중장년 세대였을 때는 어땠을까? 2020년 기준으로 35년 전인 1985년의 인구 피라미드를 보자.

1985년 것을 보면 성·연령별 인구 그래프를 왜 '피라미드'라고 명명했는지 이해할 수 있다. 연령이 낮아질수록 인구가 많아져서 삼각형의 피라미드를 제대로 형성하고 있다. 당시 중장년 세대가 부양해야 할 노인 규모는 작았으나 청년 규모는 매우 컸다. 청년(0~29세), 중장년(30~59세), 노인(60세 이상) 세 집단의 인구비는 193:100:21이다. 경제 활동 집단(중장년 세대)과 나머지 집단의 비율을 따지면 100명이 214명을 부양하는 셈이 된다.

---

37   통상 부양비를 따질 때는 세 집단을 0~14, 15~64, 65+로 구분한다. 하지만 실제 경제 활동에 참여하는 대상을 따지자면 본문처럼 세 집단으로 구분하는 것이 좀 더 현실적일 것이다.

2장 세대 간 계약의 공정성

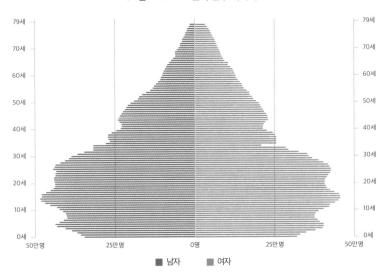

〈그림 2-2〉 1985년의 인구 피라미드

출처: 통계청 통계지리정보서비스

신기하게도, 청년과 노인 집단 규모는 크게 달라졌지만, 두 집단을 합친 부양비는 1985년과 2055년이 거의 같다. 이는 지금의 노인 세대와 청년 세대의 부양 부담은 비슷한 정도라는 얘기다.[38] 이처럼 과거, 현재, 미래의 부양비를 따져보면 지금의 청년-중장년-노인 세 세대 간의 부담과 혜택 크기, 세대 간 흑자와 적자를 대략 짐작할 수 있다. 노인 세대는 앞서 논의했으니 생략하고, 중장년 세대와 청년 세대를 비교하자.

---

38 물론 1985년 당시는 지금보다 일찍 경제 활동을 시작했으므로 동일 연령대로 끊어서 세 집단을 구분한 것은 다소 무리다. 당시는 지금보다 5년 일찍 경제 활동을 시작했다고 가정하면 경제 활동 준비 집단(청년 세대)은 0~25세가 되고 경제 활동 집단(중장년 세대)은 26~59세가 된다. 이렇게 변경하면 경제 활동 집단 100명이 비경제 활동 집단 139명을 부양하는 셈이 된다.

우선 정부 부문을 보면 당연히 중장년 세대는 흑자이고 청년 세대는 적자이다. 2023년 국민연금 보험료율은 9%이고 건강보험과 장기요양보험을 합친 보험료율은 8%이다. 그래서 고령화율과 밀접한 국민연금·건강·장기요양보험료율은 17%(직장인은 절반만 본인 부담)이다. 그러나 지금 상태가 계속되면 국민연금 기금 고갈 뒤인 2050년대 중반의 국민연금·건강·장기요양보험료율의 합은 50%가 넘을 전망이다. 게다가 기초연금 등 조세 기반 재정 지출도 훨씬 늘어야 한다.

사회 전체로 확장하면 어떨까. 삶을 이어가는 세대 간 계약은 연금 제도로 치면 부과식이다. 부과식 연금 제도에서 낸 것보다 많이 받는 것이 가능한 두 조건으로 인구 구조와 경제 성장을 들었는데, 이는 사회 전체의 부담과 혜택에서도 마찬가지다. 인구 구조는 부양비에 영향을 미치며, 부양비는 부담의 크기를 보여준다. 지금 중장년 세대의 부양비보다 미래 세대의 부양비가 훨씬 크다.

인구 구조로는 미래 세대의 부담이 훨씬 큰 게 자명하지만, 경제 성장 측면에서는 조금 따져봐야 한다. 경제 성장률은 과거보다 낮아졌어도 플러스의 성장을 보여서 경제력은 계속 커지고 1인당 GDP는 꾸준히 높아질 것이다. 이는 어제보다 오늘, 오늘보다는 내일에 국민 1인당 더 많은 재화와 서비스가 생산된다는 얘기다.

'경제가 계속 성장한다는 것은 뒷 세대가 앞 세대보다 더 많은 혜택을 누리고 더 큰 경제력(부담 능력)을 갖게 됨을 의미한다'고 해석할 수도 있다. 그럴듯하기는 한데, 선뜻 받아들여지지는 않는다. 두 가지 때문이다. 하나는 오늘날 (그리고 미래의) 경제 구조에서는 경제가 성장해도 그 혜택이 넓게 퍼지지 않기 때문이

　　　　　　　　　　　　　　2장 세대 간 계약의 공정성

다. 산업 사회 전성기 때는 경제가 성장하면 대다수의 살림살이도 나아졌다. 그러나 탈산업 사회, 4차 산업 혁명기인 지금은 아니다. 불평등 증가, 일자리 소멸 등 이유는 다양하지만 어쨌든 경제가 성장해도 혜택은 소수에게 집중되는 경향이 강하다. 586세대가 젊었을 때는 대학만 졸업하면 쉽게 취직할 수 있었다고들 얘기한다. 대졸자 자체가 지금보다 적은 탓도 있겠지만, 대기업 취업 문이 지금보다 훨씬 넓었던 것도 맞다. 또 집 장만하기도 지금에 비하면 수월한 편이었다.

다른 하나는, 앞엣것과 연관된 것이기도 한데, 커진 경제력의 상당 부분을 지금 중장년 세대인 미래 노인 세대가 가질 것이기 때문이다. 청년-중장년-노인의 세대 간 계약은 중간에 놓인 중장년 세대가 대부분의 재화와 서비스를 생산한다는 것을 전제로 한다. 최근까지의 인류 역사는 그랬다. 청년 세대는 당연하고 노인 세대 역시 생산 활동에 대한 기여는 미약했다. 하지만 이제는 다르다. 지금 노인 세대 중에는 많은 자산을 소유하고 이를 통해 계속 부를 늘리는 사람들이 제법 된다. 이런 경향은 지금 중장년 세대가 노인 세대가 되었을 때는 훨씬 커질 것이다.[39] 이런 이유로 인해 요즘 젊은 세대가 과거의 젊은 세대보다 경제 여건이 낫다고 하기 힘들며, 미래 중장년 세대가 지금 중장년 세대보다 썩 부유할 것으로 보이지도 않는다. 인구 구조와 경제 구조, 어느

---

39   다수 연구는 대한민국의 50세에서 60대 초반까지의 연령 집단은 다른 어느 연령 집단보다 부유함을 보여준다. 예. 안서연·백학영, 〈베이비 부머의 소득, 소비, 자산의 구성과 분포 변화 연구: 베이비 부머 이전 세대와의 비교를 중심으로〉, 《국민연금연구원 연구 보고서》, 2019. 이철승, 《불평등의 세대: 누가 한국 사회를 불평등하게 만들었는가》, 문학과 지성사, 2019.

불편한 연금책

면으로 봐도 지금 세대 간 계약은 중장년 세대에게 유리하고 청년 세대에게 불리하다. 공정하지 않다.

세대 논의에서 간과하지 말아야 할 것들

세대 간 계약의 공정성은 연금뿐만 아니라 국가 재정 전반, 나아가서 사회 전체의 분배에 관한 문제다. 세대 간 계약은 인류가 삶을 영위해 온 기본 원리이므로 이를 고치는 것은 사회 시스템 전반의 개혁과 연결되는 큰 문제다. 이 책의 주제는 국민연금, 조금 더 넓히면 노후 소득 보장 체계이다. 그래서 세대 간 계약의 공정성도 여기에 초점을 두고 논의할 것이다. 하지만 세대 간 계약 문제는 연금에만 국한된 것이 아니라는 것, 그래서 타당한 연금 개혁을 위해서는 연금뿐만 아니라 더 넓은 시야에서 세대 간 계약의 공정성을 바라보는 것이 필요함을 기억하자.

각종 여론 조사 결과를 보면 청년 세대는 국민연금 보험료 올리는 것에 반대하는데, 이유는 자신들 부담으로 윗세대가 혜택을 누려서라고 한다. 다시 말하지만, 보험료를 지금대로 유지하면 2050년대 중반 기금이 고갈되고 이후의 보험료는 감당이 어려운 수준으로 올라가야 한다. 그래서 그 이전의 어느 시점부터는 보험료를 올려야 한다. 그런데 보험료 인상이 늦어질수록 중장년 세대는 유리하고 청년 세대는 불리하다. 국민연금 보험료는 59세까지 납부한다. 내년에 보험료가 인상되면 지금 50세인 사람은 9년간 인상된 보험료를 납부해야 하며, 5년 후에 인상되면 5년간만 인상된 보험료를 납부하면 된다. 인상 시점이 늦춰질수록 인상 폭이 커져야 균형을 맞출 수 있다. 그래서 보험료 납부 기간이 긴 청년 세대의 부담은 더욱 커진다.

적립식을 고수하든 부과식으로 전환하든 '낸 것(+운영 수익) 정도로 받기'가 되어야 장기적으로 유지할 수 있다. 그럴 바에야 국민연금 폐지해서 그동안 낸 보험료 돌려받고, 민간 연금에 가입하든 부동산에 투자하든 각자 알아서 노후 대비하게 하자는 주장도 가능하다. 이건 '국가의 역할'에 대한 근본적인 질문과 관련된 것이다. 그런데 1장에서 봤듯이 많은 국가가 고령화로 인해 연금의 지속 가능성을 고민하지만, 이를 폐지하겠다는 나라는 없다. 민주주의가 인류 역사 발전의 결과이듯이 복지국가도 마찬가지다. 그리고 노후 소득 보장은 국가의 복지 기능 중 핵심이다. 실리적으로 따져도 국민연금은 '낸 것 정도 받기'만 되어도 민간 연금보다 수익률이 높다. 또한, 그리되어 장기적인 균형을 맞추면 민간 연금보다 안정성이 높다.[40] 물론 '낸 것 정도 받기'로 맞춘다고 해도 당장 한꺼번에 올릴 수는 없다. 조금씩 서서히 높여갈 수밖에 없다. 다행히 그동안 쌓아둔 적립금 덕분에, 너무 늦지 않는다면 서서히 높여도 장기적인 균형을 유지할 수 있는데 이에 관해서는 9장에서 논의한다.

보험료를 올려도 청년 세대에게 손해가 아니며, 여전히 민간 연금보다 유리하다는 것은 받아들인다고 치자. 하지만 세대 간 공정성은 어찌할 것인가. 노인 세대는 아니라고 해도 중장년 세

---

40 국민연금에 대한 불신이 높은 것은 낸 것보다 훨씬 많이 받는 구조 탓에 지속 가능하지 않기 때문이다. 낸 것 정도 받기가 되어 지속 가능하면 불신도 사라진다.

불편한 연금책

대는 청년 세대보다 훨씬 많은 이득을 누린다. 중장년 세대와 청년 세대를 비교하면 청년 세대의 부담으로 중장년 세대가 혜택을 누리는 셈이 아닌가. 청년 세대는 불만을 가질 수 있으며 억울하다고 느낄 수 있다.

이에 대해 586세대로서 변명을 하고 싶다. 하나는 중장년 세대가 청년 세대보다 혜택을 누린다는 인식은 우리 사회만의 특징은 아니라는 점이다. 지금의 MZ세대를 두고 '부모보다 가난한 자식 세대'라는 표현을 쓴다. 그런데 이는 우리가 만든 말이 아니라 서구에서 먼저 만들어진 말이다. 오늘의 청년 세대가 부모 세대보다 팍팍한 삶을 살아야 한다는 것은 세계적인 현상이다. 여기에는 탈산업 사회와 4차 산업 혁명이라는 경제 사회 구조 변화가 절대적인 영향을 미쳤다. 물론 우리만 그런 게 아니라는 말이 청년 세대에게 큰 위안이 되지는 않을 것이다. 게다가 다른 나라도 그런 경향이 있다지만 우리는 정도가 훨씬 심하다. 앞서 살펴본 인구 피라미드만 해도 30여 년 뒤 우리처럼 심한 역삼각형 모양을 갖는 나라는 찾기 어렵다.

청년 세대에게 미안한 마음이 들기는 한다. 그래도 조금 더 변명하자면, 한국의 경제 사회 구조가 요 모양 요 꼴인 것이 중장년 세대가 자식 세대를 희생시키면서 자신들의 이익만 챙겼기 때문은 아니라는 말을 하고 싶다. 어느 시대든 대다수는 자신의 이익을 추구하며 살아간다. 비록 예전에는 국민교육헌장을 만들어서 "우리는 민족중흥의 역사적 사명을 띠고 이 땅에 태어났다"라고 다짐하게 했고, "조국과 민족의 무궁한 발전을 위하여 몸과 마음을 바쳐 충성"할 것을 태극기 앞에 맹세하게 했지만, 그렇다

2장 세대 간 계약의 공정성

고 노인 세대가 젊은 시절 허리띠 졸라매고 열심히 일했던 것이, 역사적 사명감으로 조국과 민족에 헌신하려고 했기 때문은 아닐 것이다. 그때나 지금이나, 그리고 앞으로도 필부와 필녀는 자신과 가족이 잘되기 위해 애쓸 따름이다. 다만 각 시대 경제 사회 구조와 정치 역량의 차이로 인해 각자를 위한 노력이 사회 전체의 발전을 가져오기도 하고, 각자는 열심히 살아도 사회 전체는 점점 나빠지기도 한다.

개인의 최선이 사회 전체로는 득이 될 수도 있고 해가 될 수도 있기에 국가의 역할이 필요하고 이를 뒷받침하는 역량이 중요하다. 부모 봉양과 자식 양육 부담이 전적으로 가족에게 부여되던 시절에는 국가가 세대 간 혜택과 부담 배분을 고민할 필요도 없었다. 그러나 현대에는 봉양과 양육의 책임을 국가가 분담하며, 그 몫이 점점 커지고 있다. 세대 간 혜택과 부담의 공정한 배분을 통해 세대 간 계약을 지속하는 것이, 국가의 중요한 역할이 된 것이다. 사실 대한민국의 중장년 세대는 자기 자식에게는 지나칠 정도로 지극정성이다. 다만 사회 전체로서 다음 세대를 위한 대비는 영 부실했다.

세대 간 공정성에 대한 논의를 마무리하면서 꼭 짚고 넘어가야 할 게 있다. 세대 '내' 불평등 문제다.《세대 전쟁》《불평등의 세대》같은 책 제목에서 알 수 있듯이 중장년 세대는 여유롭고 (반대급부로) 청년 세대는 궁핍하다는 인식은 우리 사회에 넓게 퍼져 있다. 이번 장에서 논의했듯이 세대 간 혜택과 부담을 따지면 중장년 세대가 유리하고 청년 세대가 불리한 것은 맞다. 하지만 어느 시대 어느 장소를 막론하고 세대 간 불평등보다는 세대 내 불평등이 훨씬 심하다. 복지국가의 불평등 완화 기능도 세대 내 불평등에 대한 것이지 세대 간 불평등을 염두에 둔 것은 아니다.

인류 역사에서 세대 간 불평등 문제가 대두된 것은 최근 일이다. 고령화라는 인구 구조 변화가 탈산업 사회라는 경제 구조 변화와 맞물리면서 복지 재정의 지속 가능성에 적신호가 켜졌기에 불거진 문제다. 이에 비해 동일 세대 내 계층 간 불평등은 인류 역사와 함께해 온 장구한 문제다. 계층 간 불평등은 복지국가의 등장으로 다소 완화되었지만, 탈산업 사회에 들어와 다시 커지고 있다. 더 큰 문제는 불평등의 세습이다. 한국 사회의 가장 심각한 불평등 문제가 뭐냐고 물으면, 대다수가 부모 세대의 빈부 격차가 자식 세대로 이어지는 현상을 꼽을 것이다.

중앙대 신진욱 교수는 《그런 세대는 없다》라는 저서를 통해 기성세대(중장년 세대)와 청년 세대를 대립시키는 것은 일종의 허구이며 세대 프레임이라고 진단하고 있다. 나는 중장년 세대와 청년 세대의 갈등은 분명히 존재하며, 특히 복지 재정과 관련해서는 심각한 문제라고 여긴다. 그러나 세대 간 불평등을 강조하면서 세대 내 불평등을 간과하면 안 된다는 경고에는 전적으로 동의한다.

이런 경고는 연금 개혁에도 적용된다. 연금 개혁에서는 지속 가능성 확보가 시급한데, 이는 세대 간 계약과 직결된 문제라서 세대 간 공정성을 강조했다. 그런데 연금 개혁에서는 세대 내 불평등 완화도 중요하다. 노인 중 국민연금(특수직역연금 포함) 수급자는 절반에 못 미친다. 연금 수급자는 대부분 중산층 이상이다. 그래서 낸 것보다 많이 받는 혜택은 노인 중에서도 중산층 이상에게 돌아간다. 복지 제도의 주요 기능 중 하나가 계층 간 불평등 완화인데, 우리의 연금 제도는 오히려 심화시킨다. 구체적인 이유와 개선 방법은 4장에서 다루기로 하고, 여기서는 연금 개혁에 계층 간 불평등 완화 방안도 꼭 들어가야 한다는 것만 기억하자.

우리 연금, 이대로 괜찮을까

취약한 노후 소득 보장 기능

1장과 2장에서는 연금의 지속 가능성 문제를 논의했다. 어떤 제도든 지속 가능성은 중요하다. 그런데 연금은 젊을 때 보험료 내고 나이 들어 수급하는 구조, 비용 납부와 혜택 수혜 시점의 차이로 인해 미래에도 계속 유지되는 것이 특히 중요하다. 연금 개혁 논의가 대두된 배경도 지속 가능성 때문이다. 하지만 지속 가능성은 연금이 갖춰야 할 두 가지 요건 중 하나일 뿐이다.

다른 하나는 적절한 노후 소득 보장이다. 1장에서 국민연금법은 제4조에서 "급여 수준과 연금 보험료는 국민연금 재정이 장기적으로 균형을 유지할 수 있도록" 해야 한다고 규정함으로써 지속 가능성을 강조한다고 했다. 그런데 국민연금법은 가장 먼저 제1조에서 "국민의 노령, 장애 또는 사망에 대하여 연금 급여를 실시함으로써 국민의 생활 안정과 복지 증진에 이바지하는 것"
이라고 규정하여 노후 소득 보장이 국민연금의 목적임을 천명하
고 있다. 지속 가능성이 연금이 존속하기 위한 조건이라면 노후
소득 보장은 연금이 존재하는 이유다. 노후 소득 보장이 취약한
연금은 존재 의의를 부정하는 것이다.

　우리의 노인 빈곤율이 OECD 최고인 데서 알 수 있듯이 국
민연금은 노후 소득 보장 기능이 몹시 취약하다. 내는 것보다 많
이 받는 구조여서 지속 가능성이 결여됐다는 것, 그리고 노후 소
득 보장 기능이 취약하다는 것은 국민연금의 양대 문제다. 그래
서 연금 개혁에서는 지속 가능성 제고뿐만 아니라 노후 소득 보
장 강화 방안이 포함되어야 한다. 이처럼 당위적인 측면뿐 아니
라, 현실적으로도 노후 소득 보장 강화 없이 보험료율만 인상하
기는 어렵다. 노후 소득 보장 기능에 문제가 있는 것이 분명한데,
이는 도외시하고 부담만 늘리는 개혁안은 국민이 받아들이지 않
을 것이기 때문이다. 개혁안의 수용성을 높이기 위해서도 보험료
율 인상과 노후 소득 보장 강화는 함께 가야 한다.

　높은 노인 빈곤율, 그리고 GDP 대비 낮은 연금 지출 비중(1
장의 〈그림 1-1〉 〈그림 1-2〉 참조)을 통해 국민연금 노후 소득 보장이
취약하다는 것은 능히 짐작할 수 있다. 구체적으로 다른 국가와
비교해서 대한민국 노인의 평균 소득 규모는 어느 정도인지, 그
중 연금 소득은 얼마나 되는지 따져보자. 이는 〈그림 3-1〉에 제
시되어 있다.

　막대그래프 전체 높이는 국민 전체의 평균 소득을 100으로
했을 때, 노인 소득의 상대적인 규모를 보여준다. 룩셈부르크는

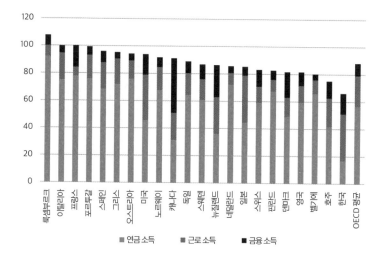

〈그림 3-1〉 OECD 국가의 노인 소득 및 연금 소득 비중(2018년 기준, %)

OECD 평균은 표에 제시된 22개국이 아니라 전체 OECD 국가(37개 국) 평균이다.
출처: OECD 연금 보고서 〈Pension at a Glance〉 2021년 판 p185, Table 7.1 및 Figure 7.1로부터 저자 계산

노인의 평균 소득이 국민 전체의 평균 소득보다 커서 상대 규모가 100을 넘는다. OECD 평균으로는 87.9%인데, 한국은 65.8%이다. 한국 노인의 평균 소득은 국민 전체 평균 소득의 2/3 정도라는 것인데, 이는 표에 제시된 22개국뿐만 아니라 OECD 회원국 전체 중에서도 가장 낮은 규모이다. 막대그래프에서 아래쪽 파란색은 연금 소득 규모를 나타낸다.[41] 역시 룩셈부르크가 가장 크며(국민 전체 평균 소득의 92.4%), OECD 평균으로는 56.5%이다. 한국은 17.0%로서 OECD 평균의 1/3에도 못 미치는데, 이는

---

41   연금 소득은 공적연금과 기업 퇴직연금을 합하고, 여기에 기초 생활 보장 급여와 같은 공공부조를 더한 것이다. 하지만 공공부조 소득은 크지 않으며 거의 대부분 연금 소득, 그중에도 공적연금 소득이다.

OECD 국가 전체에서 가장 낮은 규모이다. 한국은 연금 소득 규모가 작은 탓에 노후 소득의 상당 부분을 근로 소득에 의존한다. 근로 소득 규모는 가운데의 회색이 보여준다. 한국의 근로 소득 규모는 34.2%인데 이는 표에 제시된 22개국 중에서는 일본과 함께 가장 큰 규모이며, OECD 37개 국가 중에서는 멕시코, 칠레, 코스타리카 다음이다.[42]

〈그림 3-1〉은 현재 노인들에 대한 분석이다. 흔히 국민연금 보장성이 취약한 이유로 국민연금이 아직 충분히 성숙하지 못한 탓에, 즉 1988년에 시작했고 전 국민을 포괄하게 된 것은 2000년대 이후인 탓에, 현 노인 세대 중에는 수급권 없는 사람도 많고 수급권이 있더라도 보험료 납부 기간이 짧아서 수급액이 적다는 것이 지적된다. 그렇다면 현 노인 세대에 대한 비교만으로는 국민연금의 보장성이 미래에도 다른 국가에 비해 낮을지, 즉 제도적으로 낮게 설계된 것인지는 판단하기 어렵다. 이를 판단하려면 국민연금이 충분히 성숙했을 때를 상정하고 비교해야 한다. 이를 위해서는 연금 급여의 소득 대체율을 비교하는 것이 필요하다. 전술했듯 소득 대체율은 연금 급여액이 본인 근로 시기 평균 소득의 몇 %인가를 나타내는 지표이다.

OECD에서는 2년마다 〈한눈에 보는 연금Pension at a Glance〉이라는 연금 보고서를 발간한다. 이 보고서는 회원국의 연금 관련 다양한 통계를 비교하고 있다. 그중에는 소득 대체율도 포함되어 있다. 그런데 2021년도에 이 보고서가 발간되었을 때 연금공단

---

42 노인 소득에서 근로 소득이 차지하는 비중은 52%인데 이는 멕시코의 57.9% 다음으로 높은 규모이다.

불편한 연금책

등 연금 관련 기관들은 몹시 당황했다. 소득 대체율 통계 때문이었다. 〈표 3-1〉을 보자.

〈표 3-1〉 OECD 주요 국가의 연금 소득 대체율(2021년 기준)

국가	수급 개시 연령	공적연금만			총연금(강제 적용 기업 연금 포함)		
		절반 소득자	평균 소득자	두 배 소득자	절반 소득자	평균 소득자	두 배 소득자
호주	65	31.4	0	0	62.7	31.3	31.3
오스트리아	65	74.1	74.1	57.3	74.1	74.1	57.3
벨기에	67	67.5	43.4	29.2	67.5	43.4	29.2
캐나다	65	53.2	38.8	22.3	53.2	38.8	22.3
덴마크	74	74.6	29.5	10.7	125.1	80.0	61.3
핀란드	68	56.6	56.6	56.6	56.6	56.6	56.6
프랑스	66	60.2	60.2	51.9	60.2	60.2	51.9
독일	67	46.5	41.5	33.0	46.5	41.5	33.0
그리스	66	84.7	72.6	66.5	84.7	72.6	66.5
이탈리아	71	74.6	74.6	74.6	74.6	74.6	74.6
일본	65	43.2	32.4	26.9	43.2	32.4	26.9
한국	65	43.1	31.2	18.6	43.1	31.2	18.6
룩셈부르크	62	90.4	76.6	69.7	90.4	76.6	69.7
네덜란드	69	58.4	29.2	14.6	73.1	69.7	68.0
뉴질랜드	65	65.9	39.8	19.9	65.9	39.8	19.9
노르웨이	67	54.1	39.4	22.5	60.6	46.6	28.9
스페인	65	73.9	73.9	67.0	73.9	73.9	67.0
스웨덴	65	49.5	41.3	23.9	61.4	53.3	67.2
스위스	65	33.3	22.1	12.0	53.1	44.1	23.0
영국	67	43.3	21.6	10.8	70.6	49.0	38.2
미국	67	49.6	39.2	27.9	49.6	39.2	27.9
OECD 평균	66.1	55.6	42.2	34.4	64.5	51.8	44.4

출처: OECD Pension at a Glance 2021, p. 141
주: OECD 평균은 표에 포함되지 않은 국가를 포함한 전체 평균임.

'평균 소득자'는 전일제 상용 근로자 평균 소득을 올리는 사람을 의미한다. '절반 소득자'는 평균 소득자의 50%를 버는 사람, '두 배 소득자'는 평균 소득자의 200%를 버는 사람을 의미한다. 강제적인 기업 연금은 우리의 퇴직연금처럼 의무 가입이지만 운용은 민간 금융 기관이 맡는 것을 말한다. 민간이 운용하므로 공적연금은 아니다. 그러나 의무 가입이므로 역시 노후 보장 체계의 일부다. 개시 연령은 연금 수급이 시작되는 연령을 의미한다.

평균 소득자의 공적연금 소득 대체율을 보면 OECD 평균은 42.2%인데, 한국은 31.2%이다. 강제 적용 기업 연금을 포함한 총연금 소득 대체율은 OECD 평균이 51.8%인데, 한국은 그대로 31.2%이다. 총연금은 차치하고 공적연금 소득 대체율만 봐도 우리는 OECD 평균보다 10% 포인트 이상 낮다. 하지만 단순히 소득 대체율이 낮다는 것 때문에 연금 관련 기관들이 당황했던 것은 아니다. 우리 복지 제도 중 급여 수준 낮은 게 어디 연금뿐이겠는가. 게다가 표를 보면 우리보다 공적연금 소득 대체율 낮은 나라도 여럿이다.

당황한 이유는 한국의 소득 대체율 수치가 그 이전보다 대폭 떨어져서다. 2019년 보고서에서는 한국의 공적연금 소득 대체율이 37.3%였는데, 2021년 보고서에서는 31.2%로 6% 포인트 이상 떨어졌다. 그런데 2년 사이에 급여 제도는 바뀐 게 전혀 없었다!

제도는 그대로인데 갑자기 소득 대체율이 확 떨어졌으니 놀랄 수밖에 없겠다. 대체 무슨 일이 있었던 걸까. 일단 2019

년 소득 대체율이 왜 37.3%인지부터 따져보자. 우리 국민연금의 소득 대체율은 40%라고 알려져 있다. 이는 국민연금 가입자 평균 소득으로 40년 동안 가입했을 때를 기준으로 한 것이다. 그런데 OECD 보고서의 소득 대체율은 40년 가입 기준이 아니다. 22세부터 가입 기간 종료 연령까지 계속 가입하는 것을 기준으로 한다.[43] 국민연금은 59세까지 가입한다. 그래서 22세부터 59세까지 38년 가입을 기준으로 계산하여 37.3%가 된 것이다.[44]

2021년 보고서도 2019년 판과 기준은 같았다. 그럼에도 6% 포인트 이상 차이가 발생한 것은 '평균 소득'의 정의가 바뀐 탓이다. OECD 보고서의 회원국 통계는 각 국가가 제공하는 것을 받아서 작성한다. 연금 보고서의 소득 대체율 계산에서 평균 소득은 '전일제 상용 근로자 평균 소득'을 의미한다. 우리는 2019년 보고 때까지는 소득 대체율 계산에 '국민연금 가입자 평균 소득'을 사용했다.

자영업자 중에는 부유한 사람보다 영세 자영업자가 훨씬 많으며, 연금 소득을 신고할 때 실제 소득보다 낮추는 자영업자도 제법 있다. 그리고 일용직 근로자의 소득은 상용직 근로자보다 낮다. 그래서 자영업자 및 일용직을 포함한 국민연금 가입자 평

---

43   가입 시점은 연금 보고서 작성 연도를 기준으로 한다. 즉 2019년 보고서는 2018년에 22세가 되어 가입한 후 약 40여 년 뒤 수급 연령이 되어 급여를 타는 것으로 가정했다. 2021년 보고서는 2020년에 가입하는 것을 기준으로 했다.

44   40년 가입에 40%이니 38년 가입이면 38%가 되어야 할 것 같은데, 왜 37.3%일까. 사실 소득 대체율 40%는 2028년 이후이며, 그전에는 40%보다 높다. 이것까지 감안하면 38%보다 조금 더 높아야 한다. 정확한 이유는 잘 모르겠지만 계산 방식에서 몇 가지 소소한 차이가 있기 때문일 것 같다.

3장 우리 연금, 이대로 괜찮을까

균 소득은 상용직 임금근로자 평균 소득보다 상당히 낮다. 2020년 국민연금 가입자 평균 소득은 월 244만 원인데, 상용직 임금근로자(전일제) 평균 소득은 월 383만 원이다.[45] 그런데 국민연금 급여에는 재분배 장치가 있어서 소득이 높으면 소득 대체율이 낮아진다. 따라서 상용직 임금근로자 평균 소득 기준으로 소득 대체율을 계산하면 국민연금 가입자 평균 소득 기준의 소득 대체율보다 상당히 낮아진다.

OECD는 2019년 보고서 작성 때까지는 한국이 제공하는 평균 소득이 상용 근로자 평균 소득과 다르다는 것을 몰랐고, 그래서 한국이 제공하는 국민연금 가입자 평균 소득 통계를 그대로 사용했다고 한다. 그 뒤에 한국 통계의 문제점을 발견했고, 그래서 2021년 보고서를 작성할 때는 기준 소득을 상용 근로자 평균 소득으로 변경했다. 그 결과 소득 대체율이 37.3%에서 31.2%로 낮아진 것이다.

통계로 보는 국민연금 소득 대체율

비교가 타당하려면 동일한 기준을 적용해야 한다. 그래서 OECD 국가 간 연금의 소득 대체율을 비교하려면 다른 나라와 동일하게 상용 근로자 평균 소득을 사용하는 것이 맞다. 즉 2019년 보고서까지의 37.3%는 잘못된 것이고 2021년 보고서의

---

45   244만 원은 2019년 말 기준이며, 2020년 말에는 254만 원으로 높아졌다. 2021년 판 연금 보고서는 244만 원을 기준으로 계산한 것 같다.

31.2%가 맞다.[46] 그럼 우리가 익히 들어온 '국민연금 소득 대체율 40%'는 틀린 것인가. 그렇지는 않다. 다만, 소득 대체율 40%는 40년 가입을 기준으로 한 것이라는 점, 또한 국민연금 가입자 평균 소득을 기준으로 한 것인데 이는 상용 근로자 평균 소득보다는 훨씬 낮다는 점을 분명히 해야 한다.[47]

"어쨌든 이제는 진실을 알게 됐다! 우리의 공적연금 소득 대체율은 평균 소득자 기준으로 31.2%이며, 퇴직연금을 포함한 총연금 기준으로도 동일하게 31.2%이다. 우리의 소득 대체율은 공적연금만 따지면 OECD 35개국(공적연금 없는 3개국 제외) 중 25위이고, 총연금으로 따지면 OECD 38개국 중 33위이다. 따라서 우리의 연금 제도는 다른 국가에 비해서 노후 소득 보장 기능이 취약하게 설계되어 있다!"

위 문단은 강조를 위해 따옴표를 붙이고, 느낌표로 시작해서 느낌표로 마쳤다. 물론 이렇게 표시한 이유가 있다. 우리 연금의 소득 대체율과 노후 소득 보장 기능 평가는 이처럼 단순하게 될 수 없기 때문이다.

연금 개혁의 방향에 대해 전문가 사이에 의견 대립이 꽤 심하다. 의견 대립은 두 가지 측면에서 발생한다. 하나는 재정 지속 가능성이 얼마나 위기에 처했는가이고 또 하나는 소득 대체율 수준이 적절한가이다. 대립하는 의견은 이렇다. 재정 지속 가능

---

46 나로서는 2021년 보고서에서 소득 대체율이 31.2%로 낮아진 것이 놀라운 것이 아니라 2019년까지 37.3%였던 것이 놀랍다. 당연한 일이지만, OECD에서는 각 국가에 보고서 작성에 필요한 통계를 요청할 때, 통계의 정의를 명확히 밝힌다. 따라서 한국의 작성자도 소득 대체율 계산에서 평균 소득은 전일제 상용 근로자 평균 소득이라는 것을 알았을 것이다. 그런데도 왜 2019년까지는 국민연금 가입자 평균 소득을 사용했을까. 이 점이 궁금하다.

47 아울러 이는 2028년 이후 가입자에게 적용된다는 것도 분명히 해야 한다.

3장 우리 연금, 이대로 괜찮을까

성에 대해서는 ①매우 위험하니 시급히 조치, ②아직 여유 있으니 천천히, 소득 대체율에 대해서는 ⓐ낮으니 높여야, ⓑ낮지 않으니 그대로. 대체로 ①을 주장하면 ⓑ를 지지하고, ②를 내세우면 ⓐ를 지지한다.

이런 대립이 이상하게 여겨지는 독자도 있겠다. 개인마다 좋아하는 것과 싫어하는 것은 다를 수 있겠지만, 적어도 전문가들이라면 팩트에 대해서는 동의하고 일반인들에게 제대로 설명해줘야 하는 것 아니냐면서 말이다. 안타깝지만 사회 과학 분야에서는 (심지어 자연 과학 분야도) 자신의 선호에 따라 팩트에 대한 이해가 달라지는 경우가 흔하다. 게다가 다른 정책도 그런 경우가 많겠지만, 연금 정책은 이해관계가 복잡하며 이해가 상충되는 집단들이 분명하게 존재한다. 그래서 연금 개혁은 '정치'인데, 정치에는 각 집단의 이해를 옹호하는 근거와 논리가 필요하고 이를 위해 전문가가 동원된다.

이야기가 옆으로 샜는데, 다시 소득 대체율 논의로 돌아가자. 〈표 3-1〉은 확실히 우리 연금 체계의 소득 대체율이 다른 OECD 국가에 비해 낮음을 보여준다. 그런데 이 표의 해석에는 매우 주의해야 한다. 우리와 다른 국가들은 비교 기준이 상이하기 때문이다. 평균 소득자 기준은 동일하게 맞췄지만, 그 밖에도 다른 기준들이 존재한다.

첫 번째는 가입 기간 가정이다. 우리는 가입 상한 연령이 60세 이전까지다. 그래서 가입 기간을 38년으로 가정했다. 그런데 다수 OECD 국가의 가입 상한 연령은 65세 정도로 우리보다 6년 정도 길다. 각 국가가 가정한 가입 기간을 평균하면 44년 정도

된다.[48] 2장에서 설명했듯, '소득 대체율=지급률×가입 기간'이다. 그래서 소득 대체율을 높이려면 지급률을 높이거나 가입 기간을 늘려야 한다. 이 둘은 연금 재정에 미치는 영향이 상이하다. 가령 국민연금을 내는 것만큼 받는 구조로 바꾸었다고 하자. 이 경우 소득 대체율을 높이기 위해 가입 기간을 늘리면 수입과 지출이 동시에 늘어나므로 연금 수지에 영향을 주지 않는다. 하지만 지급률을 높이면 수입은 그대로인데 지출만 늘어서 수지 균형이 깨진다. 수지 균형을 맞추려면 보험료율도 함께 올려야 한다.

연금 개혁 논의에서 국민연금 소득 대체율을 높이자고 주장하는 사람들은 지급률을 높이자고 한다. 소득 대체율이 낮은 이유가 지급률이 낮기 때문이라면 이 주장이 타당하겠다. 과연 그런가를 알아보려면 가입 기간이 동일했을 때의 소득 대체율을 비교해봐야 한다. 그래야 지급률 차이에 따른 소득 대체율 차이를 알 수 있기 때문이다.

〈표 3-1〉의 소득 대체율은 2020년에 22세로 가입한 사람이 가입 기간을 모두 채운 40여 년 뒤, 2060년대 중반에 수급하는 것을 가정하여 계산한 것이다. 많은 국가가 고령화에 따라 차츰 연금 수급 개시 연령을 늦추고 있다. 그래서 다수 국가의 2060년대 수급 개시 연령은 현행보다 높다. 예를 들어 표에서 덴마크의 수급 개시 연령은 74세이다. 하지만 덴마크의 2023년 수급 개시 연령은 65.5세이다. 우리도 2023년 기준 수급 개시 연령은 63세인데 2033년부터 65세가 된다.

---

48   〈표 3-1〉에서 OECD 평균 연금 수급 개시 연령은 66.1세이다. 따라서 22세부터 수급 개시 직전까지 가입하면 가입 기간은 44.1년이 된다.

연금은 퇴직해서 소득이 중단되면 지급하는 것이다. 그래서 일반적으로 연금 수급 개시 시점은 퇴직 직후가 되며, 가입 상한 연령은 퇴직 연령과 맞춘다. 즉 연금 수급 직전까지 가입한다. 우리가 가입 기간을 59세로 설정했을 당시는 연금 수급 연령이 60세였다. 그런데 이후 연금 수급 연령을 높였으나 가입 기간은 그대로 유지했기 때문에 가입 기간과 수급 개시 연령 차이가 커진 것이다.

가입 상한 연령을 높이려면 퇴직 연령도 함께 높여야 하기 때문에 간단한 문제는 아니다. 하지만 연금 수급 개시 연령보다 가입 상한 연령이 5년 이상 짧은 것은 비정상이며 잘못된 것이다. 그래서 우리도 이 둘을 맞추자는 논의가 시작됐다. 적어도 〈표 3-1〉에서 가정한 2060년 중반의 수급자라면 이 둘이 맞춰질 것이 확실하다. 그렇다면 우리의 가입 기간을 늘려서 비교하는 게 타당하다. 〈표 3-1〉에서 OECD 평균 연금 수급 개시 연령은 66.1세이다. 따라서 22세부터 수급 개시 직전까지 가입하면 평균 가입 기간은 44.1년이 된다. 우리는 65세에 연금 수급이 시작되므로 그 직전까지 가입하면 43년 가입하는 것이 된다.

가입 기간 이외에 또 하나의 중요한 차이는 공적연금액 계산에서 우리는 기초연금을 제외하고 국민연금만 포함했다는 점이다. 기초연금은 국민연금보다 수급자 수가 훨씬 많으며 조세를 재원으로 한다. 당연히 공적연금이다. 다른 국가에도 우리처럼 조세 재원으로 저소득 노인들에게 지급하는 연금이 있으며, 이는 공적연금에 포함된다. 그런데 왜 우리는 제외되었을까? 이유가 명확하지는 않다. 추측해 본다면, 기초연금을 처음 시작할 때는 액수도 작고 가난한 노인을 지원하는 공공부조로 여겨서 공적연금에 포함하지 않았는데, 이후 액수가 훨씬 커지고 공적연금으로 확실하게 자리 잡았음에도 기존 관행대로 제외했다고 봐야 할 것 같다.[49] 어떤 이유에서든 공적연금에서 기초연금을 제외한 것은 부당하다. 다른 국가와 동일 조건의 비교가 되려면 기초연금을 포함해야 한다.

한편, 총연금액 산정에서 우리의 퇴직연금이 제외된 것도 따져봐야 한다. 퇴직연금은 강제 적용 기업 연금이므로 총연금액에 포함하는 것이 원칙이다. 우리의 퇴직연금이 제외된 이유는, 퇴직 급여를 받지 못하는 임금근로자도 많으며, 받더라도 연금 대신 일시금(퇴직금)을 지급하는 회사가 많고, 퇴직연금을 도입한 경우에도 매달 지급되는 연금 대신 일시금으로 수령하는 경우가 많아서다.[50] 일시금은 연금이 아니다. 하지만 법적 강제이고 노후 보장에 일정한 역할을 하는 것도 사실이다. 〈표 3-1〉의 연금 비교는 2020년에 가입하여 40여 년 후에 연금을 수급하는 것을 가정한다. 일시금 대신 연금으로 수급하는 비율은 점차 높아지고 있다. 비록 지금은 대다수가 일시금으로 수령하지만 40여 년 후에는 거의 모두가 퇴직연금으로 수령할 것이다. 그렇다면 총연금액에 퇴직연금 예상 수령액을 포함하는 것이 타당할 것 같다.

가입 기간을 지금보다 5년을 연장해 65세 이전까지로 하면

---

49   그 밖에 다른 국가들은 젊은 시절 일정 기간 거주해야만 노후에 지급하는데 우리는 이런 조건이 없어서 제외했다는 설명, 다른 국가는 '중위 소득 50%'처럼 특정 소득 수준 이하를 기준으로 하지만, 우리는 전체 노인의 70%라는 대상자 규모가 기준이라서 그렇다는 설명도 있다. 둘 다 납득할 만한 설명은 아니다.

50   OECD는 의무 가입 퇴직연금에 임금근로자의 80% 이상이 가입되어 있어야 총연금액에 포함한다.

소득 대체율은 4.1% 포인트가 높아진다. 2023년 기준 기초연금액은 32만 원이 조금 넘는다. 이를 소득 대체율로 환산하면 평균 소득자 기준으로는 7.5% 정도가 된다. 절반 소득자라면 15%가 된다. 한편 기초연금 지급 규정을 보면 국민연금 수급자의 경우 가입 기간에 따라 최대 절반까지 기초연금을 감액하게 되어 있다. 이 규정을 적용하면 국민연금에 43년간 가입했을 때 기초연금 수급액은 절반이 감액된다. 반액만 받을 때의 소득 대체율은 평균 소득자 기준 3.8%, 절반 소득자 기준 7.5%가 된다. 두 배 소득자는 기초연금 수급 대상이 아닐 것이므로 고려할 필요가 없다.

총연금액 산정에 퇴직연금을 포함하면 어찌 될까. 우리 퇴직연금의 수익률은 매우 낮다. 국민연금 수익률의 절반에도 못 미친다. 흔히 민간이 공공보다 효율적이라고 한다. 모든 분야가 그렇지는 않겠지만 금융 투자는 대표적으로 민간 운용이 공공 운용보다 효율적이라고 알려진 분야이다. 그런데 대한민국의 내로라하는 금융 기관들의 퇴직연금 수익률은 국민연금 수익률보다 훨씬 낮다. 이에 비해 다른 나라의 퇴직연금 수익률은 대체로 국민연금 수익률보다 높다. 낮은 수익률은 우리 퇴직연금의 큰 문제점인데, 이는 제도 설계가 잘못된 탓이 크다.

퇴직연금 수익률 문제는 8장에서 다루기로 하고, 여기서는 향후 퇴직연금이 그럭저럭 제 기능을 해서 국민연금만큼의 운용 수익률을 낸다고 가정하자. 국민연금이 낸 만큼 받는 구조라면 대략 보험료율이 지금의 두 배인 18%가 되어야 한다고 했다. 이를 그대로 퇴직연금에 적용해 보자. 퇴직연금의 보험료율은 8.3%이므로 43년 가입을 가정하면 소득 대체율은 20% 정도가 된다.

가입 기간 연장, 기초연금 및 퇴직연금 포함이라는 비교 기준 변경을 적용하면 한국의 소득 대체율이 얼마나 높아질까. 이는 〈표 3-2〉에 제시되어 있다.

〈표 3-2〉 비교 기준 맞췄을 때의 소득 대체율 비교(2020년 기준, %)

국가	공적연금			총연금(퇴직연금 포함)		
	절반 소득자	평균 소득자	두 배 소득자	절반 소득자	평균 소득자	두 배 소득자
한국 1	43.1	31.2	18.6	43.1	31.2	18.6
한국 2	54.7	39.1	22.7	64.7	59.1	42.7
OECD 평균	55.6	42.2	34.4	64.5	51.8	44.4
격차 1(%P)	-12.5	-11.0	-15.8	-21.4	-20.6	-25.8
격차 2(%P)	-0.9	-3.1	-11.7	0.2	7.3	-1.7

한국 1은 〈표 3-1〉에 제시된 오리지널 통계이다. 한국 2는 앞의 논의에 따라 가입 기간을 연장하고, 기초연금 및 퇴직연금을 포함해서 내가 계산한 통계이다. 격차 1은 한국 1을 기준으로 한 OECD 평균과의 차이이며, 격차 2는 한국 2를 기준으로 한 OECD 평균과의 차이다.

기준 변경의 세 항목인 ①가입 기간 연장, ②기초연금, ③퇴직연금 중에서 절반 소득자는 ①과 ②는 당연히 적용해야겠지만, 퇴직연금은 논란이 된다. 절반 소득자의 경우 현재는 퇴직연금은 물론이고 퇴직금도 제대로 받지 못하는 사람이 다수일 것이다. 하지만 2060년대가 되면 퇴직연금을 받는 사람이 다수가 될 것이다. 그렇다면 퇴직연금을 포함하는 것과 제외하는 것 중 어느 쪽이 타당할까. 잘 모르겠다. 그래서 타협책으로 퇴직연금을 절반만 받는 것으로 가정했다. 이는 절반 소득자 중에는 고용이 불안정한 사람이 많아서 43년 중 절반 기간만 퇴직연금을 적립하는 것으로 가정한 셈이다. 평균 소득자는 ①, ②, ③을 모두 적용했지만, 두 배 소득자는 ①과 ③만 적용했다. 근로 시기에 평균의 두 배를 버는 사람이면 대부분 노인이 되었을 때 상위 30%에 해당할 것이므로 기초연금은 제외하는 게 타당하다.

평균 소득자부터 보자. 공적연금의 소득 대체율은 39.1%인데, 이는 OECD 평균보다 약간 높은 수치다. 하지만 퇴직연금을 포함한 총연금은 59.1%가 되어 OECD 평균보다 7.3% 포인트가 높아진다.[51] 절반 소득자는 공적연금은 54.7%, 총연금은 64.7%가 되는데, 둘 다 OECD 평균과 유사하다. 두 배 소득자의 소득 대체율은 22.7%가 되는데 여전히 OECD 평균인 34.4%보다 매우 낮다. 하지만 총연금은 42.7%가 되어 OECD 평균인 44.4%에 근접하게 된다.[52]

---

51 평균 소득자의 경우 기초연금 대상자가 될 것인가는 약간 논란이 될 수 있다. 기초연금은 노인의 70%가 받는다. 근로 시기에 평균 소득 정도를 벌었던 사람이 노인이 되면 소득 기준 하위 70%에 포함될까? 포함되는 사람도 있고 안 되는 사람도 있을 것이다. 그런데 포함되는 사람이 더 많을 것 같다.

52 우리의 퇴직연금이 총연금에서 제외되었듯이, 다른 국가도 기업 퇴직연금이 총연금에서 제외된 경우가 있을 것이다. 몇몇 국가는 확실히 그렇다. 그런데 이들은 임의 가입 퇴직연금을 운용하고 있다. 우리처럼 강제 가입 퇴직연금을 운용하면서 제외된 국가는 발견하지 못했다.

불편한 연금책

재분배 장치가 소득 대체율을 떨어뜨린다

우리의 국민연금에 해당하는 다른 나라의 공적연금은 대체로 중간 소득 이상에서는 소득 비례 급여가 원칙이며, 저소득층에게만 보충 급여나 최저 연금 보장 등을 통해 더 높은 급여를 지급한다. 즉 우리처럼 연금 급여식 자체에 소득 재분배 장치(4장 참조)를 두어서 전 소득 계층에 적용하는 경우는 드물다.

OECD 연금 보고서 2019년 판에서는 평균 소득자의 소득으로 국민연금 가입자 평균 소득을 적용해서 공적연금 소득 대체율이 37.3%였는데 2021년 판에서는 상용 근로자 평균 소득을 사용했기 때문에 31.2%였다고 했다. 만일 국민연금도 다른 나라처럼 저소득층을 제외한 나머지 소득 집단은 소득 비례 원칙으로 급여를 결정했다면 소득 대체율은 상근 근로자 평균 소득을 적용해도 37.3%였을 것이다. 그리고 다른 나라처럼 가입 기간이 65세까지로 높아져서 가입 기간이 43년이라면 소득 대체율은 42.3%가 되었을 것이다. 즉 기초연금을 제외하고 국민연금만으로 따져도 평균 소득자의 소득 대체율은 OECD 평균은 되었을 것이다.

일부 학자들은 다른 나라처럼 국민연금 급여를 결정할 때, 중간 소득 이상에서는 소득 비례를 적용해야 한다고 주장한다. 현행 재분배 기능을 유지할 경우, 향후 보험료율이 높아지면 고소득층은 낸 것보다 적게 받을 수 있는데 이는 받아들이기 어렵다. 따라서 저소득층의 소득 대체율을 높이는 것은 그대로 유지하더라도 고소득층의 소득 대체율 낮추는 것은 완화할 필요가 있다. 그러면 OECD 비교에서 국민연금의 소득 대체율은 저절로 높아진다. OECD 비교 기준인 '상용 근로자 평균 소득'이면 국민연금 가입자 중에는 고소득층에 속하기 때문이다(이에 대해서는 9장에서 논의).

정리하자. OECD 보고서에 제시된 오리지널 통계를 보면 우리 연금 체계의 소득 대체율은 OECD 평균보다 크게 떨어진다. 절반 소득자, 평균 소득자, 두 배 소득자 모두 그렇다. 하지만 다른 OECD 국가와 비교 기준을 맞추면 얘기가 상당히 달라진다. 비교 기준을 유사하게 하면, 절반 소득자는 공적연금이나 총연금 모두 OECD 평균과 비슷하다. 평균 소득자는 공적연금은 약간 낮지만 퇴직연금을 포함한 총연금은 더 높다. 두 배 소득자는 공적연금만 고려하면 상당히 낮지만 퇴직연금을 포함하면 OECD 평균과 큰 차이가 없다. "따라서 제도 설계상으로는 우리 연금 체계의 급여 수준이 OECD 평균과 비교해서 그다지 떨어지지 않는다고 할 수 있다."

이 결론에 대한 독자들의 의견은 어떤가. 내가 따옴표를 붙인 데서 눈치챘겠지만, 이것도 매우 조심스럽게 해석해야 하는 결론이다. 이는 제도 설계상 그렇다는 것이지 현실이 그렇다는 것은 아니기 때문이다. 〈표 3-2〉의 가정 중 현실과 가장 괴리되는 것은 43년이라는 가입 기간 가정이다.[53] 각자의 국민연금 예상 가입 기간을 따져보라. 22세부터 가입 상한 연령까지 꽉 채우는 사람이 얼마나 있겠는가. 현재의 국민연금 수급 노인은 물론이고 2060년대의 수급자라고 해도 드물 것이다.

43년 가입 기간이 우리만 비현실적인 것은 아닐 것이다. 다

53 　퇴직연금이 연금 기능을 거의 못 하고 있으므로 퇴직연금을 연금 체계에 포함하는 것도 현실과 괴리된 것이기는 하다. 이에 대해서는 8장에서 상세하게 논의한다.

른 국가라고 해서 22세부터 가입 상한 연령까지 꼬박 보험료를 납부하는 사람은 많지 않을 것이다. 그렇다면 우리나 다른 국가나 마찬가지이니 문제가 없을까. 아니다. 우리나 다른 국가나 가입 기간이 비슷하다면 별문제가 안된다. 현실은 그렇지 않다. 2060년대 중반에 연금 수급이 시작될 사람들을 기준으로 해도 우리의 예상 가입 기간은 다른 OECD 국가보다 훨씬 짧다. 짧은 가입 기간은 국민연금 수급액을 낮게 만드는 가장 큰 요인이다. 그렇다면 다른 OECD 국가와 우리의 실제 가입 기간을 알아보고, 이를 고려한 현실의 소득 대체율을 비교해야겠다.

별도의 소득 대체율이 필요한 이유

독자 중에는 대체 왜 이리 OECD 연금 보고서 내용을 장황하게 설명하는지 의아한 분도 있을 것이다. 대중서인 이 책의 성격을 고려하면 굳이 그 정도로 상세한 설명은 필요 없다. 그럼에도 길게 논의한 까닭은 OECD 연금 보고서의 평균 소득자 기준 한국 소득 대체율 31.2%가 전문가들 사이에서 상당히 논쟁이 되었기 때문이다. 평소 소득 대체율 인상을 주장하는 측은, 이를 근거로 우리의 소득 대체율이 OECD 최하 수준이니 마땅히 높여야 한다고 목소리를 높였다. 재정 안정화를 강조하는 측은, 비교 기준이 달라서 그런 것뿐이라며 반박했다.

나 역시 비교 기준의 상이함을 무시한 채, 31.2%를 액면 그대로 받아들여서 다른 나라와 비교하는 것은 타당하지 않다고

3장 우리 연금, 이대로 괜찮을까

생각한다. 그래서 이런저런 기준을 맞췄을 때의 소득 대체율을 따로 계산해 봤고, 그 결과가 평균 소득자 기준 공적연금 소득 대체율은 39.1%, 총연금 소득 대체율은 59.1%로 나온 것이다. 이를 OECD 평균인 공적연금 42.2%, 총연금 51.8%와 비교하면, 우리의 '제도 설계상' 소득 대체율이 다른 국가에 비해 크게 떨어진다고 하기는 어렵다.

내가 한 세미나에서 우리의 소득 대체율이 '제도 설계상'으로는 그리 낮은 편이 아니라고 하자, 소득 대체율 상향을 지지하는 측에서 거세게 비판했다. 보고서에 제시된 통계를 있는 그대로 비교해야지 왜 이런저런 가정을 덧붙여서 왜곡하느냐는 것이었다. 어떤 이는 나를 '재정 안정론자'라고 부르면서 노후 소득 보장 강화에는 관심이 없다고 힐난했다. 나는 확실히 연금 재정의 안정을 강조한다. 하지만 그에 못지않게 노후 소득 보장 강화도 이뤄야 한다고 생각한다. 나를 뭐라고 부르든 상관없다. 다만내가 제시한 '비교 기준 맞췄을 때의 소득 대체율'에 대한 오해를 풀고 이해를 돕는 것은 필요하겠다.

내가 이런저런 가정으로 비교 기준을 맞추는 까닭은 노후 소득 보장 강화 대안의 시사점을 얻기 위함이다. 왜 우리 연금은 다른 나라보다 노후 소득 보장 기능이 취약한가, 무엇을 바꿔야 하는가를 파악하기 위함이다. OECD 보고서의 소득 대체율보다 내가 산출한 소득 대체율이 높은 것은 다음의 세 가지 때문이다. ①기초연금 포함, ②국민연금 가입 상한 연령 5년 상향, ③퇴직연금 포함. 이 셋은 모두 우리 노후 소득 보장 체계의 문제점과연결되어 있다.

기초연금이 OECD 연금 보고서의 공적연금 항목에서 제외된 까닭은 이게 연금인지 공공부조인지 애매하기 때문이다. 노인의 70%에게 지급하는 탓에 보편적인 연금이라고 하기도 어렵고, 그렇다고 가난한 노인을 지원하는 공공부조라고 보기도 힘들다. 이런 모호함이 기초연금 문제의 핵심이다. 그래서 기초연금 개혁은 기초연금의 목적을 명확히 설정하고, 그에 부합하도록 제도를 재설계하는 것이 되어야 한다. 이에 대해서는 6장에서 논의한다.

연금은 일할 때 보험료를 내고 나이 들어서 일 못 하게 되면 급여를 받는 것이다. 그래서 보통 가입 연령 상한은 수급 개시 연령에 맞춰져 있다. 수급 개시 연령이 65세면 가입 연령 상한은 그 직전까지여야 한다. 이게 괴리된 현행 제도는 비정상이다. 그래서 연금 개혁에서 반드시 이를 바꾸어야 한다.

우리 퇴직연금이 총연금에서 제외된 까닭은 명칭과는 달리 실제로는 '연금' 기능을 전혀 못 하기 때문이다. 퇴직금이 퇴직연금으로 바뀐 지 제법 오래되었지만, 퇴직연금을 연금으로 수령하는 사람은 드물다. 서구 복지국가의 연금 체계는 크게 ①사회보험 중심인 방식과 ②기초연금이 기본을 깔고 그 위에 (강제 적용) 기업 연금(퇴직연금)을 두는 방식으로 구분할 수 있다. ②의 경우 공적연금에는 기초연금만 포함되므로 공적연금 소득 대체율은 낮지만, 강제 가입 퇴직연금을 포함한 총연금의 소득 대체율은 높다. 〈표 3-1〉에서 프랑스, 이탈리아, 독일 등은 사회보험 방식이며, 덴마크, 네덜란드, 스위스 등은 기초연금(+기업 연금) 방식이다. 사회보험 방식 국가는 공적연금의 소득 대체율이 높고 총연금 소득 대체율과 차이가 적은데, 기초연금 방식 국가는 공적연금 소득 대체율은 낮아도 총연금 소득 대체율은 높다.

우리는 좋게 말하면 절충이고, 공정하게 말하면 이도 저도 아니게 어정쩡하다. 국민연금만 놓고 본다면 지금보다 가입 연령 상한을 높이고 상위 소득 집단의 소득 재분배 기제를 완화하더라도, 다른 사회보험 위주 국가에 비하면 공적연금의 소득 대체율이 낮은 편이다. 그 대신 우리는 사회보험 방식의 공적연금을 유지하면서도, 제법 강한 퇴직연금 제도를 갖추고 있다. 즉 우리의 연금 체계는 퇴직연금이 국민연금을 보완하는 방식으로 설계되어 있다. 그런데 실제로는 전혀 그런 역할을 못 하고 있다. 퇴직연금의 심각성은 8장에서 다루는데, 오죽하면 제목을 '이 황당한 퇴직연금을 어찌할까'로 달았겠는가.

기초연금의 목적을 명확히 하고 그에 부합하는 제도로 설계할 것, 국민연금 가입 연령 상한을 연금 수급 개시 시점과 맞출 것, 퇴직연금이 연금 역할을 하도록 할 것. 이 셋은 연금 개혁을 통해 꼭 이뤄야 할 것들이다. 내가 OECD 연금 보고서와는 별개로 소득 대체율을 제시한 이유는 이런 개혁의 필요성을 강조하기 위함이다.

한편, 우리 연금 체계의 노후 소득 보장 강화에 더욱 필요한 것은 국민연금의 실제 가입 기간 확충이다. 나는 국민연금 가입 상한 연령을 높이고 상위 소득 집단에 대한 재분배 기제를 완화하면 평균 소득자 기준 소득 대체율은 OECD 보고서의 31.2%보다 상당히 높아진다고 했다. 그런데 국민연금의 실제 소득 대체율은 여기에 훨씬 못 미친다. 이유는 가입 기간, 즉 보험료를 낸 기간이 짧아서다. 최소 의무 가입 기간인 10년을 못 채워서 아예 수급권 없는 사람도 많고, 수급권자라도 연금액이 작다.

비록 다른 나라와의 비교 기준 맞추기 위한 세 조건이 충족되더라도, 실제 가입 기간이 현행대로라면 우리 연금 체계의 노후 소득 보장 수준은 OECD 국가 중 최하위권을 면하기 어렵다. 나는 국민연금 개혁에서는 지속 가능성을 확보하는 것과 가입 기간(보험료 납부 기간) 늘리는 것, 이 둘이 가장 중요하다고 생각한다. 내가 왜 이렇게 가입 기간 확충을 강조하는지는 다른 국가와 비교해 보면 바로 이해가 될 것이다.

짧은 가입 기간과 낮은 수급률

유럽연합EU은 3년마다 〈고령화 보고서Ageing Report〉라는 것을 발간한다. 여기에는 EU 회원국의 공적연금 기여자 비율, 기여 기간, 수급률, 수급액 통계 등이 제시되어 있다. 그중 주요국 통계를 제시하면 〈표 3-3〉과 같다. 기준 연도는 2019년이다. 기여자 비율 중 '전체 대비'의 분모는 20~64세 인구 전체이며 '경활 대비'의 분모는 20~64세 경제 활동 인구이다. 그리고 분자는 기준 연도의 연금 기여자(보험료 납부자) 수이다. 기여 기간은 2019년에 처음 연금을 수급하는 사람들의 평균 보험료 납입 기간을 나타낸다. 수급률은 65세 이상 노인 중 연금 수급자 비율이다. 제시한 국가는 북유럽, 서유럽, 남유럽을 골고루 섞었다.[54] 마지막

---

54   서유럽을 대표하는 국가는 프랑스와 독일이다. 그런데 독일의 경우 기여 기간 통계가 빠져 있다. 그래서 독일 대신 유사한 제도를 갖는 오스트리아를 제시했다.

3장 우리 연금, 이대로 괜찮을까

의 한국 통계는 내가 별도로 계산해서 넣은 것이다. 고령화 보고
서의 계산과는 가정이 다소 달라서 약간의 오차가 존재함을 감
안하자.

〈표 3-3〉 유럽 국가의 공적연금 통계(2019년 기준)

지역	국가	기여자 비율(%)		기여 기간(년)	수급률(%)
		전체 대비	경활 대비		
북유럽	핀란드	75.2	91.5	34.7	102.2
	스웨덴	100.3	114.8	40.5	109.3
서유럽	프랑스	75.9	97.2	33	102.6
	오스트리아	78.5	97.8	37.3	-
	벨기에	72.3	97.0	37.5	98.6
남유럽	이탈리아	66.8	94.8	36.2	91.8
	스페인	80.7	102.1	38.9	87.7
	포르투갈	83.6	102.6	30.3	98.8
유럽 8개국 평균		79.1	99.7	36.1	99.0
한국		59.1	81.4	17.8(25)	44.5(77.2)

출처: EU The 2021 Ageing Report, 한국은 국민연금공단 통계 및 5차 재정 추계 결과. 한국은 2020년
실제치 및 2060년 추정치(괄호)

　　우선 유럽 8개국 통계를 보자. 기여자 비율을 보면 스웨덴
등 3개국의 경제 활동 인구 대비 기여자 비율은 100%가 넘는다.
이는 경제 활동에 종사하지 않는 사람 중에도 기여자가 있기 때
문이다. 특이하게 스웨덴의 기여자 비율은 전체 대비로도 100%
가 약간 넘는데 이는 20~64세 연령대 이외의 기여자가 있기 때
문일 것이다. 8개국의 기여자 비율 평균을 보면, 전체 대비로는
79.1%이며 경제 활동 인구 대비로는 99.7%이다. 연금 가입 기간

(기여 기간)을 보면 8개국 모두 30년 이상이며, 평균은 36년이 넘는다. 연금 수급률, 즉 65세 이상 노인 중 공적연금 수급자 비중은 이탈리아(91.8%), 스페인(87.7%)만 100%에 다소 못 미칠 뿐, 나머지 국가는 거의 100%이다. 3개국에서 100%가 넘는 수치가 나온 정확한 이유는 알기 어렵다.[55] 어쨌든 65세 이상 인구의 거의 전부가 연금을 수급한다고 이해할 수 있다.

유럽 8개국 평균과 우리를 비교해 보자. 가입률을 보면 우리가 18% 포인트 이상 낮다.[56] 다음으로 기여 기간은 현재 기준으로는 우리가 19년 정도 짧다. 그런데 현재 국민연금 수급자의 과거 기여 기간이 짧은 데는 전술했듯 제도 미성숙 탓도 있다. 그래서 괄호 안에 2060년 신규 수급자의 예상 가입 기간도 제시했는데 약 25년이다. 이를 기준으로 해도 가입 기간은 유럽 8개국 평균보다 11년 이상 짧다.

보험료 납부율과 (미래) 수급권자의 예상 가입 기간이 이런 형편인데, 38년 혹은 43년 가입을 기준으로 산출한 〈표 3-2〉의 소득 대체율이 어떤 의미가 있을까. 이 통계를 보고 우리 연금의 노후 소득 보장 기능이 OECD 평균과 비교할 때 그다지 낮지 않다고 하는 것은 얼마나 허술한가.

〈표 3-2〉에서 43년 가입을 가정하면 평균 소득자의 공적연

---

55 북유럽 국가의 노인들은 연금을 수급하면서 해외에 거주하는 사람이 많은데, 이들은 연금 수급자 통계에는 포함되지만 65세 이상 인구 통계에서는 제외된다. 수급률이 100%가 넘는 데는 이 요인이 크게 작용했을 것으로 짐작한다.

56 내가 계산에 사용한 가정과 고령화 보고서와 가정이 다소 달라서 약간의 오차가 존재한다. 경제 활동 인구 대비 비율은 오차가 별로 없을 것 같지만, 전체 인구 대비에서는 우리가 2% 포인트 정도 더 작게 나왔을 것 같다. 이를 감안하면 전체 인구 대비로도 우리의 가입률이 18% 포인트 정도 낮다. 이에 대한 자세한 설명은 김태일(2022)에 제시되어 있다.

금 소득 대체율은 39.1%이고 퇴직연금을 포함한 총연금의 소득 대체율은 59.1%이다. 하지만 실제 예상 가입 기간인 25년을 기준으로 하면 공적연금과 총 연금의 소득 대체율은 각각 24.3%와 36%가 된다. 물론 다른 OECD 국가들도 실제 가입 기간은 43년보다 짧을 테니 OECD 평균 소득 대체율도 낮아진다. 다른 국가들은 평균 36년 가입한다고 가정하면 평균 소득자의 경우, OECD 평균 소득 대체율은 공적연금 기준 35.3%, 총연금 기준 43.4%가 된다. 우리보다 훨씬 높다.

〈표 3-3〉에 제시된 유럽 국가들은 OECD 국가 중에서도 연금 체계가 잘 갖춰진 국가들이다. 따라서 OECD 국가 평균 가입 기간은 36년보다는 짧을 것이다. 정확히 얼마나 짧을지는 모르겠다. 그런데 내가 과거에 수행한 연구에 따르면, 전혀 선진국이라고 보기 어려운 몇몇 국가를 제외하면 차이가 크지는 않았다. 통상 우리가 참조하는 국가들은 거의 30년이 훨씬 넘었다.[57]

수급권자 가입 기간이 짧은 탓에 급여액이 작다는 것도 문제지만 더 심각한 것은 낮은 수급률이다. 〈표 3-3〉의 유럽 8개국 수급률은 거의 100%에 달한다. 물론 이 수급률 통계에는 보험료를 납부하지 않은 연금 수급자(기초연금 수급자 등)도 포함되어 있다. 기여(보험료 납부) 기반 연금의 수급률만 따지면 이보다는 낮을 것이다. 이의 정확한 통계는 알기 어렵다. 하지만 기여율을 보면 어느 정도 짐작할 수 있다. 기여율은 특정 시점의 보험료 납부자 비율이다. 연금 수급권은 전체 납부 기간 중 일정 기간만 채우

---

57 참고로 2020년 기준 EU 27개국의 가입 기간 평균은 35.9년이었다.

불편한 연금책

면 획득한다. 그래서 연금 수급률은 통상 기여율보다 높다. 유럽 8개국의 전체 대비 기여율은 79.1%이다. 따라서 기여 기반 연금 수급률은 80%를 훌쩍 넘을 것이다.[58] 이에 비해 우리의 국민연금 수급률은 2020년 기준 44.5%이다. 2060년에는 77.2%로 높아질 것으로 추정된다. 무려 40년(!) 후에는 상당히 높아지겠지만, 그래도 현재의 유럽 8개국보다 낮다.

지금까지의 논의를 정리하자. 우리 연금의 노후 소득 보장 기능은 몹시 취약하다. OECD 국가 중 가장 취약하다. 문제는 현재만 그런 게 아니라는 점이다. 현 제도가 유지된다면 (연금이 충분히 성숙한) 30년 뒤에도, 그리 많이 나아지지 않을 것이다. 그 이유가 무엇인지를 분명히 하는 것은 매우 중요하다. 이유를 제대로 알아야만, 올바른 해법을 찾을 수 있기 때문이다.

전술했듯 연금 급여액 수준은 소득 대체율로 판단한다. 소득 대체율은 '지급률×가입 기간'에 의해 정해진다. 기초연금과 국민연금을 합친 우리 공적연금의 지급률은 OECD 평균에 비해 많이 낮은 편은 아니다.[59] 문제는 가입 기간이다. 국민연금 가입 기간은 다른 OECD 국가들보다 매우 짧다. 현재의 수급자는 물론이며 미래 수급자의 가입 기간도 OECD 평균보다 크게 낮을 것으로 전망된다. 이게 공적연금 급여액이 낮은 주된 이유다.

가입 기간이 짧은 이유는 두 가지다. 하나는 앞서 논의했듯,

---

58 표에 제시된 국가들은 북유럽 국가를 제외하면 모두 사회보험 중심 국가이며, 우리와 같은 기초연금은 없다. 그래서 수급자 대부분은 스스로 일정 규모 이상 기여한 사람들일 것이다.

59 물론 기초연금은 가입 기간이라는 것이 따로 없으므로, 지급률과 가입 기간으로 구분할 수도 없다. 하지만 수급자의 국민연금 가입 기간을 기준으로 국민연금과 유사하게 지급률×가입 기간으로 분해해 볼 수는 있다.

3장 우리 연금, 이대로 괜찮을까

국민연금 가입 기간 상한 연령 자체가 다른 국가에 비해 5년 이상 짧기 때문이다. 다른 하나는 가입 기간 중에 보험료를 납부하지 않는 기간이 길기 때문이다. 이 두 이유로 인해 우리 국민연금의 가입 기간은 30년 뒤에도 현재의 주요 유럽 국가들보다 10년 이상 짧을 것으로 전망된다.

짧은 가입 기간 탓에 연금 수급액이 작은 것도 문제지만, 아예 수급권이 없는 사각지대가 넓다는 것도 문제다. 우리는 근로 연령대 인구의 공적연금 가입률(보험료 납부율)이 주요 유럽 국가에 비해 18% 포인트 정도 낮은데, 이는 그만큼 노후에 수급권 없는 사람이 많을 것임을 의미한다.

이번 장에서 독자들이 꼭 알았으면 싶은 것이 바로 이것, 우리 국민연금의 노후 소득 보장 기능이 취약한 게 '가입 기간' 때문이라는 점이다. 이 때문에 수급권자의 수급액이 작고 미수급권자도 많다는 점이다. 그래서 국민연금의 노후 소득 보장 기능을 강화하려면 반드시 가입 기간 문제를 해결해야만 한다는 점이다. 우리의 국민연금은 이름만 국민연금이지 전혀 '국민'의 연금이 아니다. 명실공히 국민연금이라면, 국민 대다수가 노후에 수급권을 지녀야 하고, 연금만으로도 최소한의 생활은 유지할 수 있어야 한다. 이름뿐이 아니라 실제로 국민의 연금이 되게 하는 것, 이게 연금 개혁의 목적이 되어야 한다.

국민연금의 소득 재분배 기능

이론: 제도상 높은 재분배 기능

3장에서 우리 공적연금의 노후 소득 보장 기능이 아주 취약한데, 이는 미가입자가 많고 가입자라도 가입 기간이 짧기 때문임을 논의했다. 이번 장에서는 국민연금의 또 다른 특성을 알아보자. 바로 소득 재분배 기능이다. 3장 〈표 3-1〉의 OECD 국가 소득 대체율 비교에서, 주의 깊은 독자라면 한국의 소득 수준별 소득 대체율 격차가 상당히 크다는 것을 알아챘을지 모르겠다.

다음 표를 보자. 왼편의 소득 대체율은 〈표 3-1〉의 것을 가져온 것이고, 오른편의 격차는 절반 소득자의 소득 대체율이 두 배 소득자 소득 대체율보다 얼마나 큰가를 보여준다. '절대'는 두 집단 소득 대체율의 % 포인트 차이를 보여주며 '상대'는 절반 소득자 소득 대체율이 두 배 소득자의 몇 %인지를 보여준다. '한국

1'은 기초연금을 포함했을 때, '한국 2'는 이를 뺐을 때 수치다. 당연히 기초연금을 포함하면 제외할 때보다 두 집단 소득 대체율 격차는 커진다. 한국 1은 38년 가입 기준이고, 한국 2는 43년 가입 기준이다.

〈표 4-1〉 소득 수준별 소득 대체율 격차 비교

국가	소득 대체율			격차	
	절반 소득자	평균 소득자	두 배 소득자	절대(%P)	상대(%)
한국 1	43.1	31.2	18.6	24.5	231
한국 2	54.7	39.1	22.7	32.0	241
OECD 평균	55.6	42.2	34.4	21.2	162

〈표 4-1〉에서 소득이 낮을수록 소득 대체율이 높은 것은 공적연금의 특성상 당연하다. 저소득층의 소득을 보전하여 삶의 질을 높이는 게 공적연금의 목적이기 때문이다. 공적연금이 노후 소득 보장 기능을 하려면 소득 계층에 상관없이 최소한의 소득은 보장해야 한다.

두 배 소득자의 소득은 절반 소득자의 네 배이다. 구체적으로 살펴보자. 2022년 기준 평균 소득자의 월 소득은 약 400만 원이다. 따라서 절반 소득자는 200만 원, 두 배 소득자는 800만 원이다.[60] 여기에 각 집단의 소득 대체율을 곱해서 연금액을 계산

---

60 이 표의 소득 대체율은 2020년 상용 근로자 평균 소득 383만 원과 국민연금 가입자 평균 소득 254만 원을 기준으로 계산한 것이다. 그런데 2022년 국민연금 가입자 평균 소득은 265만 원이다. 이를 기준으로 했을 때 표와 동일한 소득 대체율을 얻으려면 평균 소득자의 소득은 400만 원이 된다.

해 보자. 기초연금을 포함한 한국 2를 기준으로 하면 절반 소득자 109만 원, 평균 소득자 156만 원, 두 배 소득자 182만 원이다. 그런데 이건 43년간 가입했을 때 기준이다. 3장에서 논의한 예상 평균 가입 기간 25년을 기준으로 하면 소득 대체율은 순서대로 31.8%, 22.7%, 13.2%가 된다. 따라서 연금액은 각각 64만 원, 91만 원, 106만 원이 된다. 절반 소득자는 소득이 워낙 작아서 비록 소득 대체율이 높아도 연금액은 얼마 안 된다.

이번에는 OECD 평균 소득 대체율을 적용해 보자. 가입 기간 43년 기준으로는 각각 108만 원, 165만 원, 268만 원이 된다. 그리고 25년을 기준으로 하면 각각 63만 원, 96만 원, 156만 원이 된다. 절반 소득자는 우리와 OECD 평균이 거의 같고 평균 소득자는 OECD 평균이 약간 크다. 이에 비해 두 배 소득자는 OECD 평균이 우리보다 훨씬 크다. 〈표 4-1〉에서 절반 소득자와 두 배 소득자의 소득 대체율 격차는 우리가 OECD 평균보다 상당히 크다. 이는 우리의 두 배 소득자 소득 대체율이 OECD 평균보다 아주 낮기 때문이다.

정리하면, 공적연금은 소득 재분배 기능을 지녀서 소득이 높을수록 소득 대체율은 낮아진다. 물론 급여의 절대액은 고소득자가 저소득자보다 높다. 하지만 그 차이는 소득 격차(즉 보험료 납입액 격차)보다 훨씬 줄어든다. 그리고 이러한 "공적연금의 소득 재분배 기능은 우리가 OECD 평균보다 훨씬 강하다."

마지막 문장에 따옴표를 해서 강조한 데는 물론 이유가 있다. 분명히 제도 설계상으로는 우리의 공적연금은 소득 재분배 기능이 매우 세며, 특히 고소득자의 경우에 그 영향이 심하다. 하

4장 국민연금의 소득 재분배 기능

지만 이는 제도 설계가 그렇다는 것이며 현실은 다르다. 이 부분이 이번 장에서 다루고자 하는 얘기다. 이를 논의하려면 우선 국민연금의 제도 설계상의 재분배 기능을 파악하고, 이게 실제로는 어떻게 작동하는가를 따져봐야 한다.

국민연금 급여액을 결정하는 식은 다음과 같다. 소득 대체율이 40%가 되는 2028년 이후를 기준으로 한 것이다. 국민연금의 소득 대체율은 2008년 50%에서 20년간 매년 0.5% 포인트씩 떨어져서 2028년 이후에는 40%가 될 것으로 예정되어 있다.

$$월\ 급여액 = \frac{(A+B)}{2} \times \frac{n}{100}$$

n은 가입 연수, A는 국민연금 가입자 평균 소득, B는 본인 근로 시기 평균 소득이다.[61] 보험료는 본인 소득 B를 기준으로 내지만 급여는 A와 B의 평균을 기준으로 받으므로 재분배 효과가 생긴다. 왜 그런지는 직접 계산해 보면 쉽게 이해된다. 영철, 영희, 영순이의 소득(B)은 각각 국민연금 가입자 평균 소득의 절반, 동일, 두 배라고 하자. 평균 소득의 절반인 영철이 입장에서 평균 소득인 A 값은 본인 소득 B의 두 배이므로 A=2B가 된다. 마찬가지로 평균 소득자인 영희에게는 A=B이며, 두 배 소득자인 영순에게는 A=0.5B가 된다.

셋 모두 40년간 보험료를 납부했을 때, 연금액이 얼마나 되는지 계산해 보자. 영철이의 경우, A=2B이므로 (A+B)=3B가 된다. 여

---

61   정확히는 A는 본인 수급 직전 3년의 가입자 평균 월 소득이고, B는 본인 보험료 납부 기간 평균 월 소득이다.

불편한 연금책

기에 가입 기간(n) 40년을 대입하면 $\dfrac{3B}{2} \times \dfrac{40}{100}$=0.6B가 된다. 동일한 방식으로 계산하면 영희 연금액은 0.4B, 영순이 연금액은 0.3B가 된다. 즉 셋의 소득 대체율은 순서대로 60%, 40%, 30%가 된다.

보험료율은 9%로 동일하지만 급여의 소득 대체율은 소득이 낮을수록 높으며, 소득 수준별 격차가 상당히 크다. 이것만 보면 국민연금은 강한 소득 재분배 기능을 지닌 것 같다. 하지만 국민연금의 소득 재분배 기능 평가는 그리 간단하지 않다. 왜 그런지 따져보자.

앞의 국민연금 급여 산식을 풀면 다음과 같이 나타낼 수 있다.

$$\dfrac{(A+B)}{2} \times \dfrac{n}{100} = \underset{\substack{\text{균등 부분:}\\\text{초과로 받는 것}}}{0.005nA} + \underset{\substack{\text{비례 부분:}\\\text{낸 것만큼 받는 것}}}{0.005nB}$$

특정한 가입 기간 n에서, 균등 부분 크기는 가입자 평균 소득(A)에 의해 정해지며, 비례 부분 크기는 본인 평균 소득(B)에 의해 정해진다. 한편, 급여가 얼마나 후한가를 판단할 때 수익비라는 개념을 사용하기도 한다. 이는 낸 것 대비 얼마나 받는가를 나타내는 개념이다. 낸 것만큼 받으면 수익비는 1이 되며, 낸 것보다 두 배를 받으면 수익비는 2가 된다.

'낸 것만큼 받는다'의 의미

일반적인 수익비
통상 연금의 수익비는 낸 금액 대비 받는 금액의 비를 의미한다.

연금이 완전 적립식으로 운영될 때 수익비는 어떻게 될까. 가령 보험료로 총 1억 원을 내고 연금 급여로 총 1억 4000만 원을 받으면 수익비는 1.4가 된다. 받는 금액과 낸 금액의 차이는 운용 수익이다. 이 금액들은 현재 가치로 환산한 것이며, 운용 수익은 관리 운영비를 제외한 순 운용 수익이다. 낸 것에다 순 운용 수익을 더한 만큼만 받으면 완전 적립식 수지 균형이 달성된다.[62]

국민연금은 관리 운영비가 적게 든다. 대규모 기금이라 규모의 경제 이익을 보는 덕분이기도 하고, 공공이라 민간처럼 이익 챙기지도 않고 마케팅 비용도 적게 들기 때문이다. 그리고 뒤에 나오지만 운용 수익률도 나쁘지 않다. 그래서 완전 적립식으로 운용되더라도, 즉 '낸 원금+순 운용 수익'만큼만 받아도 수익비는 1보다 크다. 구체적인 크기는 운용 수익률, 임금 상승률, 물가 상승률, 기대 수명 등 수익비 계산에 적용되는 가정에 따라 다른데, 대략 1.2 정도 될 것 같다. 그런데 국민연금의 실제 수익비는 2보다 크다. 즉 받는 급여액은 '낸 원금+순 운용 수익'보다 훨씬 많이 받으며, 그래서 기금이 소진되는 것이다.

이 책에서 사용하는 수익비

앞으로 이 책에서 사용할 '수익비'는 통상의 수익비와는 다르게 정의한다. 이 책에서는 완전 적립식에서 수지 균형을 이루는 급여액

---

62   물론 완전 적립식 수지 균형을 이루는 수익비가 항상 1보다 큰 것은 아니다. 이는 순 운용 수익률과 현재 가치 환산율(임금 또는 물가 상승률)의 상대적 크기에 달려 있다. 통상 낸 보험료의 현재 가치를 계산할 때는 임금 상승률을, 받는 연금 급여액의 현재 가치를 계산할 때는 소비자 물가 상승률을 적용한다. 순 운용 수익률이 더 크면 수익비는 1보다 크며, 현재 가치 환산율이 더 크면 수익비는 1보다 작다.

대비 실제 급여액 크기를 수익비라고 정의한다. 둘의 차이는 무엇인 가. 통상의 수익비는 낸 것으로 보험료(원금)만 따진다. 그래서 원금 의 현재 가치와 총급여액의 현재 가치가 같으면 낸 만큼 받는 것이 며 수익비는 1이라고 정의한다. 하지만 이 책에서는 낸 것에다 정상 이윤(순 운용 수익)을 더한 만큼 받아야 공정하다고(낸 만큼 받는 것이라 고), 그래야 수익비는 1이라고 보는 것이다.

통상의 수익비 정의에 따라 계산하면 현행 국민연금 수익비는 2 보다 크다. 하지만 이 책에서 정의하는 수익비에 따라 계산하면 그 보다는 작아진다. 내가 계산한 바에 따르면 대략 2 정도 된다. 그래 서 이 책에서는 현행 국민연금의 수익비를 2로 간주한다.[63] 이는 현 행 연금 급여는 완전 적립식에서의 급여액인 '낸 것+순 운용 수익' 의 두 배 정도 된다는 의미이다. 또한, 현행 급여 수준에서 완전 적 립식 수지 균형이 달성되려면 보험료율이 현행의 두 배인 18%가 되 어야 한다는 얘기다.

현행 보험료율과 급여 산식에서는, 비례 부분만 따지면 낸

---

63 이 책에서 정의하는 수익비는 언제부터, 얼마나 장기간 보험료를 내는가에 따라 상당히 달 라진다. '언제부터 얼마나 장기간'은 운용 수익에 큰 영향을 미치기 때문이다. 가령 40년 전 에 100만 원을 냈는데, 운용 수익률이 5%라고 하자. 매년 5%씩 복리로 40년간 불어나니, 현재 금액은 704만 원이 된다. 같은 5% 운용 수익률로 20년 전에 100만 원을 냈다면 매년 5%씩 복리로 20년간 불어나니 현재 금액은 265만 원이 된다. 물론 이는 물가 상승률을 반 영하지 않은 것이다. 실질 가치로 환산하려면 운용 수익률에서 물가 상승률만큼 빼고 계산 해야 한다. 물가 상승률을 감안한 실질 운영 수익률은 2%이다. 이를 각각 40년 및 20년 동 안 복리로 계산하면 221만 원과 149만 원이 된다. 이처럼 일찍부터 납부해서 오랫동안 기 금으로 운용될수록 수익비는 낮아진다. 그래서 국민연금을 40년간 꾸준히 납부한다면 수익 비는 2보다 꽤 낮아진다. 하지만 현행 국민연금 가입자의 평균 납부 기간은 20년에도 못 미 친다. 실제 납부 기간으로 계산하면 2보다 높게 나온다. 나는 향후 납부 기간이 현행보다는 5년 이상 길어지는 것으로 가정하고 계산했다.

4장 국민연금의 소득 재분배 기능

것(+운용 수익)만큼 받는 셈이어서 수익비는 1이 된다. 그런데 실제 급여는 여기에 균등 부분만큼 더해지므로 수익비는 1을 초과한다. 따라서, 국민연금 급여의 수익비는 다음과 같이 나타낼 수 있다. 여기서 가입 기간이 같으면, 균등 부분(0.005nA)의 크기는 본인 소득에 상관없이 동일함을 기억하자.

전체 수익비=(균등 부분 수익비)+(비례 부분 수익비)

=(균등 부분 수익비)+1

본인 평균 소득이 국민연금 가입자 평균 소득과 같으면(A=B) 균등 부분과 비례 부분의 크기가 동일하다(0.005nA=0.005nB). 따라서 균등 부분 수익비는 1이며, 둘을 합친 총 수익비는 2가 된다. 한편 본인 평균 소득이 국민연금 가입자 평균 소득의 절반이면(A=2B), 균등 부분 수익비는 2가 되며, 둘을 합친 총 수익비는 3이 된다. 그리고 본인 평균 소득이 국민연금 가입자 평균 소득의 두 배이면(A=0.5B), 균등 부분 수익비는 0.5가 되며, 둘을 합친 총 수익비는 1.5가 된다.

저소득층이 불리한 이유

수익비가 1보다 크면 낸 것(+운용 수익)보다 더 많이 받는 것이다. 이는 국가가 국민연금 가입자에게 제공하는 혜택이라고 할 수 있다. 수익비는 소득이 낮을수록 더 크므로 저소득층에게 더 많은 혜택이 돌아간다고 생각하기 쉽다. 하지만 전혀 아니다. 혜택의 크기는 소득 수준이 아니라 가입 기간에 의해 결정된다. 앞서 봤듯 국민연금 급여는 비례 부분(낸 것만큼 받는 부분)과 균등 부분(낸 것을 초과해서 받는 부분=혜택)으로 나눌 수 있다. 가입 기간이 같으면 균등 부분($0.005nA$)인 혜택의 절대 크기는 소득 수준에 상관없이 동일하다. 단지 그 혜택을 본인 소득 대비 상대적인 크기로 표현하니까 저소득 계층이 더 큰 것처럼 보일 뿐이다.

국민연금 혜택이 저소득층에게 더 많이 가는 것이 아니라는 사실이 뜻밖으로 여겨질 수 있다. 그런데 더 놀랄 일이 있다. 실제로는 소득 수준에 상관없이 혜택의 크기가 동일한 것도 아니다. 오히려 고소득층에게 더 많은 혜택이 돌아간다.

국민연금 가입 기간은 안정된 직장에 다니는 사람이 그렇지 않은 사람보다 길다. 영세 자영업자나 불안정 일자리 종사자는 가입 기간이 짧고, 심지어 최소 가입 기간(10년)을 못 채워서 수급권이 아예 없는 경우도 흔하다. 노인층을 수급권 없는 집단(a), 수급권 있지만 가입 기간 짧은 집단(b), 가입 기간이 긴 집단(c)의 세 유형으로 구분하자. 이들의 근로 기간 소득은 a〈b〈c일 것이다. 그리고 연금의 초과 이익 크기 역시 a〈b〈c가 된다.

정리하면, 국민연금의 혜택(초과 이익)은 가입 기간에 비례하는데, 가입 기간은 대체로 고소득층이 저소득층보다 길어서 국민연금의 혜택(초과 이익)은 역진적이다. 보험료 9%, 소득 대체율 40%일 때 국민연금 초과 이익은 2022년 기준으로 가입 기간 1년당 16만 원 정도이다. 20년 가입한 사람은 매년 320만 원, 30년 가입한 사람은 매년 480만 원의 초과 이익을 얻는 셈이다.

소득 재분배 효과의 판단 기준: 절대액이냐 상대 비율이냐

국민연금이 역진적이라는 내 말에 반대하는 학자도 있다. 이유는 소득 재분배 정도는 절대액이 아니라 비율로 따져야 한다는 것이다. 조세가 누진적이냐 역진적이냐를 판단할 때는 낸 세금의 절대액이 아니라 본인 소득에서 차지하는 비율을 기준으로 한다. 소득이 100만 원인 철주는 10만 원의 세금을 내고, 1000만 원인 영주는 50만 원의 세금을 낸다. 절대액으로는 영주가 훨씬 더 많이 낸다. 하지만 비율로 따지면 철주는 10%를 내지만 영주는 5%만 낸다. 그래서 이 세금은 역진적이다.

소득이 800만 원인 철희는 국민연금에 30년 가입해서, 낸 것보다 많이 받는 혜택의 크기는 매년 480만 원이다. 소득이 200만 원인 경희는 국민연금에 10년 가입해서 매년 혜택이 160만 원이다. 절대액은 철희가 경희의 세 배이다. 하지만 소득 대비 비율로 치면, 경희의 비율이 높다(60% 〈 80%). 따라서 역진적이 아니라 소득 재분배 기능을 한다는 것이다.

글쎄, 부담은 상대 크기로 따지는 게 타당하겠지만, 혜택도 그래야 하는지는 논란이 된다. 두 개의 금융 상품 '대박'과 '왕창'이 있다. '대박'은 100만 원을 맡기면 3년 후 원금의 두 배를 돌려준다. '왕창'은 1000만 원을 맡기면 3년 후 원금의 1.5배를 돌려준다. 둘 중 하나를 선택한다면 여러분은 무얼 선택하겠는가. 수익률은 대박이 훨씬 높다. 하지만 대박의 수익금은 100만 원인데, 왕창의 수익금은 500만 원이다. 나라면 당연히 왕창을 선택한다.

국민연금의 순 혜택은 원금(보험료 납입액)+정상 이윤(운영 수익)을 뺀 나머지, 낸 것보다 많이 받는 부분이다. 낸 것보다 많이 받는 금액은 결국 그만큼 정부가 보조금을 주는 셈이다. 보조금 절대액은 고소득층이 더 많아도 본인 소득에서 차지하는 비중은 저소득층이 더 높다면, 이를 두고 저소득층이 더 큰 혜택을 본다고 해야 할까. 게다가 절대액이든 상대 비율이든 어쨌든 연금을 수급해야만 혜택이 생긴다. 저소득층의 상당수는 아예 국민연금 수급권이 없다.

공적연금인 국민연금 혜택이 실제로는 역진적이라는 것, 놀랍지 않은가. 어떤 학자는 한국 복지 제도의 특성을 '역진적 선별주의'라고 명명했다.[64] 다른 정책은 몰라도 국민연금만큼은 이 용어가 들어맞는다. 수급권 없는 사람이 많으며, 고소득층이 저소득층보다 더 많은 혜택을 누리기 때문이다. 복지 제도는 고소득층보다는 저소득층에게 더 많은 혜택이 돌아가거나, 아니라면 최소한 저소득층도 동등한 혜택을 누려야 마땅하다. 국민연금은 전혀 그렇지 못하다.

앞서 취약한 지속 가능성과 낮은 보장성은 국민연금의 양대 문제라고 했다. 그런데 이번에는 역진성 문제를 또 제시했다. 그럼 이제 국민연금은 3대 문제를 지닌 셈일까. 그나마 다행(!)인 것이, 역진성은 양대 문제인 지속 가능성 및 보장성과 밀접히 연관되어 있다. 그래서 양대 문제를 잘 해결하면 역진성 문제도 해결된다. 왜 그럴까.

역진성이 발생하는 것은, 국민연금의 혜택(초과 수익)이 가입 기간에 비례하는데, 저소득층일수록 가입 기간이 짧기 때문이다.

---

64   윤홍식, 〈역진적 선별성의 지속과 확장성의 제약, 2008~2016: 이명박·박근혜 정부 시기 한국 복지 체제의 특성〉, 《한국사회정책》 25(4), 2018, 163~198쪽.

그런데 3장에서 국민연금의 보장성이 낮은 이유도 가입 기간이 짧기 때문이라고 했다. 우리는 전반적으로 가입 기간이 짧지만, 특히 저소득층일수록 정도가 심하다. 그래서 7장에서 논의하는 가입 기간 늘리기 정책을 시행하면, 저소득층의 가입 기간이 더욱 많이 늘어난다. 그러면 보장성이 높아지는 가운데 역진성도 줄어든다.

역진성은 낸 것보다 더 받는 초과 이익이 존재하고, 그 크기가 소득 수준에 상관없이 동일하기 때문에 발생한다. 낸 것만큼만 받으면 초과 이익이 없으므로 역진성을 따질 일도 없다. 그리고 초과 이익이 존재해도 저소득층일수록 더 크면 역진적이 아니라 반대로 누진적, 즉 재분배 기능이 작동하는 것이 된다. 국민연금의 지속 가능성을 높이려면 보험료율을 올려야 한다. 보험료율을 올리면 초과 이익은 줄어든다. 그리고 줄어드는 초과 이익은 고소득층일수록 더 커진다(이유는 뒤에서 설명한다). 이렇게 되면 역진성도 줄어들고, 심지어 누진적이 될 수도 있다.

이 정도면 국민연금의 역진성이 취약한 지속 가능성과 낮은 보장성 때문에 발생했다는 것을 대강은 이해했을 것이다. 이제 이 문제를 좀 더 구체적으로 따져보자. 소득 계층에 따라 가입 기간은 얼마나 차이가 있는지, 또 보험료율을 얼마나 높이면 역진성이 사라지고 누진적이 되는지를 알아보자.

가입자 소득 및 성별 격차가 보여주는 것

〈표 4-2〉는 30~59세 연령대의 국민연금 가입 여부를 소득 5

분위 계층에 따라 구분해서 제시하고 있다.[65] 이 표부터 〈표 4-4〉까지의 통계는 모두 2019년 10월 기준이다. 소득 5분위는 소득 수준에 따라 20%씩 다섯 집단으로 구분한 것이다. 소득이 가장 낮은 20% 집단이 1분위, 가장 높은 20% 집단이 5분위가 된다. 20대까지는 비경제 활동 인구가 많을 것이므로, 30세 이상부터 국민연금 가입 연령 상한인 59세까지 분석했다.

〈표 4-2〉 30~59세 연령대의 국민연금 가입률(%)

소득 계층	1분위	2분위	3분위	4분위	5분위
가입률	59.0	70.6	75.5	75.4	74.2

상위 60%(3, 4, 5분위)의 가입률은 75% 정도로 비슷하다.[66] 이에 비해 하위 20%의 가입률은 60% 정도이며 그다음 20%는 70% 정도이다. 1분위의 가입률이 낮기는 하지만, 소득 수준별 가입률 격차가 그다지 큰 것 같지는 않다. 하지만 안심하기는 이르다. 가입 기간(보험료 납부 기간) 격차는 꽤 크기 때문이다. 〈표 4-3〉에는 가입 기간 마지막 5년에 해당하는 55~59세 연령대의 소득 수준별 가입 기간이 제시되어 있다.

65　〈표 4-2〉에서 〈표 4-6〉까지는 보건복지부 보고서 〈행정 데이터를 활용한 다층 노후 소득 보장 체계 심층 분석〉(구인회 외, 2021)에서 인용한 것으로 통계는 모두 2019년 10월 기준이다. 행정 데이터는 설문 조사 데이터보다 훨씬 대규모이며 오차가 거의 없다.

66　가입률에는 보험료를 내지 않았어도 가입된 사람은 포함된다. 이에 비해 기여율은 보험료를 낸 사람만 포함한다. 따라서 가입률은 기여율보다 높다.

	1분위	2분위	3분위	4분위	5분위
가입 기간(년)	10.2	12	13.6	15.6	19.5
최소 가입 기간 충족률(%)	35.7	49.0	58.0	66.3	76.1

소득 5분위 집단별 가입 기간, 즉 보험료 납부 기간은 차이가 크다. 1분위의 평균 가입 기간은 10.2년인데 5분위의 평균 가입 기간은 19.5년으로 두 배 가까이 된다. 평균 가입 기간도 격차가 크지만 수급권 획득에 필요한 최소 가입 기간 10년을 채운 비율은 격차가 더 심하다. 1분위는 35.7%만 10년 이상 가입했는데 5분위는 76.1%가 10년 이상 가입했다. 물론 연금 가입 상한 연령은 59세까지이므로, 55~59세 해당자의 다수는 1~4년 정도 더 가입할 수 있다. 따라서 실제 연금 수급권자 비율은 이 표의 최소 가입 기간 충족률보다는 높을 것이며, 수급권자의 가입 기간도 좀 더 길 것이다. 하지만 이를 감안해도 저소득층의 가입 기간은 너무 짧고 수급률은 심하게 낮다.

가령 55~59세 국민연금 가입자 중 실제 연금 수급률은 이 표의 최소 가입 기간 충족률보다 모든 소득 계층에서 5% 포인트 높다고 가정하자. 소득 1분위 집단의 연금 수급률은 40% 정도에 불과하다. 이에 비해 5분위 집단의 연금 수급률은 80%가 넘는다. 또한, 수급자의 가입 기간이 모든 소득 집단에서 4년 정도 길어진다고 가정하면, 소득 1분위 집단은 14.2년인데 5분위 집단은 24.5년이 된다.[67]

나는 우리나라처럼 소득에 따라 연금 수급권자 비율과 가입 기간 격차가 큰 경우를 알지 못한다. 다수 OECD 국가는 연금 덕분에 노인 빈곤율이 국민 전체 빈곤율보다 낮다. 또한, 노인 소득 불평등도 역시 국민 전체의 소득 불평등도보다 낮다. 우리는 정반대다. 빈곤율과 소득 불평등도 모두 노인이 국민 전체보다 높다. 어떻게 봐도 우리 국민연금은 '국민'을 위한 연금이라고 하기 어렵다.

소득 수준별 격차에 더하여 또 하나 심각한 것은 성별 격차이다. 2021년 기준으로 국민연금 수급자 중 남성은 64%이며 여성은 36%이다.[68] 그리고 수급자의 월평균 급여액은 남성 51만 원, 여성 28만 원이다.[69] 과거에는 일하는 여성보다 전업주부가 많았으므로 국민연금 수급률과 수급액의 남녀 격차가 심할 수 있다. 그렇다면 앞으로는 어떨까? 이는 현행 가입률과 가입 기간을 보면 어느 정도 짐작할 수 있다. 〈표 4-4〉에는 남성과 여성의 연령대별 국민연금 가입률이 제시되어 있다.

〈표 4-4〉 18~59세 연령대의 성별 국민연금 가입률(%)

연령대	18~24	25~29	30~34	35~39	40~44	45~49	50~54	55~59	18~59
남성	28.6	72.9	82.8	82.7	81.0	79.2	76.8	75.2	71.3
여성	32.5	70.8	65.2	57.6	59.3	64.1	68.0	70.4	60.7

---

67 가입 기간 10년을 못 채운 사람들을 제외하고, 10년 이상인 사람들로만 평균 가입 기간을 구하면 4년 정도는 더 길어질 것으로 판단된다.

68 이는 노령연금 기준이다. 국민연금에는 수급자 본인이 수급하는 노령연금 이외에 유가족이 수급하는 유족 연금이 있다. 대체로 남편보다는 아내가 오래 살기 때문에, 유족 연금 수급자 중에는 여성이 많다.

69 이는 특례 및 분할 연금을 포함한 것이다. 이를 제외하면 약 10만 원 이상 높아진다.

4장 국민연금의 소득 재분배 기능

남성의 가입률이 여성보다 높다는 것 자체는 예상할 수 있는 일이다. 놀라운 것은 연령대에 따라 남녀 격차의 변동이 심하다는 점이다. 20대까지는 남녀 격차가 작다. 20대 초반까지는 다수가 사회 진출 이전이므로 가입률이 낮은 가운데 여성 가입률이 남성보다 높다. 이는 20대 초반까지 남성의 대다수는 군 복무를 하며, 이로 인해 여성보다 평균 2년 정도 사회 진출이 늦어지기 때문이다.

　　가입률 남녀 격차는 30대 초반부터 본격화되는데, 30대 후반~40대 초반까지의 남녀 격차는 20% 포인트가 넘는다. 이후 40대 후반부터 줄어들어 50대 후반에는 5% 포인트 이내가 된다. 30대에서 40대 초반까지 남녀 격차가 큰 것은 여성의 경력 단절 때문이다. 양육으로 인해 일을 그만둔 탓에, 국민연금에서도 탈퇴한 것이다. 자녀가 어느 정도 성장한 이후 다시 일하기 시작하고, 그러면 국민연금에 재가입하게 된다.

　　가입률보다 더 중요한 것이 가입 기간(보험료 납부 기간)이다. 가입했어도 보험료 납부 기간 10년을 못 채우면 수급권이 없으며, 납부 기간이 짧으면 수급액이 작기 때문이다. 〈표 4-5〉에는 55~59세 연령대의 성별 가입 기간이 제시되어 있다. '남 5/여 1'은 남성은 소득 5분위 집단을, 여성은 소득 1분위 집단을 의미한다. '저소득'과 '여성'은 가입 기간을 짧게 만드는 두 요인이다. 저소득 여성은 이 둘이 모두 작용하므로 더욱 가입 기간이 짧다. 이를 구체적으로 파악하기 위해 5분위 남성과 1분위 여성의 가입 기간을 비교 제시한 것이다.

　　　　　　　　　　　　　　　　　　　불편한 연금책

	평균 가입 기간(년)			최소 가입 기간 충족률(%)		
	남성	여성	격차	남성	여성	격차(%P)
전체	18.8	8.9	9.9	77.3	39.1	38.2
남 5/여1	24.6	6.1	18.5	92.8	22.7	70.1

우선 전체에 대한 남녀 격차를 보자. 평균 가입 기간과 최소 가입 기간 충족률 모두 여성은 남성의 절반 정도이다. 평균 가입 기간은 10년 정도 차이 나며, 최소 가입 기간은 38% 포인트 이상 차이 난다.

가입률보다 가입 기간 격차가 훨씬 크다. 5분위 남성과 1분위 여성의 격차를 보자. 가입 기간은 1분위 여성이 5분위 남성의 1/3 정도로 두 집단의 격차는 18년이 넘는다. 최소 가입 기간 충족률은 더 심하다. 1분위 여성이 5분위 남성의 1/4에도 못 미쳐서 두 집단의 격차는 70% 포인트가 넘는다.

소득 수준과 성별에 따른 국민연금 가입 실태를 살펴본 독자들의 소감이 궁금하다. 남성 독자들은 이에 대해 어떤 생각이 드는지, 또 여성 독자들은 이를 어떻게 받아들이는지. 물론 20년 혹은 30년 뒤에는 지금보다 형편이 나아질 것이다. 저소득층과 여성의 가입률은 높아지고 가입 기간은 길어질 것이다. 하지만 지금의 정책 기조를 유지하는 한 크게 나아질 것 같지는 않다. 획기적으로 개선하려면 대책도 획기적이어야 한다. 저소득층과 여성, 나아가서 국민 전체의 국민연금 가입률과 가입 기간을 대폭 끌어올리는 대책에 대해서는 7장에서 논의한다.

보험료가 오르면 누가 더 혜택을 볼까?

현행 9% 보험료에서 운용 수익을 포함한 국민연금 급여 수익비는 대략 2라고 했다. 그래서 국민연금이 낸 것만큼 받는 것, 수익비 1이 되려면 보험료율은 18%가 되어야 한다고 했다. 그런데 이는 국민연금 가입자 평균 소득을 기준으로 계산한 것이다. 수익비는 소득에 따라 다르다. 소득이 평균보다 낮은 사람의 수익비는 더 높고, 평균보다 높은 사람의 수익비는 더 낮다. 향후 국민연금 보험료율은 올라갈 텐데, 그러면 수익비는 내려간다. 이 경우 소득 수준별로 수익비가 얼마나 어떻게 변하는지 알아보자.

〈표 4-6〉 보험료율과 소득 수준별 연금 급여 수익비

보험료율	절반 소득자	평균 소득자	두 배 소득자
9%	3	2	1.5
13.5%	2	1.33	1
18%	1.5	1	0.75

보험료율이 지금보다 50% 올라서 13.5%가 되면 두 배 소득자의 수익비는 1이 된다. 지금보다 두 배로 올라서 18%가 되면 두 배 소득자의 수익비는 0.75가 되어서 1보다 작아진다. 수익비가 1보다 작다는 것은 낸 것보다 적게 받는다는 것인데, 그러면 국민연금의 정당성이 상실된다.

'수익비가 1보다 작지 않을 것'의 조건은 모든 국민연금 가입자에게 적용되어야 한다. 수익비는 소득이 높을수록 낮아지므

로, 이 조건은 결국 가입자 중 '최고 소득자의 수익비가 1보다 작지 않을 것'과 같다.[70]

국민연금에는 소득 상한액이 있다. 그래서 본인 소득이 상한액을 초과하면, 그냥 상한액으로 간주하고 여기에 보험료율을 매긴다. 즉 상한액이 최고 소득이 된다. 2023년의 상한액은 590만원이다. 2023년 가입자 평균 소득은 286만 원이므로 두 배 소득자의 소득은 572만 원이다. 최고 소득보다 약간 작다. 최고 소득자의 수익비를 계산하면 9%, 13.5%, 18%의 보험료율에서 각각 1.49, 0.99, 0.74가 된다. 두 배 소득자의 수익비가 최고 소득자와 거의 같으므로, 편의상 두 배 소득자를 최고 소득자라고 간주하고 수익비 논의를 이어가자.

'최고 소득자 수익비 1'은 보험료율 인상의 마지노선이다. 역대 정부에서 보험료율 인상안이 제시되었을 때도 이는 지켜졌다. 가장 최근의 보험료율 인상안은 2018년 4차 재정 계산 직후 제시된 것으로, 2019년부터 2029년까지 점진적으로 보험료율을 높여서 13.5%가 되게 한다는 것이었다.[71] 〈표 4-6〉에 제시했듯 보험료율이 13.5%면 두 배 소득자(최고 소득자)의 수익비가 1이

---

70 이에 대해 국민연금은 저축이 아니라 사회보험이라면서 반박하는 사람도 있을 것이다. 사회보험은 부담과 혜택의 배분이 소득 수준에 따라 다르기 마련이다. 아파서 병원 갔을 때 받는 건강보험 혜택은 누구에게나 동일하지만, 고소득층은 훨씬 많은 보험료를 낸다. 개개인마다 다르겠지만 평균하면 고소득층은 내는 건강보험료가 받는 혜택보다 훨씬 많다. 그러니 연금이라고 그렇게 못할 이유가 없다면서 말이다. 하지만 국민연금은 사회보험이면서 노후 대비를 위한 저축이기도 하다. 그래서 연금은 건강보험과는 달리 보험료 많이 내면 급여도 더 많다. 물론 연금의 저축 성격을 인정하지 않고 건강보험처럼 혜택보다 큰 부담을 밀어붙일 수도 있다. 하지만 그러면 수용성이 떨어지고 결국 문제가 될 수밖에 없다.

71 전술했듯, 당시에는 단일안이 아니라 가안과 나안이라는 두 대안이 제시됐다. 가안은 소득 대체율을 45%로 높이면서 보험료율 2% 포인트를 즉각 인상하는 것이고, 나안은 소득 대체율은 그대로 두고 보험료율만 2029년까지 점진적으로 4.5% 포인트 높이는 것이다.

4장 국민연금의 소득 재분배 기능

된다. 딱 마지노선이다.

　보험료율 13.5%에서 최고 소득자의 수익비는 1이지만, 그보다 소득이 낮은 집단의 수익비는 1보다 커서, 전체로는 낸 것보다 많이 받는다. 낸 것만큼 받는 게 되려면 보험료율이 18%가 되어야 하는데, 그러면 가입자 평균보다 소득이 높은 집단의 수익비는 1보다 작아진다. '낸 것만큼 받기'와 '수익비 1보다 작지 않기'를 동시에 충족할 수 있는 방법은 하나밖에 없다. 앞서 제시한 국민연금 급여 결정식을 다음과 같이 바꿔서 본인 소득에만 비례하게 하는 것이다. 이 식에서 n은 가입 연수, A는 국민연금 가입자 평균 소득, B는 본인 근로 시기 평균 소득이다.

$$\frac{(A+B)}{2} \times \frac{n}{100} \qquad \Rightarrow \qquad B \times \frac{n}{100}$$

ⓐ현행　　　　　　　　　ⓑ본인 소득 비례

　본인 소득에만 비례하므로 모든 소득 수준에서 수익비는 동일하다. 보험료 18%면 모든 수급자의 수익비는 1이 되어, 누구나 낸 것만큼만 받는다. 이때의 문제점은? 가입자 평균 소득보다 본인 소득이 낮은 사람, 즉 A〉B인 사람은 현행보다 급여액이 줄어든다. 절반 소득자의 경우 보험료 18%일 때, 현행인 ⓐ에서는 수익비가 1.5인데 본인 소득에만 비례하는 ⓑ에서는 수익비가 1이 되어 급여액이 1/3 감소한다. 보험료 늘어나는 것도 부담인데, 거기에 더하여 급여까지 감소하면 받아들이기 어렵다.

　정리하면 ①낸 것만큼 받기, ②수익비 1보다 작지 않기, ③소득 재분배의 셋은 동시에 충족할 수 없다. 셋 중 두 개만 충족

　　　　　　　　　　　　　　　　　　불편한 연금책

할 수 있다. 셋 중 ②는 연금이 정당성을 갖기 위한 조건이므로 우선 충족해야 한다. 그러면 나머지 둘 중 하나를 선택해야 한다.

현행보다 저소득층 급여액이 감소하지 않게 하려면, 즉 소득 재분배 기능을 포함하려면, 낸 것만큼 받기는 포기해야 한다. 보험료율 13.5%까지는 현행 급여식을 유지해도 ②와 ③이 충족된다. 하지만 보험료율이 13.5%보다 높아지면 급여식을 바꿔야 ②와 ③이 충족된다. 급여식 변경 방법 중 하나는 ⓐ현행과 ⓑ본인 소득 비례를 혼합하는 것이다. 예를 들어 보험료율이 18%라고 하자. 이 경우 본인 소득이 가입자 평균 소득보다 작은 사람(A〉B)에게는 ⓐ를 적용하고, 본인 소득이 평균 소득 이상인 사람(A≤B)에게는 ⓑ를 적용하면 ②와 ③이 충족된다. 그러면 A〉B인 사람은 수익비가 1보다 크고(소득이 낮을수록 수익비는 더 높다) A≤B인 사람의 수익비는 1이 된다.[72] 복잡해 보이지만 이상한 것은 아니다. 전술했듯 우리처럼 사회보험 방식 연금 체계를 지닌 다른 국가들은 대부분 저소득층에게만 재분배를 적용하고, 중간 이상 소득 계층에게는 소득 비례를 적용한다.[73]

---

72 A≤B인 사람의 급여액은 현행보다 늘어난다. 그렇다고 오해하지는 말자. 급여가 늘어나도 혜택(초과 수익)은 없다. 보험료가 대폭 늘어난 탓에 현행을 유지하면 낸 것보다도 적게 받아 손해를 보게 생겼으므로, 손해분만큼 급여를 더 지급하는 것뿐이다.

73 전술했듯 국민연금 급여에 역진성이 발생하는 것은 현행 9% 보험료율에서는 초과 수익 크기가 가입 연수에만 비례하며 소득 수준과는 상관없기 때문이다. 그런데 보험료율이 현행보다 높아지면 초과 수익 크기는 소득 수준이 높을수록 줄어든다. 예를 들어 〈표 4-6〉에서 보험료율이 13.5%이면 절반, 평균, 두 배 소득자의 수익비는 각각 2, 1.33, 1이 된다. 두 배 소득자는 초과 수익이 아예 없다. 그리고 절반 소득자의 초과 수익을 100이라고 하면 평균 소득자의 초과 수익은 수익비와 소득을 고려했을 때 33×2=66이 된다. 따라서 비록 소득이 높을수록 가입 기간이 길더라도 역진성은 생기기 어렵다. 보험료율이 18%이면 가입자 평균 소득 미만인 사람만 초과 수익이 있고 평균 소득 이상인 사람은 초과 수익이 아예 없으므로 가입 기간에 상관없이 누진적이 된다.

현실: 민간 연금보다 못한 소득 재분배 효과

국민연금 소득 재분배 기능에 대한 지금까지의 논의를 정리하면 이렇다.

①국민연금은 제도 설계상으로는 강한 재분배 장치가 있다.

②실제로는 소득 수준별 가입 기간 차이가 커서 역진적이다.

③하지만 가입 기간을 늘리고 보험료율이 올라가면 역진성은 사라진다.

이번 장의 논의를 통해 내가 가장 강조하고 싶은 것은 바로 ②번, 국민연금이 실제로는 매우 역진적이라는 점이다. 국민연금은 국가가 책임지는 공적연금이다. 민간이 운영하는 사적연금도 국민연금처럼 역진적이지는 않다. 사적연금은 낸 것만큼 받고, 보험료와 급여액이 정비례하므로 소득 비례적이다. 적어도 역진적이지는 않다.[74]

역진적인 공적연금은 크게 잘못된 것이다. 나는 국민연금처럼 전 국민 대상의 공적연금이면서 소득 수준에 따라 역진적으로 작동하는 연금을 가진 나라는 알지 못한다. 하긴 국민연금이 특이한 게 이것뿐이랴. 낸 것보다 많이 받는 정도도 유별나고, 짧은 가입 기간도 독보적이다. 그나마 다행(!)인 것은 낸 것보다 너무 많이 받는 문제(지속 가능성)와 짧은 가입 기간 문제(보장성)를 해결하면 역진성 문제도 자연히 해결된다는 점이다.

공적연금에는 국민연금 외에 기초연금도 포함된다. 기초연

---

74 물론 사적연금을 장려하기 위해 실시하는 소득 공제 효과를 포함하면 사적연금도 어느 정도는 역진적이라고 할 수 있다. 하지만 소득 공제는 국민연금도 마찬가지다. 그리고 이는 스스로의 노후 대비를 장려하기 위한 세제 혜택이며, 연금 제도 자체의 효과는 아니므로 논외로 한다.

금은 하위 70% 노인분들에게 거의 정액으로 지급한다. 그래서 국민연금만 따지면 역진적이지만 기초연금까지 합해서 따져보면 얘기가 제법 달라진다. 노인분들은 공적연금 수혜 여부에 따라 다음과 같이 네 집단으로 구분할 수 있다.[75] ①기초연금만 수급(37.6%), ②기초연금과 국민연금 동시 수급(30.0%), ③국민연금만 수급(17.1%), ④둘 다 수급 안 함(15.3%). 괄호 속에는 각 집단의 비율이 표시되어 있는데 2021년 말 기준이다. 둘 다 수급하지 않는 집단은 공무원 연금 등 특수직역연금 수급자(5.4%)와 어떤 공적연금도 없지만, 본인의 재산·소득이 많은 사람(9.9%)으로 구분된다.

둘 다 수급하지 않는 집단(④)은 비교적 여유 있는 계층이니 논외로 하고, 기초연금과 국민연금을 수급하는 ①, ②, ③ 집단에 대해 공적연금의 재분배 효과를 따져보자.[76] 2023년 기준 기초연금은 월 32만 원이다. 앞서 국민연금에 20년 가입한 사람은 매년 320만 원 정도의 초과 이득을 얻는 셈이라고 했다. 그런데 이는 소득 대체율 40%를 기준으로 계산한 것이다. 과거에는 소득 대체율이 더 높았으므로, 현행 국민연금 수급자의 초과 이득은 이보다 더 많다. 대충 계산해 보면 기초연금만 수급하는 집단과 국민연금만 수급하는 집단의 초과 이득은 평균으로 치면 비슷하다고 할 수 있겠다.

둘 다 수급하는 집단의 초과 이득은 얼마나 될까. 이 집단은

---

75 이하의 집단별 통계는 최옥금, 〈기초연금과 국민연금 관계에서의 현황 및 이슈〉(연금전문가포럼 발표 자료), 2022에서 인용함.

76 공적연금 미수급 집단(8.5%)은 노인 중 상위 30%에 해당하기는 한다. 그런데 이 집단에는 정말 부유한 분도 있겠지만 아슬아슬하게 30%에 속한 분들도 있다. 이분들은 국민연금만 받는 분들이나 특수직역연금 수급자에 비해 생활이 어려울 것이다.

이중으로 혜택을 보니 초과 이득이 가장 크다. 물론 국민연금을 수급하면서 기초연금도 받는다면 국민연금 수급액이 작을 것이다. 연금 급여가 작다는 것은 가입 기간이 짧다는 말이니, 국민연금 수급에 따른 초과 이득도 그만큼 작을 것이다. 이를 감안해도 세 집단 중 ② 집단의 혜택이 가장 큰 것은 분명하다. 기초연금과 국민연금을 둘 다 수급하면 이중의 혜택을 받는다는 점은 기초연금을 도입할 당시에도 알고 있었다. 그래서 이를 완화하기 위해 '연계 감액'이라는 장치를 설치했다. 이는 둘 다 받는 경우 국민연금 가입 기간에 따라 기초연금액을 최대 절반까지 깎는 것이다.

둘 다 수급하는 집단은 기초연금만 수급하는 집단보다 소득이 높을 것이다. 그럼에도 이들이 상대적으로 더 많은 혜택을 누리는 것은 불합리하다고 해서 연계 감액 장치를 마련한 것이다. 논리적으로는 합당하다. 하지만 논리적으로 맞는다고 지지까지 얻는 것은 아니다. 그랬다면 연금 개혁은 벌써 이뤄졌을 것이다. 기초연금을 깎이는 사람들이 반길 리 없다. '성실하게 보험료를 납부한 결과가 이런 것이냐'면서 분개한다. 이 장치 때문에 기초연금액이 깎이는 사람의 규모는 전체 기초연금 수급자 기준으로는 6% 정도이다.

공적연금으로서 국민연금과 기초연금은 정합성이 떨어진다. 우리처럼 공적연금으로서 기초연금과 국민연금 체계를 갖춘 국가들을 보면, 노후의 최저 소득을 보장하기 위한 기초연금이 먼저 도입된 이후, 추가적인 노후 소득 보장을 위한 소득 비례적인 공적연금을 도입했다. 하지만 우리는 반대였다. 국민연금이 먼저 도입되었는데, 당시에는 나중에 기초연금이 생길 것을 고려하지 않고 설계했다. 게다가 애초에 기초연금은 공적연금 체계의 하나로 도입된 것도 아니었다. 처음에는 노인 빈곤층에 대한 공공부조 성격으로 도입했다가 차츰 연금으로 성격이 변했다. 이처럼 뒤바뀐 도입 순서와 기초연금의 성격 변화로 인해 공적연금의 두 기둥으로서의 국민연금과 기초연금은 정합성이 떨어지고 그에 따라 효과성도 저하된다.

국민연금 개혁이 제대로 이뤄지려면 국민연금만 대상으로 하면 안 된다. 기초연금을 포함한 공적연금 전체를 대상으로 해야 한다. 나아가서는 퇴직연금을 포함한 연금 체계 전반을 대상으로 하면서, 그 안에서 국민연금의 위치와 역할을 정립해야 한다. 그런 의미에서 이어지는 5장에서는 노후 소득 보장의 전반적인 체계를 논의하고, 6장에서 기초연금의 문제점과 개선 방안을 논의한다.

II
비정상의
정상화를 위한
제안

연금의 노후 소득 보장 기능

연금의 유형별 구분

연금의 종류는 다양하다. 일단 떠오르는 것으로 기초연금, 국민연금 및 특수직역연금, 퇴직연금, 개인연금이 있다. 그리고 주택 연금과 농지 연금을 추가할 수 있겠다. 주택 연금과 농지 연금은 각각 주택과 농지를 담보로 연금을 타는 것인데 가입자는 많지 않다. 주택 연금은 10만 명, 농지 연금은 2만 명 정도이다. 공무원 등 일부 직종만 대상인 특수직역연금과 가입자가 소수인 주택·농지 연금을 제외하면, 기초연금, 국민연금, 퇴직연금, 개인연금이 보통 사람들을 대상으로 하는 연금이다.

이 네 연금은 유형, 가입 조건, 목적이 서로 다르다. OECD는 각국의 연금 체계를 운영 주체가 정부인가 민간인가, 가입이 강제인가 자발적인가, 목적이 최소한의 소득 보장인가, 아니면 이를 초과한 안정된 노후 소득 보장인가에 따라 구분한다. 〈표 5-1〉에는 우리의 네 연금이 이러한 OECD 기준으로 어디에 속하는지 제시했다.

〈표 5-1〉 OECD의 연금 체계

운영 주체	공적연금		사적연금	
가입 조건	의무 가입(혹은 자동 가입)			자발적 가입
목적	기본 보장	그 이상의 소득 보장		
해당 연금	기초연금	국민연금	퇴직연금	개인연금

2장에서 OECD 국가의 연금 소득을 비교하면서 공적연금과 총연금을 구분했다. 총연금에는 공적연금 이외에 사적연금이지만 가입이 강제인 경우가 포함된다. 우리의 퇴직연금이 여기에 해당한다. 다른 나라도 의무 가입 사적연금은 퇴직연금(혹은 기업 연금)을 지칭한다. 그런데 총연금은 내가 임의로 붙인 말이고 OECD 분류 기준에 따르면 (공·사를 불문한) '의무 가입 연금'이 정확한 명칭이다. 민간 운영인데 가입이 강제라는 것은 순전히 사적인 것이 아니라 '공적 책임'이 부여되었음을 의미한다. 그래서 국가가 국민의 노후 소득 보장을 얼마나 책임지는가를 따질 때는 공적연금에 의무 가입 사적연금 더한 것을 기준으로 한다. OECD 국가 중에는 아예 우리의 국민연금 같은 공적연금이 없고 의무 가입 사적연금이 주된 노후 소득 보장 기능을 수행하는 나라도 있다. 또 공적연금은 있지만, 의무 가입 사적연금의 역할이 더 큰 나라도 있다.

의무 가입 옆 괄호 안의 '자동 가입'은 내가 임의로 첨가한 것이다. 우리의 기초연금처럼 기여금 낼 필요 없이 일정 조건만 충족하면 급여가 지급되는 경우를 표현하기 위한 것이다. 대한민국 노인이면서 소득이 하위 70%에 속하면 저절로 기초연금 수급권을 획득한다. 본인이 가입 여부를 선택한 것이 아니므로 자발적 가입은 아니다. 그런데 의무 가입이라고 하면 본인이 원하지 않아도 보험료를 강제로 내야 하는 것처럼, 수급권 획득을 위한 반대급부로 어떤 의무를 수행해야 할 것 같다. 하지만 기초연금은 딱히 그런 것도 없다. 그래서 좀 더 부드럽게 자동 가입이라는 표현을 쓴 것이다.

한편, 사적연금에 '의무 가입' 한다는 의미는 주의할 필요가 있다. 공적연금과 달리 사적연금 의무 가입은 법규로 강제되지 않아도 상관없다. 다수 국가는 법규가 아닌 노사 협약에 의해 퇴직연금에 가입한다. OECD는 법규로 정하든 협약을 맺든, 개인의 선택과 상관없이 가입되며 근로자의 대다수가 가입되어 있으면 의무 가입으로 분류한다.

연금의 목적은 두 가지로 구분할 수 있다. 하나는 누구에게나 최저한의 소득을 보장함으로써 빈곤을 막는 것이다. 또 하나는 근로 시기의 생활 수준을 엇비슷하게 유지하게 하는 것이다. 〈표 5-1〉에서 '기본 보장'은 빈곤 방지를 위한 것이고 '그 이상의 소득 보장'은 근로 시기의 생활 수준 유지를 위한 것이다. 근로 시기 생활 수준 유지라고 해서 근로 시기만큼의 소득이 필요한 것은 아니다. 노년에는 돈 쓸 데가 줄어들기 때문이다. 외국 학자들은 대략 근로 시기 소득의 70% 정도면 비슷한 생활을 유지할

5장 연금의 노후 소득 보장 기능

수 있다고 본다. 어떤 근거로 계산된 것인지는 잘 모르겠으나, 그 정도면 충분할 것 같다. 어쩌면 더 적어도 괜찮을 것 같다. 자식 다 키우고 내 집 마련 위해 저축할 필요 없다면, 노인 부부 사는 데 그리 많은 돈이 필요하지는 않을 것이다.

오늘날에는 어느 나라든 두 가지를 다 중요하게 여긴다. 하지만 서구에서 처음 연금 제도가 생겼을 때는 그렇지 않았다. 국가에 따라 둘 중 어느 하나에 중점을 뒀다. 기본 보장에 치우친 것을 베버리지 방식이라고 하고, 근로 시기 생활 유지에 초점이 있는 것을 비스마르크 방식이라고 한다.

노후 소득 보장 vs 최저 생계 보장

전술했듯 세계 최초로 사회보험을 도입한 국가는 독일이다. 독일 통일을 이끌며 철혈재상으로 불렸던 비스마르크는 1883~84년에 의료 보험과 산재보험을 도입했고, 1889년에 연금을 도입했다. 당시 도입한 연금은 고용주와 근로자가 절반씩(여기에 국가도 약간의 보조를 했다) 보험료를 부담했다. 소득이 높으면 더 많은 보험료를 냈고 연금 급여도 더 많이 받았다.[1] 이런 방식, 즉 소득에 따라 보험료가 부과되고, 낸 보험료에 따라 급여가 달라지는 방식을 비스마르크 방식이라고 한다. 국민연금도 여기에 해당한다.

---

1 초기의 독일 연금은 우리와 마찬가지로 균등 부분과 소득 비례 부분이 모두 존재했으나, 1957년의 개혁으로 소득 비례로 바뀌었다.

복지에 관한 문건 중 가장 유명한 것은 베버리지 보고서다. 이 보고서는 2차 대전 중의 영국에서 발간됐다. 전쟁으로 큰 희생을 치른 국민에게 전쟁이 끝난 후 복지국가 청사진을 제공하려는 목적에서였다. '요람에서 무덤까지'라는 멋진 말을 낳은 이 보고서가 제시한 복지 원칙은 국민 최저선national minimum이었다. 이 원칙은 연금에도 적용됐다. 즉 공적연금의 목적은 노인들에게 최저 수준의 소득을 보장하는 것이며, 그 이상의 소득은 개인이 알아서 준비하라는 것이었다. 이를 베버리지 방식이라고 한다.

두 방식은 목적이 다름에 따라 대상도 다르다. 비스마르크 방식의 목적은 근로자의 노후 소득 보장이다. 근로자가 퇴직하여 더 이상 임금 소득을 얻지 못하게 되었을 때, 이를 대신할 연금을 지급하자는 것이다. 그래서 대상은 근로 시기에 보험료를 낸 은퇴자가 된다. 베버리지 방식의 목적은 젊은 시절의 근로 여부와 상관없이, 노인이 되었을 때 일정 소득을 지급하여 최저 생계를 보장하는 것이다. 그래서 대상은 전체 노인 혹은 일정 소득 이하의 모든 노인이 된다.

독일을 비롯한 프랑스, 오스트리아 등 서유럽 국가는 비스마르크 방식을 채택했다. 영국을 비롯한 캐나다, 호주 등의 영연방 국가와 스웨덴 등 북유럽은 베버리지 방식을 수용했다.

전술했듯 2차 대전 이후 30년 남짓은 서구 복지국가 전성기였다. 새로운 제도가 도입되고 기존 제도가 확충됐다. 연금도 마찬가지였다. 베버리지 방식을 택한 국가들은 국민에게 기본 보장을 넘어서는 노후 보장을 제공하기 시작했다. 그래서 기본 보장 연금 위에 근로 시기 생활 유지를 위한 소득 비례 연금을 추가했다. 소득 비례 연금은 공적연금으로 도입되기도 하고(예. 스웨덴) 의무 가입 사적연금(퇴직연금)으로 도입되기도 했다(예. 네덜란드). 둘 다 도입한 후, 국민에게 하나를 선택하게 한 국가도 있었다(예. 영국). 비스마르크 방식을 도입한 국가들은 연금 급여 수준을 높였다. 그리고 보충 급여 등을 통해 저소득층도 일정 수준 이상의 연금을 확보할 수 있도록 했다. 또한, 다양한 보험료 지원 정책을 통해 사각지대를 줄여나갔다. 이런 과정을 거쳐 비스마르크 방식으로 시작했든 베버리지 방식으로 출발했든, 점차 두 목적을 모두 충족하게 됐다.

노후 소득 보장 목적은 수렴해 갔으나, 목적을 달성하는 방식에는 여전히 차이가 존재한다. 비스마르크형은 사회보험에 속하는 소득 비례 연금에 보충 급여 등의 장치를 덧붙여서 기본 보장을 강화한 것이다. 이에 비해 베버리지형은 조세가 주요 재원인 기초연금 위에, (공적 또는 사적 보험의) 소득 비례 연금이 더해져 노후 소득 보장 체계를 구성한다. 이러한 차이로 인해 비스마르크 방식은 사회보험형, 베버리지 방식은 다층 체계형으로 부르기도 한다.

이러한 연금 체계의 차이는 재정의 지속 가능성에도 차이를 가져왔다. 베버리지형 국가의 연금 재정 상태가 비스마르크형 국가보다 양호하다. 연금 지출을 기본 보장을 위한 지출과 그 이상의 소득 보장을 위한 지출로 구분해 보자. 기본 보장은 급여액이 작아서 지출 규모가 크지 않다. 재정 지속 가능성 문제는 거의 그 이상을 보장하는 지출에서 발생한다. 베버리지형은 기본 보장 연금만 있다가 나중에 그 이상 보장을 위한 소득 비례 연금을 추가했다. 추가하는 소득 비례 연금을 사적연금 형식으로 도입하면 지속 가능성 문제가 발생하지 않는다. 사적연금은 완전 적립식이라 낸 것만큼만 받기 때문이다. 공적연금 형식으로 추가적인 소득 비례 연금을 도입하면 완전 적립식일 필요는 없다. 하지만 일단 기본 보장 연금이 있고, 그 위에 추가한 것이라서 둘이 통합된 비스마르크형보다는, 소득 비례 연금의 낸 것과 받는 것의 균형 맞추는 설계가 용이하다.

서구 복지국가 중 연금 지출 규모가 크고, 그래서 연금 지속 가능성이 걱정되는 국가들은 예외 없이 비스마르크형 국가이다. GDP 대비 연금 지출 규모 톱 5인 이탈리아, 그리스, 프랑스, 오스트리아, 포르투갈은 모두 비스마르크형 국가이다. 세계적인 생명 보험 회사인 알리안츠와 투자 교육 기관인 CFA 등에서는 세계 각국 연금 제도의 지속 가능성을 평가해서 순위를 발표한다. 이를 보면 서구 국가 중 높은 순위는 모두 베버리지형 국가이고, 낮은 순위는 전부 비스마르크형 국가이다. 평가 주체가 금융 쪽임을 감안해야겠지만, 베버리지 방식이 비스마르크 방식보다 재정적 지속 가능성 측면에서 우월함은 분명하다.

노후 소득 보장의 양대 목적은 빈곤 방지와 근로 시기 생활 유지라고 했다. 연금 지출 규모가 더 큰 만큼, 아무래도 근로 시기 생활 유지 효과는 비스마르크형이 좀 더 클 것이다. 하지만 빈곤 방지 효과는 다르다. 국가별 노인 빈곤율을 보면 두 유형 중 어디가 더 빈곤율이 낮다고 하기 어렵다. 노인 빈곤율은 유형 간 차이보다 유형 내 국가 간 차이가 더 심하다. 다만, 연금 지출 규모를 고려하면 베버리지형이 비스마르크형보다 가성비가 높다. 베버리지형인 덴마크와 비스마르크형인 프랑스는 노인 빈곤율이 모두 5% 미만으로서 OECD 국가 중 매우 낮은 축에 속한다. 그런데 GDP 대비 연금 지출 규모를 보면 프랑스는 14%, 덴마크는 10% 정도이다. 고령화율은 두 나라 모두 20% 정도로 거의 같다.

신자유주의의 확산과 연금 구조 조정

2차 대전 이후 30년 남짓한 기간은 어떻게 서구 복지국가의 전성기가 되었을까? 두 가지 때문이다. 하나는 순조로운 경제 성장이다. 복지 지출은 경제력의 영향을 크게 받는다. 경제가 성장하면 소득이 높아지고, 그러면 조세와 보험료 수입도 늘어난다. 일자리가 증가하고 임금이 상승하면 빈곤층이 줄고, 그만큼 복지 지출 수요가 감소한다. 수입은 느는데 지출 수요는 크지 않으니 재정이 넉넉하다. 재정 여력이 있으니 제도 확충이 용이하다. 또하나는 높지 않은 고령화 수준이다. 고령화율이 14%를 넘으면 고령 사회라고 부르는데, 1970년 이전까지만 해도 고령 사회에 진입한 국가는 없었다. 1970년대 들어 독일, 스웨덴, 영국, 프랑스가 차례로 고령 사회에 진입했다. 서구 사회는 1980년대부터 고령화가 복지 재정에 미치는 영향을 고민하기 시작했으며, 1990년대 들어서는 그 일환으로 연금의 지속 가능성을 높이는 개혁에 착수했다.

20세기 후반의 대표적인 보수 정치가인 영국의 대처 총리와 미국의 레이건 대통령은 1980년 전후로 집권했다. 이들의 집권 으로 시작된 신자유주의의 바람은, 유럽 사회주의 국가들의 몰락 이후인 1990년대 들어서 서구 사회(혹은 전 세계)를 거세게 휘감 았다. 연금 개혁도 이 영향을 피해 갈 수 없었다. 이 당시 연금 개 혁의 두드러진 특징은 노후 소득 보장의 다층 체계 및 공公·사私 역할 분담이다.

경제 분야 국제기구들의 성향은 보수부터 진보까지 폭넓게 분포되어 있다. 세계은행은 보수, 친시장적 성향을 지닌다. 반면 에 국제노동기구ILO는 진보, 친노동적 성향을 지닌다. 1990년대 들어 연금 개혁이 세계 각국의 주요 이슈로 떠오르자 세계은행과 ILO는 각기 바람직하다고 생각하는 연금 모델을 제시했다. 세 계은행이 먼저 시작했다. 세계은행은 1994년에 발간한 보고서를 통해 다층 체계 모형을 제시했다.[2] 이 모형은 공적연금이 1층을 구성하고, 의무 가입 사적연금이 2층, 임의 가입 사적연금이 3층 을 구성한다. 공적연금인 1층은 부과식으로 조세 또는 보험료를 재원으로 하는데, 목적은 빈곤 방지, 기본 보장에 있다. 사적연금 인 2층과 3층은 소득 비례의 적립식이며, 근로 시기 생활 유지가 목적이다. 2·3층은 사적연금이므로 재정의 지속 가능성 문제가 발생하지 않는다. 1층은 정부 재정으로 운영하지만, 급여 수준이 낮아서 큰 부담은 아니다. 세계은행 모형은 공·사 혼합 모형이기 는 하지만 방점은 사적연금에 놓여 있다. 그래서 세계은행 모형

---

2   보고서 제목은 'Averting the Old Age Crisis'이다. 세계은행이 제시한 연금 체계는 'multi-
     pillar system'이라고 불렀고 그래서 이를 '다주 체계'로 번역하기도 했다. 그러나 이제는
     '다층 체계'라는 용어로 거의 통일됐다.

5장 연금의 노후 소득 보장 기능

을 따른다는 것은 곧 연금 민영화로 이해됐다.[3]

이쯤에서 의아한 독자도 있을 법하다. 오래전부터 공적연금 중심의 제도를 발전시켜 온 서구 국가들, 특히 비스마르크형 국가들이 비록 고령화로 연금 재정의 지속 가능성이 우려된다고 해서 과연 연금 민영화를 하겠느냐는 의문이 들 것이다. 당연한 의문이다. 아무리 연금 재정이 걱정스러워도 공적연금이 깊게 뿌리내린 국가가 세계은행 모형을 받아들일 리 없다. 이 국가들은 세계은행 모형의 타깃이 아니다. 세계은행은 연금 제도가 초창기인 개도국들, 사회주의 붕괴 이후 체제 전환의 와중에 있는 동구권 국가들을 주 타깃으로 삼고, 사적연금 중심의 모형을 내놓은 것이다. 실제 남미와 동구권 국가들은 이 세계은행 모형을 받아들여 자국의 연금 체계를 구축했다.[4]

노후 소득 보장에서 공적 부담을 최소화하고 사적연금을 강조한 세계은행의 개혁안에 대해 친노동 성향인 국제노동기구ILO는 당연히 반발했다. ILO는 2000년에 발간한 보고서를 통해 독자적인 연금 개혁안을 제시했다. 세계은행이 3개 층의 구조를 제시한 데 비해 ILO는 하나를 더 추가한 4개 층의 구조를 제시했다. 세계은행 모형에서 1층의 공적연금은 기본 보장에 한정됐다.

3 어찌 보면 세계은행 모형은 애초의 베버리지 방식에 해당한다. 정부는 최소한의 소득 수준을 보장하고, 그 이상은 민간에 맡기자는 것이기 때문이다.

4 세계은행의 모형은 명백히 친시장적이다. 이 모형 개발을 주도한 세계은행 연금팀장 홀츠먼(Holzmann)은 민영화 연금 개혁의 효과에 대해 다음과 같이 말했다. "완전 적립식 연금 제도는 시민들에게 자본의 역할과 수익에 대한 이해를 높이도록 자극함으로써 시민의 (시장 경제에 대한) 시야를 넓혀줄 것이다. 이는 특히 세계화의 시장 규율을 경험하기 시작했으나 시장의 효율성이 가져다주는 이득에 대해 완전한 이해가 없는 (개도국) 노동자들에게 매우 중요한 문제이다." 출처: 양재진, 〈세계은행과 국제노동기구의 연금 개혁전략 비교연구: 한국에의 적용과 대응〉, 《한국정책학회보》 10권 3호, 2001.

그런데 ILO는 여기에 소득 비례 공적연금을 추가했다. 그래서 0 층은 기본 보장 공적연금으로, 1층은 소득 비례 공적연금으로 구분했다.[5] 이에 따라 '기본 보장 공적연금/소득 비례 공적연금/의무 가입 사적연금/임의 가입 사적연금'의 4개 층이 됐다. ILO 모형은 공적연금이 기본 보장뿐만 아니라 근로 시기 생활 유지의 상당 부분을 책임져야 한다는 것을 강조한다.[6]

OECD 국가의 연금 체계를 보면 대부분 공적연금 비중이 사적연금보다 높다는 점에서 ILO 모형이 좀 더 현실적이다. 사적연금이 노후 소득 보장 기능을 잘하려면 대다수 근로자가 가입하는 성숙한 자본 시장이 전제되어야 하는데 많은 개도국은 그렇지 못하다. 이런 상황에서 사적연금만 강화하면, 노후 소득 보장 목적을 달성하기 어렵다. 이런 경우는 ILO 모형이 더 효과적이다. 세계은행 역시 1994년에 제시한 연금 민영화 모형은 현실적이지 못함을 받아들였다. 그래서 2005년에 다시 제시한 연금 개혁 모형에서는 ILO의 4개 층 모형을 수용했다. 비록 소득 비례 공적연금은 '선택적'이라는 단서를 달기는 했지만 말이다.[7]

어쨌든 '기본 보장 공적연금/소득 비례 공적연금/의무 가입 사적연금/임의 가입 사적연금'이라는 4개 층 모형은 이제 노후

---

5 엄밀히 따지면 0층은 연금보다는 공공부조에 가깝다. 0층은 자산 조사를 통해서 대상자를 선정하고, 조세를 재원으로 한다.

6 Gillion, Colin, et al., *Social Security Pensions: Development and Reform*, ILO, 2000.

7 Holzman R., and Hinz, R., *Old Age Income Support in the 21stCentury: an International Perspective on Pension Systems and Reform*, Washington, D. C.: The World Bank, 2005. 세계은행은 여기에 '사적 이전 소득 혹은 개인 자산 처분'이라는 한 개 층을 더 추가했다. 그런데 이는 노후 소득 보장 '체계'에 속한다고 보기는 어렵다. 별도의 노후 보장 수단이 없으면 자식한테 의지하거나 있는 재산 처분해서 살 수밖에 없는 것 아닌가.

소득 보장 체계의 기본 모형이 됐다. 단, 임의 가입 사적연금은 나머지 셋과는 다소 다르다. 국가가 개인의 사적연금 임의 가입을 장려하기 위해 조세 지원을 하기는 하지만, 아무래도 노후 소득 보장 수단으로서 임의 가입 사적연금은 국가 책임이기보다는 개인의 몫이라고 봐야 한다. 그래서 국가 책임으로서의 노후 소득 보장 체계라면 '기본 보장 공적연금/소득 비례 공적연금/의무 가입 사적연금'의 3개 층이 중심이 된다.

우리는 4개 층을 모두 갖추고 있다. 각각 기초연금, 국민연금, 퇴직연금, 개인연금(연금 저축)이 해당한다. 개인연금은 논외로 하고 나머지 셋이 제 역할을 잘하고 있는지, 즉 기초연금이 깔아준 기본 보장 위에 국민연금이 근로 시기 생활 유지의 상당 부분을 담당하고 퇴직연금이 나머지를 충당하는가에 대해서는 절대 '그렇다'라고 답할 수 없다. 하지만 어쨌든 형식만은 모두 갖추고 있다. 이에 관해서는 뒤에서 상세히 논의한다.

해외의 연금 운용 모범 사례

우리는 '기본 보장 공적연금/소득 비례 공적연금/의무 가입 사적연금'에 해당하는 제도를 모두 갖추고 있지만, 다른 나라도 그런 것은 아니다. 이 셋을 각각 별개의 제도로 모두 갖추고 있는 국가는 많지 않다. 하나의 공적연금이 기본 보장과 소득 비례를 동시에 담당하는 경우가 더 많고, 의무 가입 사적연금이 없는 나라도 많다. 소득 비례 공적연금이 없는 나라도 있다.

그렇다면 다른 나라들은 어떤 방식으로 기본 보장과 그 이상의 노후 소득 보장을 하고 있는지 알아보자. 우리가 벤치마킹할 대상으로, 비스마르크형 국가 중에는 독일, 베버리지형 국가 중에는 스웨덴을 선택했다. 베버리지는 영국 사람이지만, 통상 베버리지형 연금의 대표 국가라면 영국보다는 스웨덴을 꼽는다.

독일의 공적연금은 우리로 치면 국민연금만 존재하며, 기초연금에 해당하는 것은 없다. 그런데 우리의 국민연금과 달리 급여가 소득(보험료)에 비례해서 결정되며, 재분배를 담당하는 균등 부분은 없다.[8] 명시적인 소득 재분배 장치는 없지만 대신 취약 계층을 지원하는 장치가 든든하게 갖춰져 있다. 첫 번째 장치는 각종 크레딧이다. 크레딧은 특별한 사정으로 보험료를 납입하지 못했을 때, 보험료 납입 기간으로 인정해 주는 것이다. 예를 들어 육아 활동에 대해 자녀 1명당 3년의 가입 기간을 인정해 준다. 또한, 가정에서 노인과 장애인을 돌보는 경우에도 납입 기간을 인정해 준다. 군 복무 기간은 당연히 가입 기간으로 인정된다. 그밖에도 다양한 크레딧이 존재한다. 대체로 (사람들이 납득할 만한) 일하지 못할 사정이 생겨서 보험료를 납입하지 못하면, 그 기간을 보험료 납입 기간으로 인정해 준다고 보면 된다. 크레딧은 독일만 있는 게 아니다. 많은 국가가 크레딧 제도를 운영한다. 우리도 있다. 다만, 우리는 독일을 비롯한 다수 서구 국가에 비해 가입 기간 인정에 굉장히 인색하다. 취약한 크레딧은 우리의 가입 기간을 서구 국가보다 형편없이 짧게 만드는 대표적인 사유이다.

---

8   예전에는 균등 부분과 비례 부분이 함께 있었으나 1957년의 연금법 개정으로 균등 부분은 사라지고 비례 부분만 남게 됐다.

두 번째 장치는 저소득층에게 더 많은 연금을 지급하는 것이다. 소득 비례 연금에서는 가입 기간이 길더라도 소득이 낮으면 그에 비례해서 연금 급여도 낮아진다. 그래서 가입 기간이 긴 저소득층에게는 보충 연금을 지급한다. 저소득층의 연금액을 높여준다는 면에서는 최저 보장 연금이라고 볼 수 있다. 하지만 공적연금 장기 가입자에게만 지급한다는 점에서, 후술하는 스웨덴의 최저 보장 연금과는 다르다. 장기 가입의 기준은 무려 35년이다.

크레딧과 저소득층에 대한 보충 연금 재원은 조세로 충당한다. 즉 연금 급여 중 본인 소득에 비례하는 부분만 보험료로 충당한다. 연금 급여 지출 재원 중 보험료와 조세의 비중은 대략 3:1 정도이다. 크레딧이 있어도 미수급권자 및 가입 기간이 짧은 사람은 있게 마련이다. 이런 사람들, 공적연금으로 해결되지 않는 저소득층은 공공부조를 통해 지원한다. 공공부조 재원은 물론 조세이다.

한편 독일은 리스터 연금이라고 불리는 사적연금을 2001년에 도입했다. 리스터는 당시 이를 주도한 노동사회부 장관 이름이다. 당시 공적연금 소득 대체율을 낮추는 개혁을 하면서 반대급부로 도입한 것이다. 특이한 것은 임의 가입 사적연금이지만 정부가 보조금을 지급한다. 보조금액은 소득의 4%에 도달할 때까지 늘어나며, 자녀가 많으면 추가 보조금이 지급된다. 2022년 기준으로 1600만 명 이상이 가입했는데, 이는 전체 공적연금 대상자의 40%가 조금 넘는 규모이다. 통상의 임의 가입 사적연금 가입률은 중산층 이상이 저소득층보다 훨씬 많다. 경제적 여력이 있어야 가입하므로, 강제가 아닌 이상은 당연하다. 그런데 리스터 연금은 정부 보조금 덕에 저소득층의 가입률이 제법 높다. 물론 여전히 중산층보다는 낮지만, 정부 보조가 없는 일반적인 사적연금보다는 훨씬 높다. 리스터 연금 도입 이전의 독일은 사적연금의 비중이 매우 낮았다. 그래서 노후 소득 보장에서 사적연금의 역할은 '카푸치노 위의 크림'으로 불렸다. 하지만 리스터 연금의 도입으로 사적연금 비중이 상당이 커졌으니, 이제는 아인슈페너 위의 크림 정도라고 할까.

스웨덴은 세계 최초로 전 국민 대상 기초연금을 실시했다. 베버리지 보고서가 나오기 이전에 이미 베버리지형 연금을 도입한 셈이다. 우리와는 달리 보험료가 재원이지만 급여는 정액이다.[9] 이후 1960년대 들어 그 위에 소득 비례 연금을 추가했다. 1층의 기초연금과 2층의 소득 비례 연금 모두, 낸 보험료보다 받는 급여가 많아서 지속 가능성에 문제가 있었다. 그래서 1998년에 대폭적인 연금 개혁을 단행했다. 그 결과 2개 층의 공적연금을 하나로 통합하고 일부는 사적연금으로 전환하여 '최저 보장 연금+소득 비례 연금+강제 가입 사적연금' 체계로 바뀌었다.

소득 비례 연금의 급여액은 본인이 낸 보험료(+일정 수익)와 동일 연령대의 기대 여명(생존 가능 햇수)에 의해 정해진다. 급여액 크기는 대략 적립식에서 기대되는 금액, 즉 '낸 보험료+운용 수익' 정도이다. 보험료는 총 18.5%인데, 이 중에서 2.5%는 따로 떼어내어 강제 가입 사적연금에 들게 했다. 사적연금은 완전 적립식으로서 어떤 금융 상품에 가입할지는 본인이 선택하며 이에

---

9   정액이지만 스웨덴 거주 기간에 따라 다소 감액된다. 감액 없는 완전 연금을 받으려면 일생 동안 40년 혹은 16~65세 기간 중 30년 이상 거주해야 한다.

따라 운용 수익이 달라진다.[10] 한편, 저소득층에게는 최저 보장 연금을 지급한다. 자산은 고려하지 않고 순전히 연금액만 따져서 일정 금액 이하면 부족분을 지급한다.[11] 최저 보장 연금의 재원은 조세로 충당한다. 스웨덴도 독일처럼 다양한 크레딧이 존재하는 데, 역시 재원은 조세로 충당한다. 스웨덴은 공적연금 이외에 기업 연금이 상당히 발달했다. 기업 연금은 노사 간 단체 협약에 의해 정해지므로 의무 가입 사적연금에 해당한다. 기업 연금은 화이트칼라를 위한 기업 연금과 블루칼라를 위한 기업 연금으로 나뉘어 있다.

지속 가능성 확보를 위한 장치들

앞서 독일과 스웨덴 사례를 연금의 노후 소득 보장 기능, 즉 기본 보장과 근로 시기 생활 유지라는 목적을 어떻게 달성하는가에 중점을 두고 살펴보았다. 비스마르크형과 베버리지형을 대표하는 이 두 국가의 사례는 노후 소득 보장 방식은 물론 '재정의 지속 가능성을 어떻게 달성하는가?' 하는 문제에 있어서도 우리에게 유용한 시사점을 준다.

스웨덴은 1998년, 독일은 2000년대 초반에 연금 개혁을 이루었다. 연금 개혁의 목적은 지속 가능성 확보였다. 스웨덴이 기

---

10   본인이 선택하지 않으면 디폴트로 정부가 지정하는 연금 상품에 가입된다.

11   단, 거주 기간 조건을 충족하지 못하면 감액된다. 완전 최저 연금을 수급하려면 40년을 거주해야 하며, 미달하는 1년마다 1/40이 감액된다.

초연금을 폐지하고 최저 보장 연금으로 전환한 것, 독일이 급여 수준을 낮추고 사적연금을 도입한 것도 모두 지속 가능성 확보를 위해서였다. 그런데 지속 가능성 확보를 위한 개혁 내용 중에는 이보다 더 중요한 것들이 있다. 이는 낸 것과 받는 것이 균형을 이루도록 하는 장치를 만들어낸 것이다. 이를 논하려면 우선 연금 급여액 산정 방식부터 살펴봐야 한다.

연금 급여액을 정하는 방식은 통상 확정 급여DB: Defined Benefits와 확정 기여DC: Defined Contributions로 구분한다. 확정 급여는 얼마의 보험료를 내면, 얼마의 급여를 받는다는 것을 미리 정해놓는 방식이다. 국민연금이 이런 방식이다. 급여식에 보험료를 낸 기간과 액수를 넣으면 급여액을 계산할 수 있다.[12] 확정 기여는 가입 기간 동안 낸 보험료와 운용 수익을 합한 총연금 자산액이 결정되고, 이를 몇 년에 걸쳐 지급하는가에 따라 급여액이 결정되는 방식이다. 연금 자산액은 운용 수익에 따라 변한다. 그래서 급여액을 미리 알 수 없다.

그해 보험료로 그해 급여를 충당하는 부과식에서는 보험료를 적립해서 운용할 수 없다. 운용 수익이 없으니 급여 지급은 확정 급여 방식에 의한다. 완전한 적립식은 낸 것(+운용 수익)만큼 받는 것이므로 급여 지급은 확정 기여 방식이 된다. 국민연금은 조금 기묘하다. 적립금이 많고 운용 수익이 크기는 한데, 급여 지급은 확정 급여식이다. 운용 수익과 상관없이 급여액은 미리 정해져 있다. 그래서 국민연금은 부분 적립식 혹은 수정 부과식이라고 부른다. 전자는 적립금 운용이라는 측면을 좀 더 강조한 것

---

12   물론 가입자 평균 소득이 얼마인가에 따라 다소 달라지기는 하지만 이 영향은 크지 않다.

이고 후자는 확정 급여라는 측면을 좀 더 부각한 것이겠다.

확정 급여와 확정 기여 이외에 명목 확정 기여라는 방식이 있다. 운용은 부과식이되 급여 방식을 확정 급여에서 확정 기여로 전환한 것인데, 스웨덴이 채택하면서 유명해졌다. 확정 급여 방식에서는 대체로 낸 것보다 많이 받는다. 물론 꼭 그래야 한다는 법이 있는 것은 아니다. 하지만 확정 기여 방식처럼 '낸 것+운용 수익'에 의해 급여액이 결정되는 대신, 사전에 급여 산식을 정하면, 아무래도 낸 것보다 후하게 받도록 정하기 쉽다. 국민연금이 지속 가능하려면 보험료를 높여야 한다는 것은 누구나 동의하지만, 보험료 인상이 쉽지 않음을 생각해 보라.

1990년대 중반까지 스웨덴의 소득 비례 연금은 확정 급여 방식이었고 국민연금만큼은 아니라도 낸 것보다 많이 받게 설계되어 있었다. 자연히 지속 가능성 문제가 대두됐다. 지속 가능성 문제의 근본적인 해법은 확정 기여 방식으로 바꾸는 것, 즉 '낸 것(+운용 수익)만큼 받게 하는 것이라고 판단했다. 확정 기여 방식이 되려면 보험료를 적립하고 이를 운용해서 수익을 올려야 한다. 그런데 부과식에서는 그렇게 할 수가 없다. 그해 보험료는 그해 급여 지출에 써야 하기 때문이다. 그래서 고안한 것이 '명목 notional' 확정 기여 방식이다. 이 방식에서는 개인별 계좌를 만들고 여기에 '낸 것+(가상의) 운용 수익'을 기입한다. 실제로 적립되는 것은 아니고 장부상으로만 그런 것이다. 실제 보험료를 운용하여 수익을 내는 것이 아니므로 가상의 운용 수익률은 경제 성장률(임금 상승률)을 반영하여 정해진다. 이렇게 해서 개인별 연금 자산액이 산출되면, 이를 기대 여명으로 나누어 ($\frac{연금\ 자산액}{기대여명}$) 급여액을 정한다. 비록 부과식으로 운용하지만, 급여 총액을 적립식에서 받을 수 있는 '낸 것+운용 수익'만큼 되도록 함으로써 지속 가능성 문제를 해결한 것이다. 확정 급여에서 명목 확정 기여로 전환한 것이 1998년 스웨덴 연금 개혁의 핵심이다.

스웨덴은 확정 급여에서 명목 확정 기여로 전환함으로써 지속 가능성 문제를 해결했지만, 이는 예외적인 경우다. 기존에 부과식 확정 급여인 국가 중 다수는 스웨덴 같은 방식을 택하지 못했다. 그 대신 자동 조정 장치라는 것을 도입했다. 부과식에서 지속 가능성이 문제 되는 것은 고령화로 인해 보험료 내는 사람보다 수급하는 사람이 빠르게 증가하기 때문이다. 보험료 내는 사람과 수급하는 사람의 비율을 제도 부양비라고 하는데, 이게 40%에서 50%로 늘었다고 하자. 이 경우 보험료율을 1/4만큼 높이거나 급여액을 1/5만큼 깎아야 수지 균형이 유지된다. 혹은 둘을 절충해서 보험료를 10% 올리고 급여액을 12% 깎아도 수지 균형이 유지된다. 아니면 연금 수급 개시 연령을 높여도 된다. 어쨌든 이처럼 제도 부양비 변화에 따라 보험료율, 급여액, 혹은 연금 수급 개시 연령이 변동되어 수지 균형이 유지되게 하는 것이 자동 조정 장치이다. 독일은 2004년부터 제도 부양비 변화에 따라 자동으로 수지 균형을 유지하는 장치를 도입했다.

명목 확정 기여 역시 자동 조정 장치의 하나이다. 명목 확정 기여에서는 제도 부양비 대신 기대 여명이 자동 조정의 기준이 된다. 기대 여명을 기준으로 하든 제도 부양비를 기준으로 하든, 자동적으로 급여액 또는 보험료율이 변해서 균형이 유지되게 하는 장치를 도입한 국가는 OECD 국가 중 2/3에 달한다. 우리에게 친숙한 선진국 중에서는 프랑스 정도만 자동 조정 장치가 없다. 자동 조정 장치의 장점은 정치의 입김 혹은 부담을 최소화할 수 있다는 점이다. 우리의 연금 개혁 논란에서 알 수 있듯이 재량에 의해서 연금 급여를 깎거나 보험료율을 높이는 결정은 정치적으로 매우 어렵다. 하지만 자동 조정 장치를 장착하면, 수지 균형이 재량 대신 정해진 공식에 의해 이뤄진다. 따라서 정치적인 개입 여지가 줄어들며, 역으로 집권당은 정치적 부담에서 상당 부분 자유로울 수 있다.

우리는 국민연금 급여가 워낙 낮은 상황이라서, 지금 자동 조정 장치 도입이 필요한가는 논란이 된다. 하지만 대다수 선진국에서 왜 이런 장치를 도입했는지, 그 의미를 명확히 이해하는 것은 향후의 연금 개혁에서 매우 중요하다.

누구를 위한 기초연금인가

연금의 노후 소득 보장 기능을 기본 보장과 근로 시기 생활 유지로 구분했다. 독일과 스웨덴의 경우 근로 시기 생활 유지는 공·사의 소득 비례 연금이 담당한다. 기본 보장의 경우 독일에서는 장기 가입 저소득층은 보충 연금이, 나머지는 공공부조가 담당한다. 반면에 스웨덴에서는 최저 보장 연금이 이 기능을 맡는다.

비스마르크형 국가는 대부분 기본 보장을 위해 최저 소득 보장 장치를 갖추고 있다. 이는 연금 체계 내에 존재하기도 하고 공공부조로 존재하기도 한다. 어느 경우든 소득이나 자산 조사에 의해 대상자를 선정한다. 베버리지형은 애초에 전 국민 기본 보장으로 출발했다. 이후 스웨덴처럼 최저 연금 보장으로 전환한 경우도 있지만, 여전히 전 국민 대상 기초연금을 유지하는 국가들도 있다. 우리가 아는 선진국 중에는 일본, 네덜란드, 캐나다, 덴마크가 그렇다. 이 4개국은 기초 보장 재원이 무엇이냐, 그리고 근로 시기 생활 유지 기능은 어떻게 달성하느냐에 따라 〈표 5-2〉와 같이 구분할 수 있다.

〈표 5-2〉 기초연금 운영 국가의 유형 분류

		소득 비례 연금	
		공적연금	의무 가입 사적연금(퇴직연금)
재원 조달	사회보험	일본	네덜란드
	조세	캐나다	덴마크13

네덜란드는 사회보험 재원, 덴마크는 조세 재원의 기초연금으로 전 국민에게 기본 보장을 제공하며, 그 이상의 근로 시기 생활 유지는 의무 가입 사적연금이 담당하고 있다. 베버리지 보고서의 권고에 충실한 형태이다. 소득 비례 공적연금이 없는 탓에 근로 시기 생활 유지 기능이 부실하다고 생각할 수 있지만, 전혀 아니다. 임금근로자는 거의 전부 가입되어 있으며, 운영 형태를 보면 사적연금보다는 공적연금에 더 가깝다.

---

13   덴마크는 노동 시장 보충 급여(ATP)라고 불리는 소득 비례 공적연금도 갖추고 있다. 그러나 이 제도의 급여액은 작아서 명칭대로 기초연금을 다소 보충하는 정도이며, 우리의 국민연금이나 스웨덴의 소득 비례 공적연금과는 성격이 다르다.

전 국민 대상의 기초연금인데 재원이 보험료라는 것에 의아한 독자도 있을 것이다. 보험료가 재원이라면 보험료를 납부한 사람만 수급권이 있을 것이고, 그러면 전 국민 대상일 수가 없지 않으냐 하는 의문이 들 법하다. 그런데 건강보험을 생각해 보자. 건강보험은 소득이 있는 사람만 보험료를 납부하지만, 대상은 전 국민이다. 소득이 없는 사람은 피부양자로서 자격을 취득한다. 기초연금도 그렇게 못할 이유가 없다. 보험료는 경제 활동에 종사하는 사람만 부담하되, 급여는 65세 이상 전 국민에게 지급할 수 있다. 이 경우의 보험료는 조세와 마찬가지다. 능력 있는 사람이 부담하되, 혜택은 전체가 누리는 것이기 때문이다. 네덜란드의 기초연금을 위한 보험료 납부가 여기에 해당한다.

네덜란드와 달리 일본은 누구든 일정 기간 보험료를 납부해야 수급권을 얻는다. 일본 기초연금의 명칭은 국민연금이다. 즉 일본의 국민연금은 기본 보장을 위한 것이다. 2층의 공적 소득 비례 연금은 후생 연금이라고 부르는데 임금근로자만 대상이다. 그래서 의무 가입 사적연금(퇴직연금)과 유사하다. 일본의 기초연금은 보험료를 납부해야만 수급권을 얻지만 미수급권자는 적다. 65세 이상 노인 중 90% 이상이 기초연금을 수급하고 있다. 사각지대가 적은 것은 전 국민이 보험료를 납부하게 하는 각종 장치가 갖춰져 있기 때문이다.[14]

---

14 일본 기초연금 재원은 정확히 말하면 보험료가 절반, 조세가 절반이다. 그래서 자영업자라고 해도 보험료 부담이 크지는 않다. 보험료는 정액인데 저소득층은 경감되며, 임금근로자는 2층 공적연금인 후생 연금과 합산하여 낸다. 전업주부 등 경제 활동에 종사하지 않는 사람은 경제 활동에 종사하는 세대주나 배우자의 보험료에 얹혀서 낸다. 그리고 대학생 등 아직 경제 활동을 시작하지 않은 청년층에게는 취업 후에 밀린 보험료를 내는 추후 납부 제도가 적용된다.

캐나다, 네덜란드, 덴마크의 기초연금 수급 자격은 거주 기간이다. 일정 기간(통상 40년) 이상 자국에 거주해야 기초연금을 전액 수급한다. 거주 기간이 이에 못 미치면 지급액이 감액된다. 일본의 경우는 10년 이상 보험료를 납부해야 수급권이 생긴다. 납부 기간에 따라 연금액이 달라진다.

다른 나라의 기초연금 제도를 살펴본 이유는 우리나라 기초연금의 문제점을 논의하기 위해서다. 2장에서 OECD 국가의 연금 소득 대체율을 비교할 때, 우리는 퇴직연금뿐만 아니라 기초연금도 연금 소득에서 제외됐다. 기초연금 수급자는 국민연금 수급자보다 훨씬 많으며 조세를 재원으로 한다. 명실공히 대한민국 노인의 기본 생계 보장을 위한 공적연금이다. 그럼에도 이를 제외한 것은 잘못됐다.

기초연금 제외가 잘못임은 분명하지만, OECD 기준에서 우리의 기초연금이 특이한 것만은 사실이다. 기본 보장 목적의 연금은 두 유형으로 구분할 수 있다. 하나는 독일과 스웨덴처럼 소득 비례 공적연금 내에서 저소득층에게 일정 수준의 연금을 보장하는 최저 연금 보장이다. 또 하나는 일본, 네덜란드, 캐나다, 덴마크처럼 소득 비례 연금과 구분되는 별도의 기초연금이다. 수급 대상 범위로 보자면 최저 연금 보장은 선별, 기초연금은 보편에 해당한다. 조세를 재원으로 하는 공공부조는 저소득층 노인의 생계 보장에 중요하지만, 연금으로 분류하지는 않는다.

OECD 기준으로 보자면 우리의 기초연금은 국민연금과 분리되어 존재하니 최저 연금 보장은 아니다. 전체 노인의 70% 이하에게만 지급하니 보편적인 기초연금도 아니다. OECD는 조세

5장 연금의 노후 소득 보장 기능

를 재원으로 자산 조사에 의해 소득 하위 70%의 노인에게만 지급하니 공공부조로 보는 것 같다. 하지만 우리의 기초연금은 일반적인 공공부조와도 좀 다르다. 통상 공공부조의 수급 대상을 선발할 때는, '중위 소득의 40%'와 같이 특정 소득 수준을 기준으로 한다.[15] 공공부조의 목적이 빈곤층에게 일정 수준 이상의 소득을 보장하는 것이므로 당연하다. 우리의 기초연금은 다르다. 65세 이상 노인의 70%로 지급 대상의 규모를 먼저 정해놓았다. 그다음 하위 70%에 해당하는 소득이 얼마인지를 조사해서 기준 소득을 정하고, 자산 조사를 통해 수급 여부를 가린다.

먼저 소득 기준을 정해놓고 그에 따라 대상자 규모가 결정되는 것(①)과 대상자 규모를 먼저 정하고 그에 따라 소득 기준이 정해지는 것(②)의 차이는? ①의 경우는 (사회적으로 합의한) 기본 생계 보장에 필요한 소득을 보장할 수 있다. 그러나 ②의 경우는 그렇지 못하다. 미리 대상 규모를 정하기 때문에, 그에 맞춘 소득 기준이 기본 생계 보장 수준에 못 미칠 수도 있고 넘칠 수도 있다. 2022년 기준 우리의 노인 빈곤율은 40%에 못 미친다. 그런데 기초연금은 70%의 노인에게 지급한다. 그래서 기초연금 수급자의 기준 소득은 빈곤선을 훨씬 초과한다. 기준 소득이란 급여 지급의 기준이 되는 소득을 말한다.

2023년 기초연금 수급자 기준 소득은 단독 가구 월 202만 원, 부부 가구 월 323만 원이다.[16] 그래서 수급자 중에는 결코 기본 생계 보장이 필요한 저소득층으로 보기 어려운 사람들이 다

---

15   정확히는 소득뿐만 아니라 재산도 고려한다. 이를 위해서는 재산에 일정 비율을 곱해서 소득으로 환산하여 진짜 소득과 합산하는데 이를 '기준 소득'이라고 한다.

수 포함되어 있다. 예를 들어 대구에 거주하는 노인 부부인데, 공시지가 7억 원인 집을 소유하고 2000만 원 정도의 통장 잔고가 있으며 월 300만 원 정도의 근로 소득을 올린다고 하자. 이런 부부를 저소득 노인 가구라고 하기는 어렵다. 하지만 이분들도 기초연금 수급 대상이다.

지금도 일부 수급자는 결코 저소득층이라고 할 수 없지만, 이런 경향은 앞으로 더욱 심해질 것이다. 초기 베이비 부머 세대는 이미 65세 이상 노인층에 편입되었고, 머지않아 586세대도 노인 집단에 속하게 된다. 베이비 부머와 586세대는 그 이전 세대 노인들과는 여러모로 다르다. 여유 있는 노인들이 훨씬 많다. 그래서 지금처럼 70%의 노인에게 기초연금을 지급하면, 중산층의 상당수가 수급자가 된다. 이는 기초연금의 취지에 부합하지는 않는다. 보건복지부 기초연금 사이트에서는 기초연금에 대하여 이렇게 설명하고 있다.

"지금의 어르신들은 국가 발전을 위해 노력하시고, 자녀를 위해 희생하셨지만 정작 자신의 노후를 준비하지 못하셨습니다. 어르신들의 안정된 노후 생활을 도와드리기 위해 1988년부터 국민연금 제도가 시행되었지만, 제도가 시행된 지 오래되지 않아 국민연금에 가입하지 못하신 분들이 많고, 가입을 하셨더라도 그 기간이 짧아 충분한 연금을 받지 못하시는 분들도 많습니다. (…)

---

16 기준 소득에는 일정액을 초과하는 재산도 소득으로 환산하여 더해진다. 재산을 소득으로 환산할 때는 연 4%의 환산율을 적용한다. 즉 기본 재산액을 초과하는 재산이 1억 원이면, 연 400만 원의 소득이 있는 것으로 간주한다. 한편 근로 소득은 상당 부분 기준 소득에서 제외된다. 그래서 더해지는 것과 감해지는 것을 모두 고려하면, 평균적으로는 실제 소득과 기준 소득의 차이가 크지 않다.

　5장 연금의 노후 소득 보장 기능

현재의 심각한 노인 빈곤 문제를 해결하면서, 미래 세대의 부담을 덜어드리고 노후에 안정된 혜택을 누릴 수 있도록 기초연금 제도를 도입하게 되었습니다."

기초연금의 목적은 자신의 노후를 준비하지 못한 분들, 국민연금 수급권이 없거나 있더라도 연금액이 작은 분들의 노후 생활을 돕고, 노인 빈곤 문제를 해결하기 위한 것이라고 설명하고 있다. 그렇다면 과거에는 모르겠으나, 앞으로도 70%의 노인을 대상으로 하는 것은 적절하지 않다.

물론 전체 노인에게 기초연금을 지급하는 국가도 있는데, 70%에게 지급하는 것이 뭐가 문제냐는 반론이 있을 수 있다. 이의 연장선에서 70%가 아닌 모든 노인에게 기초연금을 지급하자고 주장하는 학자들도 있다. 나는 모든 노인에게 지급하는 것을 지지하지는 않는다. 하지만 70%에게 지급할 바에야 차라리 모든 노인에게 지급하는 것이 낫다고 생각한다. 단, 그 경우는 기초연금의 목적이 달라져야 한다. 그에 따라 국민연금 급여 방식이 바뀌어야 하며 재원 조달 방안도 마련되어야 하는데 이 문제는 6장에서 논의한다.

어쨌든 70%의 노인에게 지급하는 것은 기초연금 취지에는 맞지 않는다는 것, 그리고 저소득층을 위한 연금이면서 수급 대상자 규모를 일정 비율로 미리 정하는 방식은, 다른 국가에서는 볼 수 없는 우리만의 독특한 것이라는 점은 분명하다. 다른 나라에 없는 방식이라는 것 자체는 문제가 아니다. 그게 우리 상황에 적합하면 칭찬할 일이다. 문제는 이 방식이 더 이상 우리 상황에 적합하지 않으며, 오히려 많은 부작용을 낳는다는 데 있다.

연금의 노후 소득 보장은 국민연금만으로 이뤄질 수 없다. 기초연금도 중요한 역할을 한다. 그리고 퇴직연금 역시 중요하다. 이 셋이 중심이 되고 여기에 개인연금 등 사적인 준비가 더해져서 노후 소득 보장이 이뤄져야 한다. 다양한 연금이 함께하는 노후 소득 보장의 효과성을 높이려면 제도 간 정합성이 중요하다. 그래서 향후의 연금 개혁에서는 국민연금 개혁이 우선하겠지만 기초연금과 퇴직연금 개혁도 함께 가야 한다. 즉 국민연금 개혁이 아니라 노후 소득 보장 체계의 개혁이 이뤄져야 한다. 다음 장부터 다룰 내용이다.

기초연금 개혁은 이렇게

국민연금 도입기의 기초연금 논의

5장에서 '70%의 노인'이라는 기준을 지닌 기초연금은 매우 특이한 제도이며 본래의 목적 달성에도 비효율적이고 비효과적이라고 했다. 그렇다면 우리는 왜 이런 제도를 갖게 되었을까? 기초연금이 무슨 연유로 도입되었고 어째서 현재처럼 기묘한 모습이 되었는가를 보자. 이를 이해하는 것은 기초연금의 개혁 방안을 도출하는 데도 필요하다.

기초연금의 전신인 기초노령연금은 2008년에 70%의 노인에게 월 9만 원 정도를 지급하는 것으로 시작했다.[17] 이후 2012년 18대 대통령 선거에서 박근혜 후보는 모든 노인에게 월 20만 원을 지급하는 기초연금으로 확대 개편하겠다고 공약했다. 대통령 당선 후, 모든 노인 지급은 지키지 못했지만, 금액은 20만 원으로 상향되었으며 명칭도 '노령'이 빠진 기초연금이 되어 2014년부터 시행됐다. 이처럼 기초연금은 2000년대 중반 이후에야 도입되었지만, 이의 필요성에 대한 논의는 국민연금이 시작될 당시부터 있었다. 국민연금은 1988년에 10인 이상 사업장 임금근로자를 대상으로 시작했다. 연금 보험료 징수·관리의 용이성 때문에 제한된 범위로 시작했지만, 차차 소규모 사업장과 자영업자(농어촌 포함)도 포함할 예정이었다.

새로운 제도를 도입할 때는 우리보다 앞서 해당 제도를 도입, 운영하는 다른 국가 사례를 참조하기 마련이다. 역사적 이유로 오랫동안 각종 제도 설계에서 우리의 벤치마킹 대상 1순위는 단연 일본이었다. 국민연금 도입 때도 일본 사례를 참조했다. 5장에서 일본은 전 국민 대상의 기초연금과 임금근로자 대상의 후생 연금(소득 비례 연금)으로 나뉘어 있다고 했다. 그런데 이처럼 2층으로 구분된 체계를 갖게 된 것은 1985년 이후이다. 그전까지는 직종에 따라 셋으로 구분된 제도를 지녔다. 이는 민간 기업 종사자 대상의 후생 연금, 공무원·교원 등 특수 직종 종사자 대상의 공제 연금, 그리고 자영업자(농어민 포함)·가족 종사자 등을 대상으로 하는 국민연금이다.[18] 이 셋은 수급 연령, 급여액, 보

---

17 엄밀히 따지면 기초노령연금 역시 어느 날 갑자기 시작된 것은 아니고 전신이 있다. 1991년부터 1998년 초반까지 노령 수당 제도라는 것이 있어서 약 7%의 노인에게 월 1만 원 정도를 지급했다. 이 제도는 1998년 후반부터 경로 연금 제도로 바뀌어 약 15%의 노인에게 월 1만 5000원에서 5만 원까지 지급했다. 노령 수당과 경로 연금은 소수의 저소득 노인에게 약간의 수당을 지급하는 것으로 연금이라고 보기에는 크게 미흡했다.

18 당시 일본의 국민연금은 민간 기업 종사자가 가입하는 후생 연금과 공무원 등 몇몇 직종이 가입하는 공제 연금에서 제외된 사람들을 위한 것이다. 전업주부 등 비경제 활동 집단도 국민연금에 임의 가입할 수 있었다.

험료, 국고 지원 등이 서로 달라서 불공평했다. 게다가 점차 심각해지는 고령화와 함께, 자영업자 감소로 국민연금은 보험료 납입자가 줄고, 후생 연금과 공제 연금은 급여액이 높아져서 연금의 지속 가능성에 적신호가 켜졌다. 그에 따라 지속 가능성을 높이면서 제도 간 불공평을 줄이려는 개혁이 이뤄졌다. 그 결과 국민연금은 기초연금으로 바뀌었다. 그리고 후생 연금과 공제 연금 중 일부는 기초연금으로 통합되었고 일부만 남아서 소득 비례의 후생 연금과 공제 연금이 됐다. 개혁 이전 이들은 정액 부분과 비례 부분으로 이뤄져 있었다. 그런데 정액 부분은 떼어내서 기초연금으로 통합하고 비례 부분만 남겨서 소득 비례 연금으로 된 것이다.

우리의 국민연금은 1988년부터 시행되었지만, 이를 위한 준비 작업은 당연히 훨씬 이전부터 진행됐다. 우리의 국민연금 도입 이전부터 일본의 공제 연금에 해당하는 특수직역연금(공무원 연금, 군인 연금, 교원 연금)은 이미 존재했다. 그래서 우리가 새로 도입하는 연금은 일본의 후생·국민연금에 해당하는 역할을 담당해야 했다. 일본이 임금근로자를 위한 연금과 자영업자·영세 사업장 근로자를 위한 연금으로 분리 운영하는 것의 문제점은 익히 알려진 터라 우리는 둘을 합쳐서 하나의 연금으로 도입했다. 단, 안정된 직장의 임금근로자와 자영업자·영세 사업장 근로자는 보험료 징수 등 관리의 난이도가 매우 다르니, 우선 관리가 수월한 10인 이상 사업장 임금근로자부터 시작한 것이다.

자영업자·영세 사업장 근로자에 대한 보험료 징수 및 관리는 확실히 안정된 직장의 근로자보다 어렵다. 그때보다 징수 관리 인프라가 잘 갖춰져 있고 기술이 훨씬 발전한 지금도 자영업자와 영세 사업장 근로자 중에는 보험료 미납자가 많다. 하물며 30여 년 전에는 오죽했겠는가. 비록 자영업자·영세 사업장 근로자를 점차 포함할 예정이기는 했지만, 과연 사각지대 없이 이들을 순조롭게 편입할 수 있는지에 대해서 회의적인 전문가들이 당연히 있었다. 때마침 일본이 전 국민을 포괄하는 기초연금(국민연금)과 임금근로자만 대상인 소득 비례 연금(후생·공제 연금)으로 개편했던 터라, 우리도 일본처럼 자영업자는 기초연금만 의무 가입하고 임금근로자는 기초연금 위에 소득 비례 연금을 두는 방안을 검토했던 것이다.[19] 하지만 당시에는 막 시작한 국민연금을 정착시키는 데 중점을 두었기에 이 방안은 실현되지 않았다.

기초연금안이 뒷걸음질 친 까닭은

초기의 기초연금 검토가 자영업자·영세 사업장 근로자 등 보험료 징수·관리가 어려운 경제 활동 종사자를 공적연금 체계에 편입하기 위한 목적이었던 데 비해, 이후의 기초연금 논의는 모든 노인을 공적연금에 포괄하는 '1인 1연금'을 위한 목적에서 이뤄졌다. '1인 1연금'의 기초연금 제안은 1997년 국민연금 제도 개선기획단이 제시한 개혁안에 처음 담겼다. 기초연금은 일본처

---

19   정경배·박경숙·박능후, 《국민연금 확대 방안 연구-기초 연금제와 소득 비례 연금제의 일원적 설계》 한국인구보건연구원, 1988. 정경배·박경숙·박능후 《기초연금 제도정책구상과 사업장 확대》. 한국인구보건연구원. 1989. 이 연구에서는 임금근로자 평균 소득 이상의 자영업자도 소득 비례 연금에 의무 가입하는 방안을 제시했다.

럼 보험료 재원의 부과 방식으로 운영하고, 국민연금은 소득 비례 부분만 남기자는 것이었다.[20] 이 제안은 채택되지 않았다. 그 대신 당시 야당인 한나라당이 당론으로 받아들였다.

한나라당이 채택한 기초연금안은 좀 더 급진적이었다. 제도개선기획단 안은 기초연금 재원을 보험료로 마련하는 것이었는데, 한나라당 안은 조세를 재원으로 했다. 급여액도 제도개선기획단 안보다 높아서 A값(가입자 평균 소득)의 20%를 제시했다.[21] 보수인 한나라당이 기초연금을 당론으로 채택한 것은, 아마도 당시 제도개선기획단 위원 중 기초연금을 주장한 학자들이 친 한나라당 성향으로 한나라당에 정책 자문을 하는 위치에 있었기 때문이었을 것이다. 그렇더라도 제도개선기획단 안보다 더 급진적으로 바뀐 이유는 알기 어렵다. 당시 한나라당은 야당이었으므로 재원 마련에 대해 진지하게 고민할 필요가 적었기 때문이었을까.

연금 미수급 노인이 많다는 것, 즉 대규모 사각지대의 존재는 지금도 그렇지만 2000년대 초반에는 더욱 심각한 문제였다. 야당인 한나라당의 기초연금안인 '조세 재원으로 모든 노인에게 A값의 20%(2023년 기준 월 57만 원) 지급'은 사각지대를 해소하는

---

20   정확히 말하면, 1인 1연금의 기초연금은 제도개선기획단에서 검토한 몇 가지 대안 중 하나였다. 최종안에서는 기존 국민연금의 균등 부분과 비례 부분을 각각 기초연금과 소득 비례 국민연금으로 분리하는 것으로 수정됐다. 즉 1인 1연금이 아니라 단지 국민연금을 쪼개는 것이었다. 국민연금을 쪼개는 이유로, 향후 기초연금은 1인 1연금으로 개편할 수 있다는 것, 소득 비례 국민연금은 기업 연금(퇴직연금) 가입자의 경우 적용 제외할 수 있다는 것 등 여건 변화에 신축적으로 대응할 수 있다는 것을 들었다. 수정안은 당장은 장차의 제도개혁이 용이하게 틀만 바꾸자는 것으로 완화된 것이었지만 역시 받아들여지지 않았다.

21   제도개선기획단 안은 40년 가입 기준으로 A값의 16%였다.

데 강력한 대안인 점은 분명했다. 하지만 재원 마련이 문제였다. 그래서 논란을 거듭한 끝에 2008년부터 노인의 70%에게 A값의 5%(당시 기준 9만 원, 2023년 기준 14.3만 원)를 지급하는 기초노령연금 도입으로 귀결됐다.

모든 노인에게 지급하면 돈이 많이 들뿐더러 왜 부유한 노인까지 세금으로 지원하느냐는 비판이 나올 것이므로 일부에게만 지급하는 것은 이해할 수 있다. 그런데 왜 당시 노인 빈곤율 수준인 45% 혹은 반올림한 50%도 아니고 하필 70%인가는 궁금하다. 이에 대해서는 몇 가지 설이 있다. 그중 하나는 당시 노인 중 국민연금 수급률이 약 30%로서 연금 사각지대에 놓인 노인이 70%라서 그랬다는 것이다. 또 하위 소득 70%로 해야 농촌 노인의 대다수를 포함할 수 있어서 그랬다는 설도 있다. 또 다른 것으로 모두에게 지급한다고 했다가 대상을 줄이게 되었는데, 그렇다고 절반 이하로 줄이면 너무 후퇴한 것이니 마지노선을 절반 이상으로 정하고, 처음에는 60%로 했다가 막판에 그래도 2/3 이상은 해야겠다는 주장이 힘을 얻어서 70%가 됐다는 설도 있다. 정확한 이유는 알기 어렵지만, 어쨌든 분명한 철학이나 상세한 실태 조사와는 상관없이 정치적으로 결정된 것이라고 보면 될 것 같다.

당시 기초노령연금이 도입된 데는 국민연금 소득 대체율 삭감도 영향을 미쳤다. 2007년에 국민연금 급여를 대폭 깎는 개편이 이뤄졌다. 기존 60%였던 소득 대체율을 당장 10% 포인트 낮추고 이후 20년에 걸쳐 10% 포인트를 더 낮춰서 40%가 되도록 했다. 그래서 이러한 대폭 급여 삭감의 반대급부로 기초노령연금

의 수용성이 높아진 것이다.[22]

　2012년 18대 대통령 선거에서 박근혜 후보가 내건 '모든 노인에게 월 20만 원 지급' 공약은 중고령층의 표를 얻는 데 제법 도움이 됐다고 한다.[23] 비록 당선 뒤에는 모든 노인 대신 종전대로 70%에게 지급했지만 말이다. 이때 도입된 기초연금은 이전의 기초노령연금과는 달리 '국민연금 연계 감액'이라는 규정을 두어서 논란이 됐다. 이는 국민연금 장기 가입자는 가입 기간에 따라 최대 절반까지 급여가 깎이도록 한 것이다. 3장에서 논의했듯 국민연금은 낸 것보다 훨씬 많이 받는다. 국민연금을 수급하면서 기초연금도 받으면 정부로부터 이중의 혜택을 받는 셈이 된다. 국민연금 연계 감액은 이러한 혜택의 중복을 막기 위한 것으로 나름의 합리성은 있다. 그런데 실제 이 규정 때문에 급여가 줄어든 사람은 많지 않다. 하지만 인원이 적더라도 깎이는 사람은 기분 나쁜 것이 사실이고, 국민연금 가입 유인을 떨어뜨린다는 비판을 받게 됐다.

　이후 대통령 선거 때마다 후보들은 기초연금 급여액 인상을 공약했다. 문재인 대통령은 기초연금 30만 원을 공약했고 실제

22　기초노령연금 도입 목적에 대해서는 당시 논의해 참여했던 집단 간에 견해가 엇갈린다. 본문의 견해는 주로 당시 기초노령연금 도입에 합의한 노동계와 시민 단체의 입장에 해당한다. 이들은 국민연금 소득 대체율을 40%로 내리고, 기초노령연금 급여율은 10%까지 높여서 최종적으로 50%의 소득 대체율을 확보하는 것으로 이해했다. 이에 비해 정부 측은 국민연금이 성숙할 때까지의 경과 조치로 이해하여, 국민연금 수급률이 높아짐에 따라 점차 축소하는 것으로 이해했다. 그리고 일부 학자는 완전한 전 국민 대상 기초연금으로 가기 위한 중간 단계로 이해했다고 한다. 기초연금 도입 과정에 대해서는 다음 논문을 참조했다. 석재은, 〈기초 연금 도입과 세대 간 이전의 공평성〉, 《보건사회연구》 35(2), 2015, 64~99쪽.

23　박근혜 대통령 후보가 전 국민 기초연금을 공약으로 내세운 데는 1997년 국민연금 제도개선기획단의 전 국민 기초연금 안을 제시한 학자가 당시 박근혜 대통령 후보 캠프의 주요 멤버 중 일인이었던 것이 크게 작용했을 것 같다.

30만 원으로 높였다. 윤석열 대통령은 40만 원을 공약했다. 이 글을 쓰는 2023년 중반까지는 실현되지 않았지만 향후 어찌 될지는 모를 일이다.

70%의 어정쩡함, 그리고 대안들

정책·제도 연구에서 흔히 사용하는 용어로 '경로 의존path dependency'이라는 것이 있다. 어떤 정책이나 제도가 일단 도입되면, 이후의 발전은 애초에 성립한 정책·제도의 틀 안에서 점진적으로 이뤄진다는 것이다. 그래서 일단 형성된 정책·제도가 많은 문제점을 지녔더라도, 이 틀을 깨고 전혀 다른 정책·제도로 바뀌는 급진적인 변화는 쉽지 않다는 얘기다. 지극히 상식적인 얘기다. 물론 '혁신적인pathbreaking'이라는 용어가 있듯이 경로 파괴적인 변화가 아예 불가능하지는 않겠지만, 무척이나 어렵다는 것은 익히 알고 있는 일이다.

70%라는 지급 대상 기준이 타당한 논리나 근거 없이 설정된 것이고, 특히나 노인의 경제력이 과거보다 상당히 높아진 지금 그리고 더욱 높아질 미래에는 부적절하다는 것, 그래서 바꿔야 한다는 데는 대부분이 동의할 수 있을 것이다. 문제는 어떻게 바꿔야 하느냐인데 이건 좀 까다롭다. 70%의 노인이 수급하고 있는 현실에서 기득권을 침해하기는 쉽지 않기 때문이다. 그렇더라도 손 놓고 있을 수는 없으니, 경로 의존적이든 경로 파괴적이든 바꾸긴 해야 할 터이다. 그렇다면 어떤 대안들이 논의되고 있는

6장 기초연금 개혁은 이렇게

지 살펴보자.

5장에서 연금의 소득 보장 기능을 기본적인 소득 보장과 그 이상의 소득 보장으로 구분했다. 그리고 다른 국가의 기본 보장 유형은 모든 노인에게 기초연금을 제공하는 방식과 최저 소득(연금)을 보장하는 방식으로 나눌 수 있다고 했다. 그래서 우리 기초연금의 부적절성을 고치는 대안으로는 이 두 방식이 제안되고 있다. 각각에 대한 구체적인 내용은 다음과 같다.

첫 번째 대안은 70%가 아니라 100%, 모든 노인에게 지급하는 것이다. 그리고 급여액도 현행보다 높여서 최소한의 노후 생계 보장 역할을 담당하게 하자는 것이다. 아울러 기초연금을 지급하는 다른 국가들이 2층의 소득 비례 연금을 통해 그 이상의 소득 보장을 하는 것처럼, 우리도 국민연금을 소득 비례 연금으로 바꾸어 퇴직연금과 함께 그 이상의 소득 보장을 담당하게 하자고 한다. 그리고 국민연금의 소득 비례 연금 전환은 일본과 유사한 방식을 따르자고 한다. 전술했듯 일본의 후생 연금도 원래는 우리의 국민연금처럼 균등 부분과 비례 부분으로 이뤄져 있었다. 그런데 기초연금을 도입하면서 균등 부분은 떼어내서 기초연금으로 통합하고 비례 부분만 남겼다. 이와 마찬가지로 우리의 국민연금도 균등 부분은 떼어내서 기초연금으로 통합하고 비례 부분만 남기자는 것이다.[24]

이처럼 공적연금을 모두에게 균등한 기초연금과 소득 비례의 국민연금으로 구성할 때, 기초연금 급여액은 대략 A값(국민연

---

24 균등 부분을 완전히 떼어내는 대신 일부를 남김으로써 약간의 소득 재분배 기능은 남겨두자는 의견도 있다.

불편한 연금책

금 가입자 평균 소득)의 15~20%가 되도록 하고 국민연금의 소득 대체율은 20~30% 정도가 되게 하자고 한다. 그래서 둘을 합쳐서 45% 내외의 소득 대체율을 유지하게 하자고 한다. 참고로 2023년의 A값은 286만 원이므로 15%면 43만 원, 20%면 57만 원이 된다.

두 번째 대안은 기초연금 지급 기준을 '노인의 몇 %' 대신 '일정 소득 이하'로 변경하고, 본인 소득이 낮을수록 지급액이 높아지는 최저 소득 보장으로 바꾸자는 것이다. 소득 기준을 OECD 빈곤율 기준인 중위 소득 50%로 하더라도 대상 노인은 절반에 훨씬 못 미쳐서 현행보다 수급 인원이 대폭 줄어든다. 인원이 준 만큼 정말 빈곤한 노인에게는 현행보다 높은 급여 지급이 가능하다.[25]

①모든 노인에게 기초연금 지급+국민연금의 소득 비례 연금 전환, ②모든 노인의 최저 소득 보장. 독자 여러분은 두 대안 중 어느 쪽을 지지하는가? 나는 두 대안 중 어느 쪽을 선택하든 현행의 70% 기초연금 지급보다는 낫다고 생각한다. 단, 두 대안 중 하나를 선택한다면 ②를 선택하겠다.

대안 ①의 지지 여부에는 대안의 효과성·효율성에 대한 판단 이외에 복지에 대한 자신의 철학이 상당히 개입한다. 이는 수년 전 논쟁이 되었던 기본 소득에 대한 찬반론과 유사한 측면이 있다. 모든 노인을 경제력에 상관없이, 묻지도 따지지도 않고 지

---

25   반면에 기준 소득에 약간 미달하는 경우는 현행보다 급여액이 감소할 수 있다. 최저 소득 보장에서는 본인 소득이 있으면 급여액이 깎이기 때문이다. 현행 기초연금도 본인 소득액에 따라 급여액이 깎이기는 하지만, 엄격하게 적용하지는 않는다. 최저 소득 보장이 되면 현행보다 엄격히 적용할 것이다.

원하는 것이기 때문이다. 물론 대상을 노인으로 한정했다는 점에서 기본 소득과는 다르다. 일단 노인은 자의든 타의든 경제 활동을 계속하기 어려운 사람이 많다. 나아가서 오랫동안 경제 활동을 하고 세금을 냈으므로, 혹은 미래의 근로 세대를 낳고 키웠으므로, 그에 대한 예우로 노후에는 국가로부터 연금을 받을 자격이 있다고 할 수 있다. 그래서 왜 놀고먹으려는 게으름뱅이까지 국가가 지원하느냐는 기본 소득에 대한 비난과는 상관없다. 하지만 왜 스스로 충분히 잘 먹고 잘사는 노인들까지 국가가 지원하느냐는 비판에서는 자유롭지 못하다.

기본 소득 찬성론자는 당연히 대안 ①을 지지할 것이다. 그뿐만 아니라 이념적으로 기본 소득을 지지하지 않는 사람 중에도 찬성할 사람이 제법 될 것이다. 하지만 여전히 '모든 노인'이라는 것 때문에 반대하는 사람도 꽤 있을 것이다. 어쨌든 여기서는 대안 ①의 철학이 아닌 실용적인 측면만을 평가하자.

대안 ①의 장점 중 하나는 국민연금 급여액을 줄이고 소득 비례로 전환한다는 것이다.[26] 가입자 평균 소득 기준으로, 국민연금 급여액에서 균등 부분과 비례 부분의 크기는 절반씩 차지한다. 그래서 균등 부분을 떼어내고 비례 부분만 남기면 급여액은 절반으로 줄어든다. 국민연금의 수익비는 2, 즉 낸 것보다 두 배

---

[26] 대안 ①에서 현행보다 저소득 노인의 소득 보장이 강화될 수 있다. 저소득 노인 중 국민 기초 생활 보장 급여를 받지 못하며, 국민연금 수급액도 많지 않은 사람은 현행보다 기초연금 급여액이 높아지므로 소득이 늘어난다. 이는 현행에 비하면 장점이겠지만 대안 ②와 비교하면 아니다. 저소득 노인의 소득 보장은 대안 ②에서 더 강하게 이뤄질 수 있기 때문이다. 한편 대안 ①에서는 상위 30%에 속하면서 국민연금을 수급하지 않거나 수급액이 작은 사람의 소득도 증가할 수 있다. 하지만 기초연금의 목적은 빈곤 방지인데, 상위 30% 계층의 소득 증대를 장점이라고 하기는 어렵겠다.

정도 받는다고 했다. 급여액이 절반이 되면 낸 것만큼 받는 것이 된다. 물론 비례 부분만 남기더라도 꼭 급여액을 절반으로 줄여야 하는 것은 아니다. 절반보다 덜 줄여서 비례 부분의 소득 대체율을 25% 정도로 할 수도 있다. 이 경우 수익비는 1보다 약간 크다. 하지만 보험료율을 약간만, 가령 3% 포인트만 높여도 수익비 1을 맞출 수 있다. 이 정도의 인상은 그다지 부담되지 않는다.

물론 보험료율을 약간만 높여도 된다는 것이 지속 가능성 문제를 해결할 수 있다는 것은 전혀 아니다. 보험료율은 조금 높여도 되지만 대신 조세 부담이 훨씬 커지기 때문이다. 현행 기초연금 지급액은 A값의 11% 정도이다. 이를 20%로 높이고 대상도 100%로 확대하면 기초연금 지출은 현행의 2.6배가 된다.[27] 현재 고령화율은 18% 정도지만 2050년에는 40%가 넘게 된다. 그럼 2050년의 기초연금 지출은 현행의 5.3배가 된다.[28] 현행 기초연금 지출액이 2023년 기준 22조 원인데 2050년에는 현재 가치로 따져서 120조 원이 된다는 얘기다.

재원 조달 측면에서 보자면, 이 대안은 공적연금 재원을 너무 보험료에만 의존하지 말고, 조세와 보험료가 분담하자는 것이다. 국민연금은 미수급권자도 있고 수급권자라도 40년을 꼬박 채우는 경우는 드물다. 따라서 국민연금 소득 대체율이 명목상으로는 더 높더라도, 총지출 규모는 기초연금이 더 많을 것 같다.

공적연금 재원을 보험료로 충당하는 것과 조세로 충당하는

---

27 100% 기초연금에서는 연계 감액이나 부부 감액 등이 없으므로 이를 고려하면 지출 규모는 더 커진다.

28 고령화율만 보면 5.8배가 되어야겠지만, 2060년의 대한민국 인구는 2023년보다 줄어서 4300만 명 정도로 추계된다. 그래서 노인 인구 규모로 계산하면 5.3배가 된다.

6장 기초연금 개혁은 이렇게

것의 차이는? 국민연금 보험료는 임의 가입을 제외하면 경제 활동을 하는 근로 세대가 낸다. 조세도 경제 활동을 하는 근로 세대가 더 많이 내겠지만, 아닌 사람도 낸다. 또 보험료는 근로로 창출된 소득(자영업자 소득 포함)에만 부과하지만 조세는 모든 소득 및 재산, 그리고 소비에 부과한다. 공적연금을 비롯해서 고령화 대비에 필요한 재원 규모는 엄청나다. 이를 근로와 자영업 소득에만 의존하는 것보다는 대상을 넓히고 부과 원천을 다양화하는 게 더 바람직하다.

　나는 향후 고령화 대비 재원의 상당 부분은 조세로 충당할 수밖에 없다고 생각한다. 하지만 공적연금 지출의 절반 이상을 조세에 의존하자는 대안 ①에는 찬성하기 어렵다. 공적연금이 아니라도 조세 재원으로 해야 할 복지 정책은 많다. 공적연금은 노후 대비 저축 성격이 강하다. 그렇다면 본인의 근로 시절 저축을 통해 급여 지출 재원을 마련하는 게 원칙이 되어야 한다. 그런 의미에서 공적연금의 재원은 보험료가 주된 역할을 하고 조세는 보완 역할을 하는 게 맞는다고 생각한다. 공적연금에서 조세 역할에 관해서는 9장에서 상세히 논의한다.

　기초연금 급여를 높이고 국민연금 급여를 낮추면, 국민연금 사각지대가 더 커질 수 있다는 것도 걱정된다. 국민연금은 현재도 미수급권자가 많고 가입 기간이 짧아서 급여액이 적다. 그런데 기초연금을 확대하고 국민연금을 축소한다면 어찌 될까. 현행보다 사각지대가 줄어들 리는 없다. 일반적인 임금근로자는 어차피 보험료를 원천 징수하므로 별 영향이 없을 것이다. 하지만 영세 자영업자, 불안정 근로자, 임의 가입자의 국민연금 가입 유인은 확연히 떨어질 것이다. 그러면 우리의 공적연금은 기초연금이 주된 역할을 하고 국민연금은 보완적인 역할을 담당하게 된다. 나는 찬성하지 않는다.

대안 ①은 경로를 완전히 바꾸는 것이다. 그래서 전환 비용이 크다. 내년부터 이 대안, 즉 '모든 노인 지급과 급여 인상'을 실행한다고 하자. 그리되면 현재는 기초연금을 받지 않던 상위 30%에 해당하는 분들도 수급하는데 이중의 다수는 상대적으로 높은 액수의 국민연금을 수급하던 분들이다. 이분들은 그야말로 제대로 된 이중 혜택을 누린다. 40년쯤 지나서 모든 국민연금 수급자가 대폭 깎인 소득 대체율의 비례 부분만 수급하면 문제가 없다. 하지만 그전까지 이중 혜택 문제는 살아 있다.[29] 게다가 이 대안을 실행하면 보험료를 높이기 어렵다. 잘해야 지금보다 2~3% 올릴 수 있다. 들어오는 보험료 수입이 적으므로 연금 기금이 빨리 소진된다. 2023년 재정 추계에 따르면 현행 9% 보험료를 그대로 유지했을 때 2050년대 중반에 기금이 고갈된다. 그전에 보험료를 올려서 소진을 막아야 하는데, 이 대안에서는 충분한 보험료 인상이 불가능하다. 그래서 2050년대 중반은 아니라도 그보다 얼마 뒤에는 기금이 고갈된다.

이 대안이 이중 혜택 논란에서 벗어나고 재정의 지속 가능성을 달성하려면 현행 수급자의 급여 (및 현행 가입자의 미래 급여)를 절반 가까이 삭감해야 한다. 아니면 현행의 국민연금 연계 감

---

29   공무원 연금 등 특수직역연금 수급자에게도 기초연금을 지급할 것인지도 문제가 된다. 현행은 이들에게는 지급하지 않지만, 100% 지급이라면 이들에게도 지급해야 할 것이다. 그리되면 이중 혜택 문제는 더 심각해진다.

액을 훨씬 강화해야 한다.[30, 31] 어느 쪽이든 쉽지 않다. 기초연금을 처음 도입할 때 이 방식을 채택했다면, 국민연금 균등 부분을 떼어내서 기초연금화하고 이를 모든 노인에게 지급하는 것으로 했다면 전환 비용이 적었을 것이다. 하지만 노인의 70%에게 30여만 원의 기초연금 지급이 고착되고, 국민연금도 제법 성숙한 지금 시점에서 '모든 노인 기초연금 지급 및 국민연금 급여 축소·소득 비례 연금화'는 내용에 대한 찬반을 떠나서 전환 비용이 너무 크다.

대안 ①이 경로를 확 바꾸는 급진적인 것인 데 비해, 기초연금을 최저 소득 보장으로 바꾸는 대안 ②는 경로 의존적이며 점진적이다. 기초연금의 목적이 노인 빈곤 방지를 위한 일정 수준의 생계 보장인 만큼 수급 기준은 일정 소득이 되어야 함이 마땅하다. 그래서 현행의 '노인 70%' 기준을 '일정 소득 이하'로 바꾸는 것이 본래 목적에 충실한 것이 된다.

문제는 전환 과정에서 손해 보는 사람이 생기면, 이들을 어떻게 할 것이냐다. 일정 소득의 기준을 OECD 빈곤선 기준인 중위 소득의 50%로 한다면 수급 노인 규모는 70%보다 대폭 줄어든다. 2023년 기준으로 중위 소득의 50%면 1인 가구는 월 104만 원, 2인 가구는 월 173만 원이다. 그런데 2023년 기초연금 지급 기준, 즉 노인 중 하위 70%의 기준 소득은 1인 가구 월 202만 원,

---

30 연계 감액은 기초연금 급여액을 줄이는 것이므로 국민연금 급여 지출 규모는 변하지 않는다. 그러면 결국, 국민연금 기금이 소진된다.

31 어떤 학자는 상위 소득 계층에게 지급한 기초연금을 소득세로 환수하면 된다고 한다. 연금도 소득이니만큼 소득세를 매기는 것 자체는 타당하다. 하지만 이를 통해 기초연금을 얼마나 환수할 수 있을까? 소수의 노인에게 소액만 환수 가능할 것이다. 절대로 이중 혜택 문제를 해결할 만큼 환수할 수 없다.

2인 가구 월 323만 원으로 중위 소득 50%보다 훨씬 높다.[32] 그래서 기초연금 지급 기준을 갑자기 중위 소득 50%로 바꾸면 기존 수급자 중 탈락자가 대거 발생한다. 정치적 부담이 너무 큰 탓에 실행할 수 없다.

가능한 방법은 지급 기준을 소득으로 변경하고, 기준 소득을 서서히 낮춰서 최종적으로 빈곤 노인만 대상이 되도록 하는 것이다.[33] 가령 현행 노인 70%에 대응하는 기준 소득부터 시작해서 서서히 줄여나감으로써 나중에는 중위 소득 50%에 맞추는 것이다. 이번 정부는 기초연금 급여를 40만 원으로 인상하겠다고 했다. 향후 기초연금을 최저 소득 보장으로 전환할 계획이라면, 기초연금 급여 인상을 이와 연계하는 게 바람직하다. 즉 70% 노인 모두의 급여를 일괄 인상하는 대신, 중위 소득 40% 등의 기준 소득을 정하고 이에 해당하는 노인들에게만 인상된 급여를 제공하는 것이다. 이처럼 기초연금 지급을 차등화하면, 최저 소득 보장으로의 전환이 좀 더 원활하게 진행될 수 있다. 또한, 그 자체로서 노인 빈곤 문제에 더욱 효율적이며 효과적인 대응이 된다.

최저 소득 보장 기초연금으로 전환된 뒤에는 국민기초생활

32 　물론 기초연금 지급 기준이 되는 기준 소득과 실제 소득은 다르다. 기준 소득은 일정액을 초과하는 재산은 소득으로 환산해서 더한다. 대신 근로 소득은 상당 금액을 빼준다. 이러저러한 것을 고려하면, 평균으로는 기준 소득이 실제 소득보다 작을 것 같지는 않다.

33 　만일 지급 기준을 본인 '소득'이 아니라 국민연금을 포함한 공·사 '연금 급여'로 하면 최저 소득 보장이 아니라 스웨덴처럼 최저 연금 보장이 된다. 하지만 이런 최저 연금 보장은 우리 실정에 맞지 않는다. 연금은 없어도 높은 임대소득을 올리는 건물주 노인분에게까지 최저 연금을 보장할 필요는 없을 것이기 때문이다. 그보다는 현행 기초연금처럼 기준 소득을 정할 때 근로 소득에 대해서 상당 부분 공제하는 것이 더 타당하다.

보장 제도와의 역할 구분이 필요할 것이다.[34] 국민기초생활보장 제도의 목적은 모든 국민에게 일정 수준 이상의 소득을 보장하는 것으로 최저 소득 보장 기초연금의 목적과 일치한다. 목적이 동일하므로, 대상에 따라 적용하는 제도를 구분해서 최저 소득 보장 기초연금은 노인 대상, 국민기초생활보장 제도는 비노인 대상으로 구분하는 게 좋겠다.[35]

이처럼 노인과 비노인에게 적용하는 제도를 분리하면, 대상 특성에 따라 적합한 수급 기준을 설정할 수 있다. 예를 들어 노인 집단은 비노인 집단에 비해 소득은 낮은 대신 내 집 보유율은 높다. 따라서 노인의 경우는 비노인보다 자가 소유 재산 기준을 완화할 수 있다.[36] 또한, 국민기초생활보장 생계 급여 지급 대상은 기준 중위 소득의 30% 이하인데, 기초연금에서는 중위 소득 40%나 50%처럼 더 높일 수 있다. 그리고 현행 기초연금처럼 더

34　현행 기초연금에서는 국민기초생활보장 급여와의 중복 문제 때문에 소위 '줬다 뺏는 기초 연금' 논란이 존재한다. 이는 국민기초생활보장 생계 급여액을 산정할 때 기초연금 수급액 만큼 제외하는 것을 문제 삼은 것이다. 생계 급여는 (생계 급여 이외의) 소득이 일정 수준에 미달하면 미달액만큼 지급한다. 따라서 기초연금 수령으로 소득이 높아지면 그만큼 제외하는 것이 당연하다. 하지만 생계 급여 수급자 입장에서는 불공평하다고 느낄 수 있다. 자기보다 잘사는 생계 급여 비수급자는 기초연금을 받는데 가난한 자기는 못 받으니 말이다. 이는 기초연금과 국민 기초생활보장제도가 둘 다 빈곤 방지를 목적으로 하면서, 역할 구분이 명확히 이뤄지지 않았기 때문이다. 현행 기초연금이 최저 소득 보장으로 전환되면, 둘의 역할 구분은 더욱 필요하다.

35　이렇게 되면 기초연금은 연금보다는 공공부조에 가까워진다. 하지만 어느 범주에 속하든 무슨 상관이랴. 중요한 것은 최저 생계 보장, 혹은 빈곤 방지 목적을 제대로 달성하는 것이다. 아, 기초연금이라는 이름도 바꿔야 할지 모르겠다.

36　한편, 현행 국민기초생활보장 생계 급여에는 부분적으로 부양 의무자 기준이 적용된다. 즉 수급권자의 부모나 자녀 가구의 연 소득이 1억 원을 초과하거나 재산이 9억 원을 초과하면 부양 의무자 기준이 적용된다. 하지만 최저 소득 보장 기초연금에서는 이러한 부양 의무자 기준을 적용하지 않을 수도 있다.

관대한 근로 소득 공제를 적용할 수도 있다.[37]

최저 소득 보장과 국민연금 연계

70% 노인인 지급 대상을 줄여서 빈곤 노인에게만 지급하면 급여를 높여도 현행보다 재정이 절감된다. 돈은 적게 들면서 노인 빈곤 해결에는 더 효과적이니 일석이조다. '노인 빈곤 방지'만 고려하면 확실히 그렇다. 그런데 이쯤에서 의아한 생각이 드는 독자도 있겠다. 국민연금 급여액은 빈약하다. 3장에서 봤듯 국민연금만의 소득 대체율은 다른 OECD 국가들보다 매우 낮다. 게다가 미수급권자가 많고, 가입 기간이 짧아서 수급권자의 급여 수준은 명목상의 소득 대체율을 한참 밑돈다. 이런 상황에서 빈곤선 이상 소득 집단의 기초연금 지급을 중단하면, 이들의 노후 소득은 그만큼 떨어진다. 비록 빈곤은 면했더라도 상당히 팍팍한 생활을 해야 할 텐데, 이들을 나 몰라라 하는 게 온당하냐는 의구심이 들 것이다.

연금의 목적은 두 가지다. 하나는 생계 유지를 위한 최소한의 소득 보장이며, 또 하나는 그 이상의 소득을 보장함으로써 근로 시기 생활 수준을 노후에도 유지하게 하는 것이다. 현행 기

---

37 상당히 큰 액수의 근로 소득을 공제해 준다는 점은 최저 소득 보장 기초연금과 국민기초생활 보장 제도 생계 급여와의 중요한 차이다. 생계 급여는 근로 소득의 30%만 공제해 준다 (단, 75세 이상 노인은 20만 원 공제 후, 나머지에 대해 30% 공제). 즉 근로 소득이 50만 원 있으면 생계 급여는 35만 원이 감소한다. 하지만 기초연금에서는 근로 소득 108만 원까지는 급여 감소가 없다.

초연금을 최저 소득 보장으로 전환하는 것은 최소한의 소득 보장을 보다 효율적·효과적으로 하기 위함이다. 하지만 여기서 그친다면 반쪽의 목적만 달성하는 것이며, 현행보다 '그 이상의 소득 보장' 기능은 약화된다. 그리되도록 놓아둘 수는 없다. 마땅히 '그 이상의 소득 보장' 기능 강화와 연계되어야 한다.

기초연금을 최저 소득 보장으로 전환하는 것은 기초연금과 국민연금의 역할을 명확히 구분해서, 기초연금은 최소한의 소득 보장을 담당하고 국민연금은 그 이상의 소득 보장을 담당하게 하는 것이다. 기초연금이 최소한의 소득 보장 기능을 효율적·효과적으로 달성하도록 개편한다면, 국민연금도 '그 이상의 소득 보장' 기능을 제대로 달성하게끔 개편해야 한다.

'그 이상의 소득 보장' 기능을 강화하려면, 국민연금을 어떻게 개편해야 할까. 내가 생각하는 대안은 국민연금 가입자를 확충하고 가입 기간을 대폭 늘리는 것이다. 그래서 대부분 노인이 국민연금 수급권을 갖고, 수급권자의 가입 기간도 앞서 봤던 유럽 국가들에 버금가도록 하는 것이다. 왜 나는 국민연금 소득 보장 기능 강화 대안으로 가입률 제고와 가입 기간 확대를 제시하는지, 다른 대안과 비교해서 장점은 무엇인지에 관해서는 7장에서 상세하게 논의한다.

이번 장을 마치기 전에 한 가지 분명히 할 것이 있다. 현행 기초연금을 최저 소득 보장으로 전환하는 것은 당장 이뤄지는 게 아니라는 점이다. 현행 기초연금을 내년부터 최저 소득 보장으로 전환하더라도, '노인 70%'인 대상 규모는 서서히 감축된다. 상당한 시간이 지난 뒤에야 빈곤 노인만 대상이 된다. 이게 중요한 건 '국민연금 가입률 제고와 가입 기간 확대' 역시 상당한 시간이 지나야만 효과가 나타나기 때문이다. 이는 현행 연금 수급권자와는 상관없으며, 보험료 납입 기간이 상당히 남은 가입자라야 효과를 볼 수 있다. 그래서 빈곤층은 아니지만 아주 여유롭지도 않은 노인분들에 대한 지원은 상당 기간 기초연금이 담당할 필요가 있다. 하지만 점진적으로 기초연금 지급 대상을 줄이는 정책과 미래 국민연금 수급자를 늘리고 수급액 높이는 정책을 함께 취함으로써, 기초연금과 국민연금으로 구분된 우리의 공적연금은 '최소한의 소득 보장'과 '그 이상의 소득 보장' 기능을 더욱 효율적이며 효과적으로 수행할 수 있다.

국민연금 강화 대안

연금 개혁이 화두가 된 이유

이 책을 집필하는 동안, 그러니까 2022년 중반부터 2023년 중반까지 연금 개혁 논의가 활발했다. 그 이유로는 몇 가지를 꼽을 수 있다. 2022년 봄에 윤석열 정부가 들어섰는데, 연금 개혁은 윤석열 대통령의 공약이었다는 것도 그중 하나겠다. 당시 연금 개혁은 윤 대통령뿐만 아니라 모든 후보의 공통 공약이었다. 모든 후보가 연금 개혁을 공약한 것은, 그만큼 연금 개혁이 중요하고 시급했기 때문일 것이다.

윤석열 정부가 3대 개혁 과제(노동, 연금, 교육)의 하나로 내세웠지만 과거에도 연금 개혁이 이슈였던 적은 여러 차례 있었다. 5년 전인 2018년에도 연금 개혁은 이슈였다. 그보다 10년 전인 2008년에도 연금 개혁은 이슈였고, 실제로 큰 폭의 개혁이 이뤄져서 국민연금 소득 대체율이 낮아졌고 기초(노령)연금이 도입됐다. '5년 전, 10년 전'에서 눈치챈 독자도 있겠지만, 연금 개혁 이슈는 5년마다 주기적으로 등장한다. 왜냐면 국민연금법의 규정 때문이다. 2장에서 언급했듯 국민연금법은 5년마다 국민연금 재정 추계 결과를 발표하고 재정 안정화를 위해 필요한 조치를 하라고 규정하고 있다. 2003년에 첫 추계가 이뤄졌으니, 이후 끝자리가 3과 8인 해마다 추계 결과와 필요한 조치를 발표하게 됐다.[38]

재정을 추계하고 필요한 조치까지 마련하려면 1년 남짓 걸린다. 그래서 재정 추계와 필요한 조치 구상은 결과 발표 1년 전에 시작한다. 우리의 대통령 임기는 5년이며 5월에 취임한다. 취임 초기의 어수선함이 지나면, 곧바로 재정 추계를 시작할 때가 된다. 공교롭게도 새 정부 시작 주기와 국민연금 재정 추계 주기가 맞아떨어진다. 이번에도 취임하고 몇 개월 지난 2022년 가을에 재정 추계가 시작했다. 5년 전에도 그랬으며 앞으로도 계속 그럴 것이다.

5년마다 행하는 재정 추계와 필요한 조치 강구는 보건복지부 소관이다. 5년 전인 2018년 가을에도 보건복지부는 국민연금 재정 추계 결과를 발표하고 대안을 제시했다. 2장에서 봤듯이 국민연금 개혁안에 대해 당시 위원회 참여 전문가들의 의견은 둘로 나뉘었다. 결국, 합의 도출에 실패하고 가안과 나안이라는 이름의 두 개 안을 발표했다. 가안은 소득 대체율을 45%로 높이되, 보험료율 2% 포인트를 즉각 인상하는 것이었고, 나안은 소득 대체율은 그대로 두고 보험료만 향후 10년간 점진적으로 4.5% 포

---

38   2008년의 연금 개혁은 엄밀히 따지면 재정 추계 결과 발표 이전에 이뤄졌다. 하지만 연금 개혁이 이뤄진 계기가 5년마다 해야 하는 재정 추계 결과 발표와 시정 조치 때문인 것은 맞다.

7장 국민연금 강화 대안

인트 높이는 것이었다. 현행 국민연금 소득 대체율은 2028년 이후 40%로 예정되어 있다. 가안은 이를 5% 포인트 더 높이자는 것이다. 보험료율 2% 포인트 인상은 소득 대체율 5% 포인트 인상을 충당하기에도 빠듯해서 장기적인 재정 안정화에는 도움이 안 되는 안이다. 나안은 재정 안정화에는 도움이 되지만 노후 소득 보장 강화에 대한 고려는 없다. 정리하면 연금이 갖춰야 할 두 조건 중 가안은 노후 소득 보장 강화만 개선하자는 것이고 나안은 지속 가능성만 개선하자는 안이다. 둘 중 어느 안도 채택하지 않은 채, 아니 기존 제도를 전혀 건드리지 않은 채 5년이 지났고, 다시 연금 개혁을 논의하게 된 것이다.

이번에는 워낙 큰 이슈가 된 탓에 보건복지부와는 별도로 국회에서 연금 개혁 특위를 구성했다. 그런데 여기서도 5년 전 논쟁이 되풀이됐다. 위원회에 참여한 전문가들의 의견은 소득 대체율을 올리자는 쪽과 보험료율을 올리자는 쪽으로 양분됐다. 이번에도 소득 대체율을 높이자는 쪽은 소득 대체율 상향 폭을 커버하는 정도로 소폭의 보험료율 인상을 제시했다. 보험료율 올리자는 쪽은 이번에는 6% 포인트를 점진적으로 높여서 15%가 되게 하자고 주장했다. 5년 전보다 1.5% 포인트 높아진 것은, 5년을 그냥 보낸 탓에 지속 가능성이 더 악화되었기 때문이다. 결국 이번에도 합의를 보지 못했다.[39]

연금 개혁 논의가 촉발된 계기는 지속 가능성 때문이고, 지속 가능성을 높이려면 현행보다 보험료율을 올려야 한다. 물론

---

39   원래 정해진 6개월 임기 내 합의 도출에 실패한 후, 임기를 연장해서 2023년 가을 현재까지도 계속 논의 중이다.

단번에 지속 가능성 문제를 해결할 수 있는 수준, 즉 낸 것만큼 받는 수준이 되도록 올릴 수는 없다. 다만 보험료율을 빨리 많이 올릴수록 나중의 부담이 적어지는 것은 분명하다. 언제부터 얼마나 올릴 것인가는 결국 정치력에 달려 있다. 얼마나 진지하게 미래를 고민하는지, 미래를 위해 현재의 이익을 얼마나 억제할 수 있으며 이를 위한 합의를 얼마나 끌어낼 수 있는가에 의해 결정된다. 이 문제는 9장에서 다루기로 하고, 이번 장에서는 국민연금의 노후 소득 보장 강화 대안에 대해 따져보자.

소득 대체율 인상과 지속 가능성

국민연금 급여 수준을 보여주는 소득 대체율은 '지급률×가입 기간'으로 정해진다. 따라서 국민연금 소득 수준을 높이려면 지급률을 높이거나 가입 기간을 늘려야 한다. 앞서 논의한 가안은 지급률을 높이는 안이다. 흔히 지급률 높이는 대안을 소득 대체율 인상안이라고 부른다. 소득 대체율이 얼마라고 할 때는 가입 기간을 일정하게 정해놓고 따지기 때문이다. 국민연금 소득 대체율이 40%라는 것은 40년 가입을 전제로 한 것이다. 이때 소득 대체율을 10% 포인트 높인다는 것은 지급률을 25% 높여서, 40년 가입 시 50%가 되게 한다는 것을 뜻한다.

여기서 분명히 해야 할 게 있다. '명목'과 '실제' 소득 대체율의 구분이다. 국민연금 소득 대체율 40%는 40년 가입 기준인데, 실제로 40년간 보험료를 납부하는 사람이 얼마나 되겠는가. 3장에서 봤듯 현행 국민연금 신규 수급자의 가입 연수는 18년 정도이다. 지금대로라면 30년 뒤에도 평균 25년 정도에 그칠 전망이다. 현실이 이런데, 40년 가입을 기준으로 계산한 소득 대체율이란 게 무슨 소용인가. 20년 가입한 사람에게 소득 대체율은 20%일 뿐이다.[40]

나는 명목 소득 대체율이 아닌 실제 소득 대체율을 높이는 것이 필요하다고 주장한다. 그리고 실제 소득 대체율을 높이는 데는 가입률 높이고 가입 기간 늘리는 것이 중요하다고 주장한다. 물론 지급률을 높여도 실제 소득 대체율은 높아진다. 그런데 지급률 상향이 소득 대체율에 미치는 효과는 가입 기간이 길수록 크다. 4장에서 봤듯 우리는 소득과 성별에 따른 가입률과 가입 기간 격차가 매우 크다. 이런 상황에서 지급률을 높이면 안정된 직장에 오랫동안 다닌 사람들에게 혜택이 집중된다. 이는 다음 표를 보면 확연하다.

〈표 7-1〉 소득 수준별 소득 대체율 인상의 효과(2021년 기준, 만 원)[41]

소득 계층	가입 기간(년)	월 연금 급여액		차이 (%P)
		40%(현행)	50%	
저소득(2분위)	15.3	25.9	32.3	6.5
중간 소득(3분위)	18.9	42.0	52.5	10.5
고소득(5분위)	25.2	98.0	122.5	24.5

40　또한 소득 대체율 40%는 국민연금 가입자 평균 소득(A값) 기준이다. 3장에서 봤듯이 상용 근로자 평균 소득으로 하면 40년 가입 기준이라도 30% 초반으로 떨어진다.

41　이 표는 내가 기존에 수행한 연구에서 인용한 것이다. 김태일, 《국민연금 개혁》, 조세재정연구원, 2023.

이 표에는 소득 계층별로 소득 대체율을 높였을 때 증가하는 연금액이 제시되어 있다. 소득 분위는 5분위 기준이다. 5분위 소득 구분에서 하위 20%인 1분위에는 국민연금 미수급자가 너무 많아서 제외하고, 차상위인 2분위(하위 20~40%)를 분석했다. '차이'는 현행(40%)보다 10% 포인트 높였을 때(50%) 늘어나는 급여액이다.

예상대로 저소득층과 고소득층의 급여액 증가분 차이가 심하다. 10% 포인트 높였을 때 저소득층은 월 급여액이 6.5만 원 늘어나는 데 비해 고소득층은 24.5만 원이 증가해서 네 배 정도 차이가 난다. 가입 기간이 같아도 고소득층이 저소득층보다 급여액이 큰데, 가입 기간 격차마저 심해서 이토록 큰 차이가 발생한 것이다.

'소득 대체율=지급률×가입 기간'이니 지급률을 올리거나 가입 기간을 확충하면 소득 대체율이 상승해서 급여액이 커진다. 겉으로 보기엔 똑같이 급여액 높이는 방안이지만 실제 효과는 매우 다르다. 앞서 봤듯 지급률 상향에 따른 급여액 증가 효과는 장기간 안정적인 직장에 근무하는 사람들, 국민연금 가입자 중 고소득층에 속하는 사람들에게 집중된다. 게다가 수급에 필요한 최소 가입 연수 10년을 채우지 못한 사람들(대체로 저소득층일 것이다)은 아예 배제된다. 뒤에서 논하는 가입 기간 확충 정책을 시행하면, 기존 미가입자 및 가입 기간 짧은 사람에게 좀 더 많은 혜택이 돌아간다.[42] 정리하면 지급률 상향의 효과는 상대적으로 고소득층에게, 가입 기간 확충의 효과는 상대적으로 저소득층에게

---

[42] 개별 정책에 따라 소득 계층에 상관없이 골고루 혜택이 가는 것도 있고 저소득층에게 혜택이 집중되는 것도 있다. 그래서 전체로 보면 저소득층에게 더 많은 혜택이 간다.

더 크다.

고소득층이라고 해도 국민연금 급여액이 많지는 않다. 〈표 7-1〉에서 40% 소득 대체율 기준 5분위 소득 집단의 국민연금 급여액은 100만 원에 못 미친다. 너무 적다. 그러니 소득 대체율을 50%로 올려서 120만 원 이상은 되도록 하자고 주장할 수 있다. 그런데 고소득층 급여액 높이는 방법에는 지급률 상향만 있는 것이 아니다. 가입 기간을 늘려도 된다. 표에서 고소득층의 가입 기간은 25.2년으로 가정했다. 그런데 가입 기간을 6.3년 늘려서 31.5년이 되면 소득 대체율을 50%로 높이는 것과 동일하게 급여액이 커진다. 31.5년 가입은 전혀 무리가 아니다. 3장에서 유럽 국가의 평균 가입 기간은 35년이 넘는다는 것을 상기하자. 가입 기간 확충은 고소득층에게도 지급률 상향 못지않은 효과가 발생하며, 저소득층에게는 훨씬 더 큰 효과가 발생한다.

내가 국민연금 관련 토론회에서 명목 소득 대체율 상향(지급률 상향)보다 가입 기간 확충이 필요하다고 얘기할 때마다, 지급률 상향 지지 학자들이 하는 비판이 있다. 소득 대체율 상향과 가입 기간 확충을 왜 양자택일로 보느냐는 것이다. 명목 소득 대체율이 낮은 것과 가입 기간 짧은 것은 둘 다 문제이므로 둘 다 개혁해야 한다는 얘기다. 둘 다 할 수 있으면 그렇게 하면 좋겠다. 문제는 둘 다 하기는 어렵다는 데 있다. 아니, 엄밀히 말하면 이 둘은 양자택일, 즉 둘 중 어느 하나를 선택하는 문제라고도 할 수 없다. 지급률 상향은 현재 여건에서 수용하기 어려우며, 효과도 고소득층에게 편중된다. 한편 가입 기간 확충은 개혁 대안이라고 하기도 민망하다. 이는 시쳇말로 비정상을 정상화하는 것뿐이다.

불편한 연금책

거창한 개혁은 못 하더라도 최소한 정상적인 운영은 되게 하자는 것뿐이다.

지급률을 높이려면 보험료를 인상해야 한다. 아니면 그만큼 적자가 생긴다. 소득 대체율을 5% 포인트 높인다면 보험료를 2.3% 포인트는 높여야 수지 균형이 맞는다. 현행 소득 대체율에서 지속 가능성 제고를 위한 보험료 인상도 쉽지 않은데, 여기에 추가로 2.3% 포인트를 더 높이는 게 가능하겠는가. 지급률 상향을 주장하는 학자들은 지급률 상향에 상응하는 보험료 인상에는 동의한다. 그런데 이를 넘어서서 지속 가능성 제고를 위한 보험료 인상은 시간을 두고 천천히 하자고 말한다. 하지만 국민연금 재정은 그렇게 여유 있는 상황이 아니다. 지금부터 명확한 계획을 세우고 그에 맞춰 보험료율을 높여가야 한다. 지속 가능성 문제를 미뤄놓고 일단 지급률부터 높이자는 대안은 받아들이기 어렵다.

가입 기간 확충은 연금 개혁의 첫걸음

가입 기간 확충도 쉽지는 않다. 쉬우면 왜 지금까지 안 했겠는가. 하지만 어렵더라도 해야 한다. 지금의 국민연금은 너무나 비정상이다. 명색이 '국민'의 노후 소득을 보장하기 위한 연금인데, 소득 계층과 성별에 따라 가입률과 가입 기간 격차가 천양지차인 것은 잘못되어도 한참 잘못된 것이다. 5장에서 독일은 연금 보험료를 착실히 냈으나 소득이 낮아서 연금 급여가 낮은 경우는 보충 급여를 한다고 했다. 그런데 이를 위한 조건이 35년 이상 보험료 납부이다.[43] 이는 저소득층이라도 웬만하면 35년 이상 보험료 납부가 가능하다는 것을 전제로 하는 것이다. 하긴 유럽 국가의 평균 보험료 납부 기간이 35년 이상이니 그럴 만도 하겠다.

평균 납부 기간 35년이 놀라운가. 우리 평균 납부 기간의 두 배이니 그럴 수 있다. 그런데 따져보면 그리 놀랄 일이 아니다. 이게 당연한 거다. 연금은 근로 기간에 보험료를 내고 나이 들어 일하지 않게 되었을 때 급여를 받는 것이다. 평균 수명이 85세가 넘는 세상인데 대체 몇 년을 일하고 몇 년을 연금으로 살겠는가. 20대 후반부터 일하기 시작한다고 쳐도 60대 초반까지 일하면 35년은 넘는다. 일하는 동안은 보험료를 납부하는 게 당연하다. 그러니까 35년 이상의 보험료 납부는 예외가 아니라 상식이어야 마땅하다. 65세부터 연금을 수급한다면 20년 이상은 연금을 수급할 것이다. 연금액이 용돈을 넘어서서 어느 정도 소득을 보장하려면 몇 년을 부어야 할지 생각해 보라.

40년 보험료 납부를 전제로 한 소득 대체율 40%는 우리 현실과 너무 동떨어졌다. 그런데 왜 이렇게 현실과 한참 괴리된 40년 가입을 기준으로 할까? 이게 국제 규범이기 때문이다.[44] 평균은 모자란 것과 넘치는 것을 더해서 나눈 것이다. 평균 가입 기간이 35년을 넘으니, 40년 이상 가입하는 것이 그리 드물지는 않을 것이다. 그러니 모범적인(!) 시민이라면 40년 가입을 전제하는 것이 이상하지 않다.

---

43   최소 가입 기간은 33년인데, 완전한 보충 급여를 받으려면 35년 이상이어야 한다.

44   사실 3장에서 봤듯 국제 규범은 대략 44년 정도 가입을 기준으로 한다. 20대 초반 가입해서 가입 상한 연령까지 계속 가입하는 것을 전제한다. 그런데 다른 OECD 국가들은 대체로 가입 상한 연령이 65세가 넘는데 우리는 59세까지다.

불편한 연금책

다시 말하지만, 우리 국민연금이 잘못된 거다. 모름지기 국민연금을 운영하는 정부는 근로 연령대 국민이 보험료를 납부하게 할 책무가 있다. 단지 보험료 납부 대상임을 고지하고, 보험료 내기 꺼리는 자영업자의 납부를 독려하고, 전업주부는 임의 가입할 수 있다고 알리는 것으로 책무를 다하는 것이 전혀 아니다. 다른 나라는 근로 연령대 국민 대부분이 가입하고, 평균 가입(납부) 기간이 35년 이상이다. 하지만 우리는 30년 뒤에도 미가입자는 20%가 넘고 가입 기간 평균은 25년 정도에 그칠 전망이다(소득과 성별 가입 기간 격차 문제는 논외로 하자).

나는 정말 화가 난다. 이러고도 '국민'연금이라고 부를 수 있을까. 대체 정치권과 국민연금 담당 부처는 무슨 생각일까. 향후 연금 개혁에서 최소한 해내야 할 것은 두 가지다. 첫 번째는 보험료율 인상이다. 두 번째는 가입 기간을 확충하는 것, 비정상인 연금 가입(보험료 납부) 행태를 정상화하는 것이다. 따지고 보면 보험료율 인상도 비정상을 정상화하는 것에 해당한다. 사회보험 연금 제도를 갖춘 나라치고 우리처럼 급여액 대비 보험료가 낮은 나라는 없기 때문이다. 결국, 향후 연금 개혁의 목표는 '비정상을 정상화'하는 것이 되어야겠다.

○ 가입 기간 확충 방안 1: 가입 상한 연령 높이기

대체 왜 우리의 국민연금 가입률과 가입 기간은 다른 나라에 비해 형편없이 낮고 짧을까. 3장에서도 간략하게 논의했지만, 이번에는 좀 더 상세히 살펴보자. 그래야만 제대로 된 확충 방안을 마련할 수 있다. 첫 번째 이유로 우리는 제도상의 가입 기간 자체가 짧게 설계되어 있다는 것을 들 수 있다. 국민연금 가입 기간은 18세 이상부터 59세(60세 미만)까지다. 가입 시작 연령은 문제없으나 종료 연령이 다른 나라보다 상당히 낮다.

연금은 은퇴 이후의 소득을 보장하기 위한 것이다. 그래서 재직 기간에 보험료를 납부하고 은퇴하면 연금을 수급한다. 연금 수급 이전까지는 일해서 돈 버는 것, 그리고 일하는 기간에는 연금 보험료를 납부하는 것이 원칙이다. 그렇다면 연금 가입 상한 연령은 수급 개시 직전 해가 되어야 한다. 65세에 연금 수급이 시작되면 64세까지 가입하고 보험료를 납부해야 한다.

2023년 기준으로 연금 수급 연령은 63세부터다.[45] 2012년까지는 60세에 수급이 시작됐다. 2013년에 1년이 높아졌고 이후 5년마다 1년씩 높아져서 2033년부터는 65세에 수급이 시작된다. 한편 가입 상한 연령 59세는 국민연금을 시작할 때 정한 기준이다. 2012년까지는 60세에 수급이 시작되었으니 연금 수급 직전까지 보험료를 납부한다는 원칙에 맞았다. 그런데 이후 수급 개시 연령은 늦추면서 보험료 납부 상한 연령은 그대로 두었기 때문에 둘 간에 괴리가 발생한 것이다.

연금 수급 개시 연령을 높이면서 가입 상한 연령을 그대로 유지하는 것은 연금의 원칙에 어긋난다. 다수 유럽 국가도 2000년대 이후 연금 수급 개시 연령을 높였다. 수급 연령을 높이면서 가입 상한 연령도 그에 맞춰 변경했다. 그래서 연금 수급 개시 직전까지 보험료를 납부한다. 개중에는 가입 상한 연령 자체가 없

45　정확히 말하면 1957~60년생은 62세에 수급하고 1961~64년생은 63세에 수급한다. 이처럼 나이에 따라 차츰 수급 연령이 높아져서 2033년부터는 65세 이상만 연금을 수급하게 된다.

는 국가도 여럿이다. 나이가 몇이든 일해서 근로 소득이 있으면 보험료를 납부하게 되어 있다. 근로자에게는 이게 이득이다. 보험료를 오래 납부할수록 연금 급여가 높아지는데, 보험료의 절반은 고용주가 부담하기 때문이다.

다른 나라는 연금 수급 직전까지 보험료를 납부하게 하는데 왜 우리는 안 했을까? 짐작건대 퇴직 연령 때문일 것이다. '고용상 연령 차별 금지 및 고령자 고용 촉진에 관한 법률'이란 것이 있다. 이 법 19조를 보면 사업주는 근로자 정년을 60세 이상으로 정해야 한다고 되어 있다. 60세 이상이므로 더 높일 수 있지만, 대다수 민간 기업은 딱 60세로 정년을 정하고 있다. 이에 따라 대다수 기업에서는 59세까지만 일하고 퇴직한다. 그래서 보험료 납부 상한 연령도 59세까지를 유지했을 것이다.

어찌 보면 그럴듯한데 실상은 아니다. 퇴직 연령이 60세라고 해서 그때부터 일하지 않는 것은 아니다. 일하는 사람 중 상당수는 명시적인 퇴직 연령이 없는 일자리에 종사하며, 60세에 퇴직한 사람 중에도 다른 일자리에 취업하는 경우가 제법 많다. 그래서 59세까지 일한 사람 중에는 퇴직했다고 해서 일을 바로 그만두는 사람보다 60세 넘어도 일하는 사람이 훨씬 많다. 한국의 60~64세 연령대 노동 시장 참여율은 OECD 평균보다 훨씬 높다.[46] 60대 초반에도 일하는 사람이 많으며, 연금 수급은 63~65세가 되어야 시작하는 데도 가입 기간을 59세까지로 제한하는 것은 불합리하다.

---

46 2020년 기준 우리는 60.4%이고 OECD 평균은 50.7%이다(OECD.stat https://stats.oecd.org/에서 인용).

가입 상한 연령과 수급 개시 연령 괴리 문제에 대응하기 위해 임의 계속 가입 제도가 존재하기는 한다. 이 제도에 의해 59세가 넘어도 본인이 희망하면 64세까지 가입할 수는 있다. 그런데 60세부터는 보험료 전액을 개인이 부담한다. 그래서 60세 이후 일하더라도 임의 계속 가입을 신청하는 경우가 많지는 않다. 임의 계속 가입은 가입 상한 연령까지 연금 수급에 필요한 최소 가입 기간을 채우지 못했을 때 예외적으로 가입 기간을 늘려주기 위해 만들어진 제도이다. 이를 60세 이상 근로자 일반에게 적용하는 것은 적절하지 않다. 60세 이상 근로자의 보험료 납부는 '임의'가 아닌 '당연'이 되어야 한다.

가입 상한 연령을 높이면 고용주들이 60~64세 근로자 고용을 꺼릴 것이라는 비판이 있다. 국민연금 가입이 의무화되면 고용주는 절반의 보험료를 부담한다. 현행은 임금의 4.5%이지만 향후 보험료율 상승을 감안하면 7~8% 정도로 높아질 수 있다. 인건비 상승이 고용 감소를 가져오기는 할 것이다. 하지만 이 때문에 가입 상한 연령을 높이지 못한다는 것은 말이 안 된다. 보험료 부담에 따른 인건비 상승은 어느 연령대나 마찬가지다. 그런데 왜 60세 미만 고용에서는 보험료 부담이 괜찮고 60대 초반 고용에서만 문제가 되는가. 일해서 소득 얻으면 보험료 내고, 나이 들어 일하지 않으면 급여 타는 것이 연금의 원리이다. 평균 수명이 90세에 육박한다. 과거보다 노후가 길어졌을 뿐만 아니라, 근로 가능 연령대도 높아졌다. 이제 60대 초반까지 일하는 것은 당연하다(대다수는 여건만 되면 그보다 더 오래 일하고 싶을 것이다). 30여 년 전에 설정한 59세 상한 연령이 오늘날의 상황과 맞지 않는다

불편한 연금책

는 것은 자명하다. 잘못된 것은 고쳐야 한다.[47] 이것만 고쳐도 가입 기간(보험료 납부 기간)은 상당히 늘어난다.

○ 가입 기간 확충 방안 2: 군 복무 기간 전체 인정

2023년 기준 병장의 월급은 100만 원이다. 상병은 80만 원이며 이병은 60만 원이다. 윤석열 대통령의 공약인 병사 월급 200만 원에는 못 미치나, 그 덕에 병사 월급이 대폭 상승한 것은 틀림없다. 월급뿐만 아니라 장병내일준비적금 지원금도 증가했다. 장병내일준비적금은 군 복무를 마치고 전역할 때 목돈을 쥐고 사회로 복귀하라는 취지로 도입된 제도이다. 월 40만 원씩 18개월간 부으면 전역할 때 1300만 원 가까이 가져간다. 원금은 720만 원이니 상당한 혜택이다.

예전에 군대를 다녀온 남성들은 격세지감을 느낄 것이다. 개인의 소회가 어떻든 병사 봉급 인상은 타당하다. 나라에서 젊은 이들을 데려다가 국방 업무에 종사하게 했으면 대가를 지급해야

---

47 보험료 부담으로 인한 60대 초반 근로자 고용 기피가 우려된다면, 영세 사업장 보험료 지원 등을 통해 이를 완화할 수 있다. 한편, 60대 초반 근로자들이 의무 가입 대상으로 들어오면 국민연금 가입자 평균 소득인 A값이 낮아지는 문제를 지적하기도 한다. 연금 급여액 산정식은 $0.005n(A+B)$이다. 그래서 A 값이 낮아지면 본인의 그동안 납부한 보험료에 상관없이 급여액이 줄어든다. 사실 본인 급여액 산정에 가입자 평균 소득이 중요한 역할을 하는 것 자체가 타당성은 낮다. 보험료율이 높아지면 A값 비중이 낮아져야 하고 장기적으로는 본인 소득에만 의존하는 완전한 소득 비례 연금으로 될 것이다(9장 논의 참조). 하지만 그전까지는 가입자 확충에 따른 A값 변동 문제를 해결해야 하는데, 이는 전혀 어려운 문제가 아니다. A값이 급여 산식에 포함된 이유는 재분배 요소를 넣기 위함이다. 따라서 이 취지는 살리되 가입 확충에 따른 변동만 없게 하면 된다. 다양한 방법이 가능하다. 예를 들어 A값의 기준을 가입자 평균 소득 대신 전체 근로자 평균 소득으로 변경해도 된다. 상용 근로자 평균 소득은 가입자 평균 소득보다 높다. 대략 상용 근로자 평균 소득이 100이면 가입자 평균 소득은 80 정도이다. 이 경우 A값을 가입자 평균 소득 대신 상용 근로자 평균 소득의 85%로 설정하면 된다.

마땅하다. 물론 국방은 납세와 함께 대한민국 국민의 신성한(!) 의무이다. 그렇더라도 응분의 보상 없이 무조건 희생하라는 것은 도리가 아니다. 옛날에는 나라가 가난해서 어쩔 수 없다고 해도 이제는 아니지 않은가.

봉급 인상과 목돈 마련 못지않게 중요한 것이 복무 기간에 대한 연금 보험료 납부이다. 모든 근로자는 급여를 받으면 보험료를 납부한다. 국방이라는 막중한 업무에 종사하고 봉급도 받는데 왜 병사는 국민연금 보험료를 납부하지 않는가. 군인의 특성상 다른 사회보험료 납부는 제외하더라도 국민연금 보험료 납부는 제외할 이유가 없다. 군 복무를 거친 사람은 그렇지 않은 사람보다 2년 정도 늦게 취업한다. 취업이 늦은 만큼 보험료 납부 기간이 줄고 이는 노후의 연금 급여 감소를 가져온다. 젊어서 군 복무하는 것은 국가와 민족을 위한(!) 희생이라고 쳐도, 그 때문에 늙어서 낮은 연금 소득을 감수해야 하는 것은 너무하지 않은가.

정부도 이게 불합리하다는 것을 알고 있다. 그래서 2008년부터 군 복무 기간에 대한 연금 보험료 납부를 인정해 준다. 그런데 고작 6개월이다. 그리고 인정 소득은 국민연금 가입자 평균 소득인 A값의 절반이다. 참으로 궁색하다. 왜 6개월만 인정하는가. 당연히 군 복무 기간 전체에 대해 인정해야 한다. 그리고 인정 소득도 상향해야 한다. 국민연금 가입자 평균 소득에 맞출 수도 있다. 아니면 군 복무 기회비용을 고려해서 20대 초반 풀타임 상용 근로자 평균 소득에 맞출 수도 있다. 그리고 사병 봉급이 일반 근로자보다 훨씬 낮음을 고려해서 보험료는 정부가 전액 혹은 대부분을 부담하는 것이 타당하다. 개인적으로는 정부가 전액 부담하기보다는 조금이라도 사병 봉급에서 부담하게 하는 것을 선호한다. 사병 입장에서는 자기 봉급에서 연금 보험료 떼어지는 것을 반길 리 없다.[48] 하지만 나는 이게 젊어서부터 노후 대비 필요성을 일깨우는 교육 효과를 지닌다고 생각한다. 여기에 병사들 정훈 교육 시간에 연금의 중요성과 젊어서부터 대비해야 할 필요성에 대한 강의를 곁들인다면 확실히 효과가 있지 않을까.

○ 가입 기간 확충 방안 3: 출산 크레딧 확대

여성 가입 기간이 남성보다 낮은 가장 큰 이유는 출산과 양육에 기인한 경력 단절이다. 4장의 〈표 4-4〉를 보면 20대까지는 남녀의 국민연금 가입률 차이가 작다. 20대 초반까지는 남성의 군 복무로 인해 오히려 여성 가입률이 더 높다. 그런데 30대부터 여성의 가입률이 낮아진다. 30대 후반에 남녀 가입률은 25% 포인트 이상 차이가 발생하며 이후에는 다소 줄어들지만 50대 후반에도 15% 포인트의 차이가 발생한다. 이는 출산과 양육으로 30대 여성 중 많은 이가 경력 단절을 겪으며, 이때의 경력 단절은 이후의 근로 경력에 계속 부정적인 영향을 미침을 보여준다. 남성의 군 복무는 (군 복무가 없을 때에 비해) 2년 정도 연금 가입 기간을 짧게 한다. 하지만 여성의 출산과 양육에 따른 경력 단절은 훨씬 장기간 영향을 미친다.

---

48 군 복무 크레딧과 뒤에서 논의하는 출산 크레딧의 경우 정부가 보험료를 대납하는 것이 아니다. 단지 나중에 연금 급여를 수급할 때가 되면 크레딧으로 인정된 가입 기간을 더 쳐주는 것뿐이다. 결국 가입 기간 인정에 따른 지출 재원은 다른 가입자가 낸 보험료인 셈이다. 이는 문제다. 다른 나라의 경우는 정부 재원으로 보험료를 납입하는 게 일반적이다. 우리도 이렇게 바꿔야 한다.

근본적인 해결책은 일·가정 양립이 수월한 경제 사회 구조를 만드는 것이 되겠다. 이는 연금 가입 기간 확충뿐만 아니라 우리 사회의 건강한 성장과 행복 증진을 위해 중요하다. 다만, 연금 가입 기간 확충 문제에 초점을 맞추면 이와 함께 현행보다 훨씬 관대한 출산·양육 크레딧 도입이 필요하다.

출산과 양육으로 일을 쉬고 그로 인해 연금 가입이 중단되는 것에 대한 대책으로 출산 크레딧이 있다. 우리뿐만 아니라 대다수 국가가 시행하고 있다. 우리가 다른 국가(특히 유럽 국가)와 다른 점은 크레딧, 즉 가입 인정 기간이 매우 인색하다는 점이다. 우리는 첫 아이에 대해서는 인정하지 않는다. 둘째 아이에 대해 1년을 인정하고 셋째 아이부터는 1년 반씩 인정하는데, 최대 50개월까지 인정된다. 출산 크레딧 있는 국가치고 첫 아이는 인정하지 않는 데는 우리밖에 없다. 대체 왜 첫 아이는 인정하지 않고 둘째부터 인정할까. 아이 하나면 일을 쉴 필요가 없고 적어도 둘은 되어야 일을 쉰다고 생각했을까? 들리는 말로는 출산 크레딧을 출산 장려 목적으로 활용하기 위해 그랬다고 한다. 출산 크레딧도 군 복무 크레딧처럼 2008년부터 시작되었는데 당시 출생률은 1.2 정도였다. 어쨌든 결혼하면 기본으로 한 명은 낳을 테니, 아이를 더 낳게 하려면 둘째부터 유인책을 써야 한다고 생각한 것 같다. 이 때문에 하나 낳을 사람이 둘 또는 셋을 낳을 것 같지도 않지만, 출산 크레딧의 목적을 출생률 제고에 둔 발상도 놀랍다. 아니 설령 출생률 제고가 제일 목표라고 해도 이제는 출생률이 1 미만이 되었으니 한 명이라도 낳으려면 첫 아이부터 적용해야 하지 않을까?

출산 크레딧의 간접 효과로 출생률에 긍정적인 영향을 미칠 수는 있다. 하지만 출산 크레딧의 본래 목적은 출생률 제고가 아니다. 아이 낳고 키우느라 연금 가입 못 한 것에 대한 보상이다. 아이 낳고 키우는 부담을 순전히 가정에만 떠넘기지 않고 사회가 분담하겠다는 복지국가 약속의 일환이다. 당연히 첫 아이부터 인정해야 한다. 그리고 연금 가입 인정 기간도 현행보다 늘리는 것이 필요하다. 일·가정 양립에 충실한 유럽 국가는 첫 아이부터 인정할 뿐만 아니라 기간도 2~4년이다. 물론 같은 유럽이라도 이탈리아 등 남부 유럽 국가는 인정 기간이 짧아서 6개월에서 1년 정도이다. 그런데 남부 유럽은, 여성은 집에서 살림한다는 사고방식이 뿌리 깊은, 일·가정 양립 정책이 미비하기로 소문난 지역이다. 명색이 일·가정 양립을 가족 정책의 주요 목표로 표방하고 있는 대한민국이 따라야 할 사례는 아닐 것이다.

우리 출산 크레딧의 기이한 점이 하나 더 있다. 이름은 '출산' 크레딧인데 출산에 대한 직접적인 크레딧은 없다는 점이다. 직장 여성은 출산을 위해 출산 휴가를 갖는다. 출산 휴가의 법정 일수는 90일이다. 유급 휴가이며 대기업(및 일부 중견 기업)은 30일, 나머지 기업은 90일 치 급여가 고용보험에서 지원된다. 직장 여성이 유급 출산 휴가를 갖는 것은 근로자의 기본권에 해당한다. 그런데 고용보험에서 급여가 지급되는 기간(30일 혹은 90일)에 국민연금 보험료는 불입되지 않으며 크레딧도 인정되지 않는다.[49] 어이없는 일이다. 다른 나라는 출산 휴가에 대해 급여를 지

---

49 다만, 납부 예외로 인정되어 나중에 추납할 수 있는데, 이는 너무나 당연한 것으로서 어떠한 혜택도 아니다.

급할 뿐만 아니라 연금 보험료를 불입하거나 혹은 휴가 기간 전체에 대한 크레딧을 인정한다. 출산 크레딧이라는 제도를 운영하면서 출산 휴가에 대해 크레딧을 인정하지 않는다는 걸 어떻게 이해해야 할까. 두말할 필요 없이 잘못된 것이다.

현행 크레딧은 출산 크레딧도 아니고 양육 크레딧도 아니다. 단지 다산多産 크레딧일 뿐이다. 현행 제도를 유지하려면 명칭을 바꾸던지, 명칭을 유지하려면 제도 내용을 바꿔야 한다. 물론 바람직하기는 내용을 바꾸는 것이다. 첫째 아이부터 인정하고, 인정 기간도 훨씬 늘리고, 출산 휴가 기간에 대해서도 인정하자. 그러면 명칭을 유지할 수 있다. 아니, 아예 명칭을 더 확장해서 출산·양육 예우(!) 크레딧으로 바꿔도 될 것 같다.[50]

음모 이론: 출산과 군 복무 크레딧이 옹색한 이유

대체 왜 출산 크레딧은 출산 휴가를 인정하지 않으며, 군 복무 크레딧은 고작 6개월일까? 이에 대한 음모 이론을 생각해 봤다. 이는 출산과 군 복무에 따른 연금 가입 기간 문제 해법이 공무원과 민간 간에 다르기 때문이라는 것이다. 출산 크레딧과 군 복무 크레딧은 국민연금에만 있다. 공무원 연금에는 크레딧 제도 자체가 없다. 그럼 공무원은 출산과 군 복무에 따른 보상을 받지 못한단 말인가?

---

50 인정 기간을 얼마나 늘려야 할지에 대해 전문가들은 대게 3년 내외를 주장한다. 나도 동의한다. 이 경우 1년과 2년을 쪼개서 달리 적용하는 것도 가능할 것이다. 현행 크레딧은 추가로 가입 기간을 인정하는 것이다. 그래서 출산 후 직장에 복귀하여 보험료를 납부하는 경우에도 적용된다. 그런데 크레딧의 필요성은 직장에 복귀한 경우보다는 육아를 위하여 직장을 그만둔 경우에 더 크다. 그래서 당장 3년으로 늘려서 모두에게 부여하는 것이 부담된다면, 1년은 현행처럼 직장 복귀 여부에 상관없이 모두에게 부여하고, 나머지 2년은 직장을 그만둔 경우에 부여하는 것도 가능할 것이다.

민간 기업에서 출산 휴가를 쓸 경우, 웬만한 중견 기업 이상이면 60일 치 급여를 기업이 부담하고 30일 치만 고용보험에서 부담한다. 기업이 부담하는 급여에 대해서는 연금 보험료를 떼지만 고용보험이 부담하는 급여에서는 떼지 않는다(소득세도 떼지 않는다!). 공무원은 고용보험에 가입하지 않는다. 출산 휴가 전 기간의 급여는 고용주인 정부가 부담한다. 연금 보험료도 전 기간 떼어간다. 비록 본인 기여금도 떼어가지만 낸 것보다 나중에 받는 급여액이 훨씬 많으니 상당한 혜택이다.

출산 휴가뿐만 아니라 육아 휴직도 그렇다. 공무원은 육아 휴직 기간 자체가 민간보다 관대해서 자녀당 3년까지 사용할 수 있다. 민간 기업은 3년 쓰라고 해도 실제로 3년 쓸 만큼 간 큰 직장인은 없을 테니 이건 부러워하지 말자. 공무원도 육아 휴직 기간에는 급여가 안 나오니 보험료를 안 낸다. 대신 복귀 후에 밀린 보험료를 납부하면, 휴직 기간에 납부한 것으로 인정된다. 민간도 복귀 후에 납부할 수 있다. 단, 공무원은 본인 기여금, 즉 전체 보험료의 절반만 내면 되지만 민간 직장인은 전액을 본인이 내야 한다.

군 복무 기간에 대한 보험료 납부도 마찬가지다. 공무원은 군 복무 크레딧이 없지만 대신 공무원이 된 이후, 군 복무 기간만큼 보험료를 내면 공무원 연금 가입 기간으로 인정된다. 민간 직장인도 나중에 군 복무 기간에 대한 국민연금 보험료를 낼 수 있다. 하지만 이 경우는 먼저 국민연금에 가입한 이후, 납부 예외를 신청하고 군 복무를 해야 하며, 보험료도 전액 본인이 부담한다. 공무원은 군 복무를 마친 후에 공무원이 되었더라도, 재직 중 군 복무 기간에 대한 보험료를 내면 공무원 연금 가입 기간으로 인정되며, 보험료도 절반인 본인 기여금만 내면 된다.

민간 직장인은 옹색하지만 출산과 군 복무 크레딧이 있다. 공무원은 크레딧은 없지만 출산 및 육아 휴직, 그리고 군 복무 전 기간에 대해 본인 기여금만 납부하면 공무원 연금 가입 기간으로 인정된다. 둘 중 어느 쪽 혜택이 더 클까?

공무원은 출산과 군 복무 크레딧 적용 대상이 아니라서, 정부가 이들 크레딧 혜택 늘리는 데 관심 없다고 하면 지나친 억측일 것이다. 하지만 향후 출산과 군 복무 크레딧을 확대하려 할 때, 공무원은 어떻게 할 것이냐는 문제가 대두될 것은 분명하다. 이런 문제는 근본적으로 공무원 연금과 국민연금이 분리된 데서 비롯된다. 공무원 연금과 국민연금의 분리 운영은 이외에도 훨씬 많은 문제(혹은 논쟁거리)를 안고 있는데 이에 관해서는 9장에서 논의하자.

○ 가입 기간 확충 방안 4: 18세 자동 가입

누구나 연금 수급권을 지니고, 수급액이 웬만큼 되려면 일찍 가입하는 것이 중요하다. 한국과 미국, 일본, 영국 20대의 연금 가입률을 비교한 연구를 보면, 우리 20대의 가입률은 35%인데, 미국, 일본, 영국 20대의 가입률은 80% 내외이다.[51]

'넛지nudge'라는 것이 있다. 2017년 노벨 경제학상을 수상한 탈

---

51 정인영·권혁창·유희원, 〈미취업 청년층을 위한 국민연금 크레딧 제도 개선 방안 연구〉,《사회과학연구》29(1), 2018, 153~175쪽. 이 연구에서 일본의 결과는 약간 설명이 필요하다. 일본은 공적연금은 기초연금과 소득 비례 연금으로 구성되어 있다. 일본의 기초연금은 우리와 달리 보험료로 운영된다. 이에 따라 기초연금은 원칙적으로 근로 여부에 상관없이 의무 가입이다. 대학생이라도 의무 가입이며, 단지 납부를 연기할 수 있다. 이에 비해 소득 비례 연금은 임금근로자만 가입 대상이다. 그래서 일본 20대의 기초연금 가입률은 94.1%로 매우 높지만 소득 비례 연금 가입률은 49.9%로 낮다.

러 교수와 선스타인 교수의 동명 저서인《넛지》에서 나온 말로 '타인의 행동을 유도하는 부드러운 개입' 정도의 뜻을 지닌다. 정책 목적 달성을 위해 특정 행위를 강제하는 대신, 자율성을 보장하면서 스스로 정책 목적에 맞게 행동하도록 유도하는 것이다. 넛지를 활용한 대표적인 정책 사례가 사적연금의 자동 가입이다. 대충 이런 내용이다. A 기업은 사내 복지의 일환으로 직원이 사적연금에 가입하면 보험료의 절반을 지원한다. 직원 입장에서는 당연히 가입하는 게 유리하다. 하지만 신입 사원 중 가입 신청을 하는 사람은 절반에도 못 미쳤다. 그런데 A 기업이 정책을 바꿨다. 즉 신입 사원은 사적연금에 자동 가입하되, 가입을 원하지 않는 사람은 탈퇴 신청을 하도록 했다. 이렇게 바꾸었더니 가입률이 98%로 높아졌다.

국민연금은 18세부터 가입할 수 있다. 하지만 27세 이전까지는 소득이 없으면 적용 제외에 해당한다. 27세 이후에는 무소득 배우자만 적용 제외 대상이 되며 나머지는 소득이 없더라도 납부 예외 대상으로 전환된다. 이러한 현행 규정을 바꿔서 누구나 18세에 자동 가입되게 하자는 것이다. 이 경우 소득이 없는 사람은 적용 제외가 아니라 납부 예외에 해당한다. 사람들이 정말 합리적이라면 18세 이상 소득 있는 사람 혹은 원하는 사람만 가입(보험료 납부)하게 하는 현행 제도와 18세에 자동 가입하되 소득 없는 사람은 납부 예외자로서 보험료를 내지 않아도 되게 하는 새 제도 간에 가입률(보험료 납부율) 차이는 없어야 한다. 하지만 실제는 제법 다를 것이다. 넛지 효과 때문이다.

국민연금에 관한 관심이 낮은 젊은 시기에 국가가 국민연금에 가입되었음을 통지하고 국민연금이 노후 대비에 얼마나 중요한지, 일찍부터 보험료 납부하는 것이 얼마나 이익인지를 계속 홍보하면 현행보다 20대의 보험료 납부율은 상당히 높아질 것이다. 또한, 20대에는 소득이 없어서 보험료를 납부하지 않더라도 일단 가입되어 있으면 추후 납부 제도를 활용할 수 있다. 추후 납부 제도는 소득이 없어서 보험료를 못 내더라도 나중에 해당 기간(최대 10년 미만)의 보험료를 납부하면 그만큼 가입한 것으로 인정해 주는 제도이다. 그런데 추후 납부 제도는 가입된 이후 보험료를 납부하지 않은 기간에 대해서만 인정되기 때문에, 이 제도를 활용하려면 일단 가입해야 한다.

한 세미나에서 18세 자동 가입안을 제시했더니, 그러면 중산층 가정에서는 부모가 자녀 보험료를 대신 내거나, 또는 추후 납부 제도 활용을 통해 가입 기간을 늘리겠지만 저소득층은 그럴 여력이 없으니 형평성 측면에서 문제가 있다는 지적을 했다. 그럴 수도 있다. 하지만 그 문제가 18세 자동 가입을 막아야 하는 이유가 될 수는 없다. 국민연금 가입 기간을 늘리는 것은 국민의 노후 소득 보장을 위해 당연히 해야 할 일이다. 중산층 이상에서 일찍부터 노후 대비하는 것은 권장할 일이지 막을 일은 아니다. 정부가 개인연금에 대해 소득 공제를 하는 것 역시 중산층 이상에서 주로 혜택을 볼 것이므로 형평성 측면에는 문제가 있다. 하지만 자발적인 노후 대비를 장려하는 차원에서 시행하고 있다. 더구나 18세 자동 가입은 정부가 명시적인 혜택을 주는 것도 아니다.[52]

---

52 현행 연금 제도는 내는 것보다 받는 것이 훨씬 많다. 그래서 가입 기간이 길수록 이익이 커진다. 따라서 18세 자동 가입으로 주로 중산층 이상 가입 기간이 길어지면, 그만큼 중산층이 더 많은 이익을 보게 된다. 하지만 이 문제는 저소득 계층에 대한 지원, 그리고 내는 것보다 많이 받는 연금 구조 개혁을 통해 해결해야 할 문제다.

단지 자발적인 노후 대비가 용이하도록 제도를 변경하는 것뿐이다. 이로 인해 취약 계층과 중산층 이상의 가입 기간 격차가 커진다면, 취약 계층의 가입 기간을 늘리는 정책을 마련하는 것이 필요하지, 중산층 이상의 자발적인 노후 대비를 막을 일은 아니다.

18세 자동 가입이 이뤄지면, 부모가 대납하는 경우도 있겠지만 나중에 취업하여 소득이 생겼을 때 추후 납부 제도를 이용해서 보험료를 내는 경우도 많을 것이다. 이는 추후 납부 제도의 목적에 충실한 활용이 된다. 18세 이상 20대 후반까지 가입률이 저조한 것은 거의 학업, 군 복무, 구직 활동 등으로 경제 활동에 참여하지 못하기 때문이다. 외국은 이런 사유에 대해 크레딧을 제공하는 경우가 많다. 우리도 군 복무에 대해서는 크레딧을 부여하지만 학업과 구직 활동은 아니다. 한국 실정에서 학업 기간 중 크레딧을 부여하는 것은 논란이 있다. 생애 첫 직장을 얻기 위한 구직 활동 크레딧 부여도 학업보다는 덜 하겠지만 역시 논란이 된다. 학업과 구직 활동에 대한 크레딧 부여 여부에 대해서는 좀 더 논의가 필요하지만, 그 이전에 추후 납부 제도를 활용하는 것은 권장할 일이다. 추후 납부 제도는 일단 가입되어 있어야 활용할 수 있다.

○ 가입 기간 확충 방안 5: 실업 크레딧과 저소득층 보험료 지원

현행 크레딧은 세 가지다. 이미 논의한 군 복무 크레딧과 출산 크레딧, 그리고 실업 크레딧이다. 군 복무와 출산은 사회에 도움 되는 활동으로 인식된다. 사회 공헌 활동(!)을 하느라 돈벌이를 포기해야 하고 그래서 보험료를 못 낸 것이니 국가가 대신 납부한다는 정당성을 갖는다. 실업 크레딧은 유익한 활동에 대한 보상은 아니다. 실업 크레딧의 정당성은 실업보험(고용보험)의 목적과 마찬가지다. 실업 급여의 목적은 실업으로 경제 활동을 못하여 소득이 중단된 기간에 일정 소득을 보장하기 위한 것이다. 연금은 경제 활동 기간에 보험료를 내고 노후에 급여를 받는 것이다. 경제 활동을 못 해서 보험료를 못 내면 급여가 줄어들고 최소 가입 기간을 못 채우면 아예 못 받는다. 실업은 실업 기간의 소득뿐만 아니라 노후 소득에도 영향을 미친다. 그래서 실업 기간의 소득 중단 대책으로 실업 급여가 있듯이 노후 소득 감소 대책으로 실업 크레딧이 있는 것이다.

군 복무와 출산 크레딧이 일정한 가입 기간을 인정해 주는데 비해 실업 크레딧은 보험료를 지원해 준다. 실업 급여 수급자를 대상으로 보험료의 75%를 지원한다. 즉 25%는 본인 부담이다. 자산이 일정 기준 이하여야 하며, 평생 최대 1년 지원받을 수 있다. 평생 1년으로 한정하는 것, 자산 조사를 거치는 것, 보험료의 1/4을 본인이 부담하는 것은 유럽 국가에서는 보기 어렵다. 또 다른 중요한 차이는 실업 크레딧이 포괄하는 실업자의 범위이다. 유럽 국가들의 실업 크레딧은 실업자 전체를 포괄한다. 실업 급여 수급자만 대상으로 하는 경우도, 실업자 대부분이 실업 급여를 수급하므로 사실상 실업자 전체나 마찬가지다. 우리는 실업자 중 실업 급여 수급자가 절반에 못 미친다.

정리하면, 다른 크레딧과 마찬가지로 우리의 실업 크레딧 역시 다른 나라와 비교하면 매우 옹색하다. 우리 실업 크레딧이 고쳐야 할 것은 일단 두 가지다. 하나는 실업 급여 수급자만 대상으로 하는 것이다. 이들은 전체 실업자의 절반도 안 되는데, 실업자 중 상대적으로 여건이 좋은 사람들일 것이다. 또 하나는 인정 기간을 평생 1년으로 제한한 것이다. 너무 짧다. 1년을 인정받았을 때 증가하는 월 급여액은 2만 원에 못 미친다.[53]

전술했듯 실업 급여는 실업 기간의 소득 중단에 대한 대책이며 실업 크레딧은 실업으로 인한 노후 소득 감소에 대한 대책이다. 실업 급여와 달리 실업 크레딧만 평생 1년으로 제한한 것은 적절하지 않다. 실업 급여 수급자 중에는 20년 넘게 매년 수급하는 사람도 있다고 하니, 실업 급여를 받는 전 기간에 대해 크레딧을 인정하는 것은 우리 정서에 안 맞을 수 있다. 그래도 평생 1년은 너무 짧지 않은가.

실업 급여의 정식 명칭은 구직 급여다. 일자리 찾는 실업자에게 구직 기간 동안 소득을 지원하는 것이다. 실업 급여 1회당 수급 기간은 최대 240일이다. 정말 일할 의사가 있다면 구직 활동 기간이 8개월을 넘지는 않는다고 본 것이다. 물론 취업 후 다시 실직자가 되면 또 구직 활동을 해야 하고 그 기간에는 다시 실업 급여를 받는다. 취업과 실업을 반복하면 구직 활동도 되풀이되므로 총 구직 기간은 길어진다. 그렇다면 평생에 걸쳐 구직 활동 기간이 얼마나 될까? 여기서 말하는 구직 활동 기간에는 처음 취업할 때까지의 준비 기간, 가령 대학 졸업 후 공무원 시험공부 기간 같은 것은 제외된다. 일단 취업한 이후, 실업자가 됐다가 재

---

53   실업 크레딧의 인정 소득은 최대 월 70만 원이다. 2023년 국민연금 A값 286만 원의 1/4에 도 못 미친다. 이처럼 인정 소득이 작은 것도 급여액 증가가 미미한 중요한 이유다. 본문에 서는 문제점을 두 가지만 들었지만 낮은 인정 소득 역시 고쳐야 할 문제점이다.

취업할 때까지의 기간을 의미한다. 학업이나 양육 등 일하기 어려운 사정이 있을 때를 제외하고, 순전히 구직 활동 기간만 치면 아주 길지는 않을 것 같다. 현행 실업 크레딧 1년이 너무 짧다는 것은 분명하다. 몇 년이 적절한가를 판단하려면 실업 상황에 대한 구체적인 분석이 필요하겠지만 적어도 3년은 넘어야 하지 않을까.

　실업 급여 수급자는 전체 실업자의 절반에 못 미치며, 실업 크레딧 인정자는 실업 급여 수급자 중에서도 일부다.[54] 그러니 전체 실업자 중 실업 크레딧 수혜자는 소수다. 실업 급여가 모든 실업자를 포괄하고, 실업 크레딧이 모든 실업 급여 수급자에게 제공되는 것이 바람직하다. 하지만 이는 요원하다. 그 전에 실업 크레딧 대상을 확대하는 것이 필요하다.

　실업 상태에 있으나 실업 급여를 수급하지 못하는 사람들은 어떤 사람들일까. 주로 영세 자영업자, 일용직, 프리랜서, 특수 고용직 등이 해당한다. 이들의 대다수는 고용보험에 가입되어 있지 않아서 실업 급여를 받지 못한다. 국민연금 가입자는 사업장 가입자와 지역 가입자로 구분된다. 통상의 임금근로자, 즉 고용주가 있고 정해진 임금 받으며 일하는 사람은 사업장 가입자이다. 사업장 가입자의 연금 보험료는 고용주와 근로자 본인이 절반씩 부담한다. 이들은 물론 고용보험에도 가입되어 있다.[55] 사업장 가입자가 아닌 사람은 지역 가입자가 된다. 영세 자

54　2020년 기준 구직 급여 수급자 중 실업 크레딧 신청률은 60% 정도다.

55　국민연금 사업장 가입자와 고용보험 가입자가 일치하지는 않는다. 하지만 절대다수는 둘 다 가입되어 있다.

영업자, 일용직, 프리랜서, 특수 고용직은 대부분 지역 가입자이다.[56]

고용보험에서 배제된 탓에 실업 크레딧 받지 못하는 지역 가입자들을 위해서는 '지역 가입자 보험료 지원 제도'가 있다. 폐업, 휴업, 실직 등으로 소득이 없어서 연금 보험료를 내지 못하다가 다시 내는 경우 최대 1년까지 보험료를 지원해 준다. 지원 기간과 금액이 실업 크레딧과 유사하다.[57] 얼핏 생각하면 사업장 가입자의 실업 크레딧에 대응하는 정책인 것 같다. 하지만 둘은 다르다. 실업 크레딧은 실업(소득 중단)으로 연금 보험료를 낼 수 없게 되었을 때 보험료를 내게 함으로써 가입 기간을 늘려주는 정책이다. 이에 비해 지역 가입자 보험료 지원은 소득 중단으로 보험료 못 낼 때는 모른 체하다가, 다시 낼 수 있게 되었을 때 지원하는 것이니 실업 크레딧과는 전혀 다르다. 이는 차라리 저임금 사업장 가입자의 보험료 지원 정책인 두루누리 사업과 유사하다.[58] 두루누리 사업은 소규모 사업장에서 저임금으로 일하는 근로자가 신규로 사업장 가입자가 되면 3년간 보험료의 80%를 지원한다. 저임금 사업장은 고용주와 본인 모두에게 보험료가 부담

---

56 일용직과 특수 고용직의 일부는 사업장 가입자이다. 예를 들어 2022년부터 월 소득이 220만 원 이상인 일용직은 사업장 가입자가 된다. 그리고 택배 기사, 퀵서비스 기사 등 특수 고용직도 사업장 가입자가 될 수 있다. 하지만 실제 사업장 가입자 가입률은 매우 낮다.

57 실업 크레딧은 보험료의 75%를 지원하고 지역 가입자 보험료 지원에서는 보험료의 50%를 지원한다. 하지만 실업 크레딧은 인정 소득이 최대 70만 원이고 지역 가입자 보험료 지원은 100만 원이다. 그래서 지원액은 둘이 유사하다.

58 그 밖에 농업인 지원 사업이 있다. 이는 2023년 기준으로 월 최대 4만 6350원까지 지원하는 것인데 종합 소득 연 6000만 원 또는 재산세 과세표준액 10억 원 이하가 기준이라서 저소득층 지원이라고 하기는 어렵다. 이는 그냥 '농업'에 종사하는 것에 대한 배려라고 봐야 할 것 같다.

되므로 지원하는 것이다.

다른 국가들도 저소득층에 대한 보험료 지원을 한다. 가장 흔한 게 보험료 감면이다. 면제해 주는 경우도 드물지 않다. 아예 보험료를 받지 않는다는 게 이상할 수 있는데, 이는 가입 기간 연장 이외에 고용 촉진도 중요한 목적이라서 그렇다. 외국의 연금 보험료는 매우 높아서 기업으로서는 상당한 부담이 되니, 이를 줄임으로써 더 많이 고용하게 하려는 것이다. 저소득층 보험료 지원은 대부분 지원 기간 제한이 없다.

우리도 다른 나라처럼 저소득층에게는 아예 보험료를 면제하거나 파격적인 감면을 기간 제한 없이 해야 한다고 주장할 생각은 없다. 하지만 어느 정도 지원이 필요하다고 생각한다면, 거의 시늉에 그치고 있는 현행 정책은 보완과 확대가 필요하다. 우선 필요한 것은 저소득 지역 가입자 지원 확대이다. 저임금 사업장 가입자는 처음 가입했을 때 3년간 보험료를 지원하고, 실직하면 최대 1년간 지원한다. 하지만 저소득 지역 가입자는 휴폐업·실직 등으로 소득이 중단된 기간에 아무런 지원이 없다. 납부를 중단했다가 다시 납부를 재개했을 때만 1년간 보험료를 지원한다. 사업장 가입자 지원과 형평이 맞지 않는다.[59]

비록 고용주가 없어서 어쩔 수 없다지만, 지역 가입자는 본인이 보험료를 온전히 내야 한다. 그 때문에 저소득 지역 가입자가 느끼는 부담은 더욱 크다. 그런데 자영업자가 대다수인 지역

---

[59] 실업 크레딧 지원 재원은 고용보험 기금, 국민연금 기금, 조세가 각각 1/3씩이다. 고용보험 기금이 전체 재원의 1/3밖에 안 되는데도, 고용보험 가입자만 지원하는 것은 정당성이 약하다.

가입자는 소득 파악이 쉽지 않다.[60] 그래서 실제로는 경제 활동을 하지만, 소득을 신고하지 않고 납부 예외자 상태로 머무는 경우도 제법 된다. 지역 가입자인 영철이와 병철이는 소득이 비슷하게 낮다. 영철이는 낮은 소득이라도 노후 대비를 위해 착실히 연금 보험료를 납부해 왔다. 병철이는 연금 보험료가 부담스럽다며 소득을 신고하지 않은 채 납부 예외자 상태에 있었다. 그러다 정신 차리고 보험료를 내기 시작했다. 이 경우 현행 제도는 착실히 납부한 영철에게는 아무런 지원이 없고, 안 내다 다시 내는 병철이만 지원한다. 가입 기간 확대를 위해 이미 내고 있는 사람을 구태여 지원할 필요는 없고, 안 내는 사람이 내도록 유도한다는 취지인 것은 알겠는데, 그리 적절해 보이지는 않는다.

현행 실업 크레딧과 저소득층 보험료 지원 제도가 지닌 이런저런 문제점은 차치하더라도, 근본적인 문제점이 남는다. 저소득층 가입 기간 늘리는 데 그다지 효과가 없다는 점이다. 4장에서 봤듯 우리는 소득 계층별 수급률과 가입 기간 격차가 매우 심하다. 그래서 전반적으로 가입 기간 늘리는 정책도 필요하지만, 특히 저소득층의 가입 기간을 늘리는 정책이 필요하다.

이를 위해서는 우선 두루누리 사업과 지역 가입자 보험료 지원 정책을 통합해서 단일한 저소득층 보험료 지원 정책으로 하는 게 좋겠다. 신규 가입이나 중단 뒤 재가입 같은 조건도 떼어 내자. 두루누리 사업의 지원 기간은 3년이므로, 통합된 저소득층

---

60   2022년 기준 지역 가입자의 45.2%는 납부 예외자인데, 납부 예외자의 50.4%는 국세청 과세 자료로 소득이 파악되지 않는다. 또한, (보험료를 납부하는) 지역 가입자의 소득 파악률도 2/3 정도이다. 출처: 류재린·권혁진·우선희, 《지역 가입자 연금 보험료 지원 제도의 효과 추정: 마이크로시뮬레이션 모형을 중심으로》, 한국보건사회연구원, 2022.

보험료 지원 정책 지원 기간도 3년 이상은 되어야 할 것 같다. 단, 지역 가입자는 실업 크레딧 혜택이 없으므로, 사업장 가입자와의 형평을 맞추기 위해 지원 기간을 좀 더 늘리는 것(가령 5년)도 필요할 것 같다.[61]

이렇게 기존보다 지원 기간 늘리고 조건 완화한다면 얼마나 저소득층의 보험료 납부가 늘어날까. 이것만 놓고 보면 생각보다 별로 안 늘 수도 있다. 저소득층의 보험료 납부 기간이 짧은 이유가 지원 정책 부족 때문이라기보다는 보험료 납부의 필요성과 중요성에 대한 인식이 약한 탓이 더 클 것이기 때문이다. 하지만 앞서 언급한 방안들, 즉 18세에 자동 가입하고 군 복무 기간 및 출산·양육에 대한 크레딧을 충분히 인정하는 가운데, 장기간 보험료 납부의 중요성에 대한 인식이 확산된다면, 실업 및 저소득층을 위한 지원 정책의 확대는 의미 있는 효과를 가져올 것이다.

음모론 혹은 진실: 개혁 방안들은 왜 실행되지 않았을까?

지금까지 논의한 가입 기간 확충 방안들은 물론 나 혼자 생각해 낸 것들이 아니다. 기존에 여러 학자가 지적하고 제안한 것들이다. 이 방안들이 필요하다는 데는 전문가들 간에 대체로 합

---

61 보험료 지원 기간 연장 대신 지역 가입자였다가 납부 예외가 된 경우에 실업 크레딧을 적용하는 것도 검토할 수 있다. 물론 지역 가입자는 진정한 의미의 실업, 즉 일할 의사가 있으나 휴·폐업, 실직 등으로 잠시 중단된 상태를 판별하기 어렵다. 하지만 어떤 이유에서든 경제 활동을 하다가 중단된 기간에 연금 보험료 납부를 지원하는 것이니 실업 여부를 너무 엄격히 따지지 않아도 되겠다.

의가 형성되어 있다. 내가 아는 한, 이를 부정하는 전문가는 없다. 그런데 왜 군 복무, 출산, 실업 크레딧은 인정 기간이 그토록 짧고, 저소득층 보험료 지원은 옹색할까. 재원 때문일 것이다. 다른 나라에서 다들 하고 있으니 우리도 하기는 해야겠는데, 들어갈 재원이 부담되니 최소한으로 줄여서 실행하는 상황일 것이다.[62]

가입 상한 연령이 59세에서 64세로 높아지면 60대 초반 근로자는 국민연금에 의무 가입해야 한다. 기존의 60대 초반 근로자는 원하는 경우에만 본인 부담으로 연금 보험료를 냈지만, 이제는 원하든 원치 않든, 의무로 고용자와 근로자가 절반씩 보험료를 내야 한다. 보험료 내기를 원치 않는 근로자도 그렇지만 특히 고용자는 추가로 부담이 생기는 것이니 이를 반길 리 없다.

각종 크레딧과 저소득층 보험료 지원 정책을 확충하려면 정부 부담이 추가되고, 가입 상한 연령을 높이려면 민간 부담이 추가된다. 이런 추가 부담 때문에 다른 나라보다 훨씬 옹색한 지원을 하고 가입 상한 연령을 낮게 유지하는 것은 타당하지 않다. 하지만 백번 양보해서 추가되는 재원 부담 때문임을 이해한다고 치자. 그런데 18세 자동 가입은 왜 실행하지 않을까. 18세 자동 가입은 18~26세 청년 중 일하지 않는 사람의 보험료 납부를 용이하게 하는 것뿐이다. 이 때문에 정부가 보험료를 지원할 일도

---

62 전술했듯 군 복무 크레딧과 출산 크레딧은 정부가 직접 보험료를 내지는 않는다. 하지만 나중에 급여 지출은 인정 기간만큼 늘어나므로 기금이 재원인 셈이다. 크레딧의 재원을 기금으로 하는 것은 잘못된 것이다. 실업 크레딧처럼 사유가 발생했을 때 정부 재정으로 보험료를 납부하는 게 원칙이다. 나중에 인정 기간만큼 가입 기간을 늘려서 급여액을 결정하는 경우에도 가입 기간 증가로 늘어나는 급여액은 기금이 아니라 정부 재정으로 충당해야 한다.

없으며, 민간이 의무적으로 보험료를 내야 하는 것도 아니다. 정부든 민간이든 이 때문에 추가 재원 부담 의무가 생기지 않는다. 그런데 왜 안 할까. 실행하면 보험료 납부 기간이 상당히 늘어날 게 분명한데 말이다.

이 방안 역시 정부 재정이 소요된다. 국민연금 급여는 낸 것보다 많이 받기 때문이다. 18세 자동 가입이 실행되면 더 많은 사람이 더 오래 보험료를 낼 것이다. 현행 국민연금 수익비는 대략 2이므로, 이 제도 실행으로 증가한 보험료 납부액이 100이라면 급여 지출액 증가는 200이 된다. 둘의 차액만큼, 기금이든 조세든, 결국 정부 재정이 소요된다.

다른 방안들도 마찬가지다. 어떤 방안이든, 가입 기간이 늘면 그만큼 정부 재원 부담은 커진다. 더 많은 국민이 더 오래 가입하면 나중에 더 많은 정부 재정이 들어가기 때문에 가입 기간 확충 정책에 소극적이라고? 아, 음모 이론일 뿐이라고 믿고 싶다.

하나 더 있다. 우리나라 사회보험에는 왜 사각지대가 많을까? 사회보험은 산재보험, 고용보험, 건강보험, 연금, 장기요양보험으로 구성된다. 장기요양보험은 최근에 도입된 것이니 논외로 하고 전통적인 4대 사회보험의 효과성을 따져보자. 연금의 사각지대가 많고 급여액이 낮다고 했는데 산재보험과 고용보험도 비슷하다. 유일하게 건강보험만 사각지대가 없다. 비록 보장성이 다른 나라보다 낮기는 해도, 내는 보험료 대비로 따지면 가성비도 좋은 편이다. 해외에서 살다 온 친지들은 우리나라 건강보험에 대한 만족도가 상당히 높다. 아마 정부가 시행하는 온갖 복지 제도 중 가장 국민의 만족도가 높을 것 같다.

왜 다른 사회보험들은 성과가 안 좋은데 건강보험만 좋은 성과를 보일까. 이에 관한 음모 이론을 꾸며보자. 4대 사회보험 중 건강보험만 유일하게 공무원이 가입되어 있기 때문이라는 것이다. 공무원이 산재 사고를 당하거나 실업자가 될 일이 뭐 있겠는가. 그러니 산재보험과 고용보험에서 제외되어 있다.[63] 연금의 경우는 공무원 연금이라는 별도의 제도가 있다. 자기 일인 것과 남의 일인 것은, 갖는 관심과 들이는 정성이 다르기 마련이다. 건강보험이 취약하면 본인도 피해를 본다. 하지만 나머지 사회보험은 취약하든 튼실하든 본인과는 상관없다. 그러니….

이건 어디까지나 음모 이론일 뿐이다. 대신 이와 유사하지만 좀 더 개연성 높은 설명이 있다. 건강보험은 명실공히 전 국민의 관심 사항이지만 산재보험, 고용보험, 국민연금의 경우, 우리 사회 상위 계층의 관심 사항은 아니기 때문이라는 것이다. 물론 상위 계층에 속하는 안정된 정규직 화이트칼라도 산재보험과 고용보험에 가입한다. 이들은 보험료는 내지만 혜택(급여)을 받는 경우는 드물다. 공무원과 유사하게 이들도 산재 사고를 당하거나 잘릴 일이 드물기 때문이다. 그러니 혜택 확충에는 관심 없다. 그보다는 보험료 적게 내는 편을 선호한다. 국민연금은 어떨까. 4장에서 봤듯 상위 계층은 이미 가입률 높고 가입 연수가 길다. 국민연금 사각지대 해소에 관심 기울일 이유가 없다. 근본적으로 상위 계층의 노후 소득에서 국민연금이 차지하는 비중은 크지

---

63 최근 공무원도 고용보험에 가입하게 하자는 주장이 힘을 얻고 있다. 이는 공무원의 권익 향상을 위한 것이기보다는 고용보험 재정을 위한 방안이다. 공무원은 잘릴 일이 없다. 그래서 공무원이 가입하면 보험료 수입은 들어오지만 실업 급여 나갈 일은 없다. 그래서 공무원이 가입하면 고용보험 재정에 도움이 된다.

7장 국민연금 강화 대안

않다. 이들은 대부분 부동산 등 다른 노후 대책을 갖고 있다. 건강보험은 다르다. 건강보험 가입자는 비교적(!) 평등하게 아산병원이나 삼성병원을 이용할 수 있다. 혜택이 계층별로 구분되어 있지 않으니, 전반적인 질을 높이는 데 관심을 가질 수밖에 없다.

이상의 음모론이 답답한 김에 엉뚱한 상상(?)을 해본 것으로 치자. 이유야 어쨌든 이제는 바뀌어야 하지 않겠는가. 여전히 그대로라면 대한민국은 복지국가라고 불릴 자격이 없다.

국민연금, 제대로 개혁하는 법

앞서 제시한 확충 방안 중 가입 기간 제고에 가장 효과적인 것은 가입 상한 연령 5년 상향일 것이다. 우리의 60대 초반 고용률은 이미 60%에 달한다. 정년 연장 등 노동 시장 여건이 변하면 앞으로 60대 초반 고용률은 더욱 높아질 테니, 이들이 5년 더 보험료를 납부하면 가입 기간은 현행보다 대폭 높아진다. 18세 자동 가입도 제법 효과가 있을 것이다. 나는 넛지를 믿는다. 신청해야 가입되는 것과 자동으로 가입되는 것의 차이는 크다.[64] 이재명 민주당 대표가 경기 지사 시절, 경기도 청소년이 18세가 되면 국민연금에 임의 가입하게 하고 한 달 치 보험료를 내주는 정책을 하려 했었다. 많은 논란을 낳았고 결국 실행되지는 않았다. 그런

---

64   정확히 말하면 현행은 임의 가입을 신청하고 한 달 이상 보험료를 내야만 가입으로 인정됐다. 내가 제시한 대안은 이걸 보험료 납부 여부와 상관없이 18세가 되면 가입된 것으로 인정하자는 것이다.

데 이것저것 떠나서 가입률 높이고 가입 기간 늘리는 수단으로
는 매우 영리하다. 이는 한 달 보험료 납부 여부만 제외하면 18세
자동 가입과 동일하다.

군 복무와 출산 크레딧 확대로 길어진 인정 기간만큼 대상
자의 가입 기간이 늘어난다. 군 복무 남성은 현행보다 1년, 출산
여성은 현행보다 3년 이상 늘어난다. 실업 크레딧과 저소득층 보
험료 지원 정책의 확대는 실업자와 저소득층의 가입 기간을 상
당히 늘려줄 것이다.

이러한 방안들이 모두 실행되면 가입 기간은 얼마나 길어질
까. 정확한 수치를 얻으려면 하나하나 상세히 분석해 봐야겠지만
얼핏 생각해도 4년 이상은 늘어날 것 같다. 2050년경 신규 연금
수급자의 예상 가입 기간이 25년 정도인데, 이게 29년 이상으로
늘어나는 셈이다. 가입 기간이 대폭 늘어난 만큼 수급액도 많아
지고 수급률도 높아진다. 평균 가입 기간이 25년일 때 가입 기간
4년 연장은 소득 대체율을 40%에서 45%로 높이는 것보다 급여
액을 더 많이 증가시킨다.[65] 또한, 소득 대체율 상향은 수급률 높
이는 데는 별반 영향을 못 미치나 가입 기간 제고는 직접 수급률
을 높인다.

앞서 제시한 확충 방안을 실행하면 평균적인 수급률과 가입
기간은 분명하게 늘어난다. 그렇다면 소득 및 성별 격차 완화 효
과는 어떨까. 성별 격차에 직접 영향을 미치는 방안은 출산 크레
딧과 군 복무 크레딧이다. 출산 크레딧 확대는 여성 가입 기간을

---

65 가입 기간이 25년일 때, 소득 대체율 5% 포인트 상향이 급여액 증가에 미치는 영향은 가입
    기간 3.1년 연장과 동일하다.

7장 국민연금 강화 대안

늘려주며 군 복무 크레딧 확대는 남성 가입 기간을 늘려준다. 둘의 효과를 비교하면 출산 크레딧 확충 정도가 더 크기 때문에 성별 가입 기간 격차는 다소 줄어들 것이다.

가입 기간 상한 연령 상향, 18세 자동 가입, 군 복무 및 출산 크레딧 확대는 소득 계층에 상관없이 적용된다. 따라서 이 방안들의 실행으로 인해 가입 기간의 소득 계층별 격차가 직접 영향을 받지는 않는다. 그러나 소득 계층별 고용률이나 보험료 납부 의사 등이 다를 것이므로 실제로는 차이가 있을 것이다.[66] 이런저런 측면을 고려해서 이 방안들의 가입 기간 연장 효과를 종합하면, 소득 계층에는 중립적일 것 같다. 즉 이 방안들의 시행에 따라 전반적으로 가입 기간이 늘어나겠지만, 소득 계층별 격차가 크게 완화될 것 같지는 않다. 단, 이는 가입 기간만 따진 것이고 수급률을 따지면 얘기가 달라진다. 연금 수급권을 획득하려면 10년 이상 납부해야 한다. 4장에서 봤듯 가입 기간 10년을 못 채운 비율은 저소득층일수록 높다. 이 방안들의 실행으로 모든 소득 계층의 가입 기간이 동일하게 5년 늘어난다고 하자. 그 덕에 10년을 채워서 수급권을 획득하는 비율은 저소득층에서 훨씬 높을 것이며, 남성보다 여성에서 높을 것이다. 그래서 이 방안들을 실행하면 소득 및 성별 수급률 격차를 완화하는 데는 상당히 기여

---

66 가입 상한 연령 상향이 소득 및 성별 격차에 미치는 효과는 60대 초반 고용의 소득 및 성별 차이에 따라 달라진다. 이게 50대까지의 분포와 유사하다면, 전반적으로 가입 기간은 늘겠지만 소득 및 성별 격차는 그다지 변하지 않을 것이다. 18세 자동 가입의 효과는 알기 어렵다. 18세 자동 가입이 되면, 부모들의 자녀 보험료 대납과 본인 취업 후 유예된 보험료 납부가 증가할 것이다. 부모의 보험료 대납은 중산층 이상에서 더 많을 것이다. 본인의 유예된 보험료 납부는 불확실하다. '일찍이 노후 대비'의 중요성이 널리 알려지면, 저소득 취업자의 보험료 납부도 제법 증가할 것 같다. 하지만 부모 대납과 본인 유예 보험료 납부 효과를 종합하면, 아무래도 중산층 이상이 더 유리할 것 같다.

할 수 있다. 한편 실업 크레딧과 저소득층 보험료 지원 정책은 저소득층이 주 대상이다.[67] 따라서 이 두 방안의 확충은 수급률뿐만 아니라 소득 계층별 가입 기간 격차 완화에 직접 기여한다.

정부는 국민연금 재정 추계를 하면서 향후 가입률과 가입 기간도 추정한다. 그런데 이건 현재 상황이 지속되었을 때 미래의 가입률과 가입 기간을 수동적으로 예측하는 것뿐이다. 현재 상황이 지속된다면 향후 어떻게 될 것인가를 예측하는 것을 기본선 또는 베이스라인 예측이라고 한다. 이런 기본선 예측 이외에 미래 도달하고자 하는 목표를 설정하는 것이 필요하다. 그래서 목표와 기본선 예측과의 간격을 채우려면 어떤 정책 수단을 얼마의 강도로 펼쳐야 하는지를 정하고, 이를 실현해 가야 한다. 그게 바로 정책이다.

이번 장은 다른 장보다 상당히 길다. 내용도 개별 방안에 대해 상세하게 설명해서 다소 복잡하고 약간은 지루하다. 왜 나는 독자들이 흥미 잃을 것을 알면서도 이토록 길고 상세하게 논의했을까. 너무 화가 나기 때문이다.

누누이 말하지만, 우리 국민연금은 기형적이다. 이 상태로는 결코 국민을 위한 연금이 아니다. 두 측면에서 그렇다. 하나는 낸 것보다 너무 많이 받는 구조라서 지속 가능성이 결여됐다는 점이다. 또 하나는 가입률이 낮고 가입 기간이 짧아서 수급률이 떨어지고 수급액이 적으며, 소득·성별 격차가 매우 심하다는 점이다.

지속 가능성 결여 문제는 익히 알려진 것이고 연금 개혁 논

---

67 아무래도 실업을 겪는 사람은 중산층 이상보다는 이하에서 더 많을 것이다. 그리고 실업 크레딧은 자산이 일정 기준을 초과하면 받지 못한다.

의가 촉발된 계기다. 그런데 짧은 가입 기간 (및 소득·성별 격차) 문제는 일반 국민이 잘 모른다. 정치인들도 마찬가지일 것이다. 그럼 누가 이 문제를 제대로 알까. 연금 전문가 중 특히 이 문제를 연구한 사람들은 구체적인 실상을 알 것이다. 그리고 해당 정책 담당 공무원들이라면, 전반적인 실상은 모르더라도 본인이 담당한 정책의 실상을 알고 있을 것이다.

의당 알아야 할 사람이 몰랐든, 알면 고쳐야 할 책무를 진 사람이 등한시했든, 지난 일을 따지고 싶지는 않다. 다만 지금의 실상은 기가 막힐 지경이며, 이걸 정상화하지 않는 한 국민연금은 절대 국민을 위한 연금이 될 수 없다는 것은 명확히 해야겠다. 나는 3장과 4장에 제시한 표의 내용, 우리의 국민연금 수급률과 가입 기간이 다른 나라에 비해 얼마나 낮고 짧은지, 그리고 소득과 성별에 따라 수급률과 가입 기간 격차가 얼마나 심한지가 많은 사람에게 널리 알려지길 바란다. 실상을 제대로 안다면, 가입 기간 확충이 매우 중요하고 몹시 필요하다는 내 주장에 절대적으로 동의할 것이다. 정말, 향후 이뤄질 연금 개혁에서는 꼭 제대로 된 가입 기간 확충 방안을 만들자.

사족蛇足

소득 대체율을 높이는 것, 기초연금을 확충하는 것은 단순해서 이해하기 쉽다. 이에 비해 가입 기간을 늘리기 위해 이 장에서 제시한 방안은 여러 가지다. 각 방안이 제대로 시행되어야 전체로서 의도한 가입 기간 연장 효과를 볼 수 있다. 그리고 저소득층 보험료 지원 확대 정책 같은 것을 제대로 시행하려면 많은 준비가 필요하다. 가입 기간 확충을 위한 좀 더 단순한 방안은 없을까.

나는 오래전에 동료 학자와 함께 가입 기간 확충을 위한 단순명료한 방안을 제시한 적이 있다.[68] 바로 연령에 기반한 보편 크레딧 제공이다. 핵심은 연금 가입률이 낮을 수밖에 없는 18세부터 20대 중반, 그리고 의무 가입 연령을 초과한 60대 초반의 두 시기에, 합쳐서 10년간 모두에게 크레딧을 제공하자는 것이다. 그러면 누구나 최소 가입 기간 10년을 충족하므로 모두가 연금 수급권을 갖는다. 대신 10년 크레딧이 적용되는 시기부터는 기초연금을 폐지한다. 즉 기초연금 대신 최소 가입 기간 충족 크레딧을 도입하자는 것이었다.

이런 대안을 제안한 것은 두 가지 때문이었다. 하나는 지금과 마찬가지로 그때도 각종 크레딧과 보험료 지원 정책의 효과가 미미했기 때문이다. 또 하나는 노후 소득 보장에서는 국민연금이 중심이 되어야 한다고 생각했기 때문이다. 10년 크레딧 부여로 누구나 최소 가입 기간을 충족하므로 나머지 시기, 즉 20대 후반부터 50대까지의 왕성한 경제 활동 시기에 단기간이라도 보험료를 내면 모두 연금액 상승으로 이어지므로 보험료 납부가 증가할 것으로 기대했기 때문이다.

이후 나는 재원 부담과 고령층 재고용 정책 등 여건 변화로, 연령 기반 보편 크레딧 대신 이번 장에서 제안한 다양한 확충 방안으로 선회했다. 반면에 공저자인 동료 학자는 기초연금 강화론, 즉 모든 노인에게 더 높은 급여를 제공하되 국민연금 소득 대

---

68   김태일·최영준, 〈노동 시장의 변화와 국민연금 사각지대에 대한 대안〉, 《한국정책학회보》, 26(2), 2017, 395~418쪽.

체율은 낮추는 대안으로 선회했다. 나와는 다른 선택이지만 그 이유는 충분히 알 수 있다. 짧은 가입 기간과 소득·성별 격차는 당연히 고쳐야 하는데, 현행의 크레딧과 보험료 지원 정책은 한계가 명확한지라 이를 조금 손본다고 될 일은 아니라고 여겼기 때문일 것이다.

나는 내가 이번 장에서 제안한 대안들이 제대로 실행된다면, 짧은 가입 기간과 소득·성별 격차 문제는 거의 해소될 것으로 생각한다. 만일 제대로 실행되지 않는다면? 글쎄, 그럼 나도 기초연금 강화론으로 돌아서야 할까.

III
모두를 위한
연금 개혁

이 황당한 퇴직연금을 어찌할까

국민연금만으로는 부족한 노후 대비

7장에서 국민연금의 노후 소득 보장 기능 강화에는 소득 대체율 높이는 것보다 가입 기간 확충이 필요하다고 역설했다. 독자들도 대부분 동의할 것이다. 그런데 일부 독자는 이렇게 생각할 것 같다. '가입 기간 확충이 필요한 것은 분명하지만 소득 대체율 상향도 함께 가야 하지 않을까. 가입 기간 확충만으로는 연금액이 너무 적지 않은가.'

〈표 7-1〉에서 소득 상위 20% 집단이 25년 넘게 보험료를 납부해도 소득 대체율 40%에서 월 급여액은 98만 원이다. 그리고 중간 집단이 19년을 납부해도 월 급여액은 42만 원이다. 너무 적다. 그러니 소득 대체율도 높이자는 생각이 들 수도 있다. 그런데 현 상태를 그대로 둔다면, 소득 대체율을 높여도 급여 증가액은

크지 않다. 소득 대체율이 45%가 되어도 소득 상위 20% 집단의 급여액은 110만 원으로 12만 원 높아질 뿐이다. 중간 집단은 겨우 5만 원 높아진다. 현행은 소득 집단별 가입 기간 격차가 커서 소득 낮은 집단의 급여액 증가 폭은 매우 작다. 무엇보다 소득 대체율을 높이려면, 지속 가능성 제고를 위한 보험료율 인상 폭은 더욱 커져야 한다. 받아들여지기 어렵다.[1]

분명히 할 것이 있다. 소득 대체율을 상향하지 않아도, 7장의 가입 기간 확충 방안만 제대로 실행되면 국민연금 급여액은 제법 높아진다. 그리고 또 다른 노후 소득 보장 방안인 퇴직연금 제도만 제대로 작동해도 한국의 노후 소득 보장 기능은 현행보다 대폭 강화된다. 한편 연금 보험료율이 13.5% 이상으로 높아지면, 현행 급여 산식에서는 소득 재분배 기제로 인하여 상위 집단의 수익비는 1보다 낮아지는데, 이는 수용하기 어렵다. 따라서 소득 상위 집단의 소득 재분배 기제를 줄여서 적어도 수익비가 1 이상이 되게 해야 한다. 그러면 이들의 소득 대체율은 저절로 높아진다. 다음을 보자.

일단 〈표 7-1〉에서 가입 기간이 길어질 때 연금 급여는 얼마나 증가하는지 따져보자. 이 표의 소득 집단별 보험료 납부 기간은 남녀 평균이다. 여성은 경력 단절을 겪은 경우가 많아서 남성보다 가입 기간이 훨씬 짧다. 소득 상위 20% 집단의 경우 남녀

---

1 진술했듯이 소득 대체율 상향을 주장하는 동료 학자들은 내게, 가입 기간 확충과 소득 대체율 상향을 둘 다 해야 한다고 한다. 소득 대체율 상향은 보험료율 인상 문제 때문에도 어렵지만, 설사 보험료율을 충분히 높일 수 있다고 해도, 가입 기간 확충과 소득 대체율 상향이 둘 다 성공적으로 이뤄지길 기대하기는 어렵다. 지금까지의 국민연금 정책에 대한 정부 태도를 보라. 만일 소득 대체율 상향이 채택된다면, 가입 기간 확충은 뒷전으로 밀리지 않겠는가.

격차는 9년이다. 향후 여성의 경력 단절은 상당히 줄어들 것이다. 그리고 출산 크레딧이 확충되면 여성의 가입 기간은 남성에 근접할 것이다. 그러면 남녀 격차는 크지 않을 테니 남성의 가입 기간을 기준으로 계산해도 무리는 없다.

소득 상위 20% 집단의 남성 가입 기간은 29년이다. 29년이면 소득 대체율 40%에서 급여액은 113만 원 정도가 된다. 한편 7장에서 제시한 가입 기간 확충 방안이 제대로 실행되면 가입 기간은 5년 이상은 늘어날 것이다. 5년 늘어나면 가입 기간은 34년이 되고, 급여액은 149만 원이 된다. 월 급여액 149만 원이면 애초의 98만 원보다 상당히 늘어난 셈이다. 그래도 여전히 충분하다는 생각은 들지 않는다. 그런데 한 가지 더 고려할 게 있다. 재분배 기제이다. 〈표 7-1〉에서 소득 상위 20% 집단의 월평균 소득은 524만 원(2021년 기준)이었다. 524만 원으로 34년 가입했을 때 소득 대체율 40%를 적용하면 187만 원이다. 앞서 계산보다 40만 원 가까이 늘어난다. 이런 차이가 발생한 것은 국민연금 급여식에 포함된 재분배 기제 때문이다. 소득 대체율 40%는 가입자 평균 소득 기준이며, 이보다 본인 소득이 많으면 소득 대체율은 낮아지고, 적으면 높아진다. 그래서 소득 상위 20% 집단의 40년 가입 시 소득 대체율은 30%이다.

운용 수익을 포함한 국민연금 수익비는 모든 소득 집단에서 1 이상이어야 한다. 현행 재분배 기제를 유지할 때, 향후 보험료율이 13.5%보다 높아지면 상위 20% 집단의 수익비는 1보다 낮아진다. 수용할 수 없다. 그래서 4장에서는 향후 보험료율을 높이려면 가입자 평균보다 소득이 높은 계층에서는 재분배 기제를 줄여야(평균 소득 값인 A 비중을 낮추고 본인 소득 값인 B 비중을 높여야)한다고 했다. 만일 월 급여액 $=\frac{(A+B)}{2}\times\frac{n}{100}$ 의 식에서 A 비중을 0으로 하고 B만 적용하면, 즉 소득 비례가 되면 상위 소득자의 소득 대체율도 40%가 된다. 소득 대체율 40%를 적용했을 때 소득 수준별 연금액은 〈표 8-1〉과 같이 된다. 가입 기간은 30년과 34년 둘로 구분했다.

〈표 8-1〉 소득 비례 소득 대체율 40%의 연금액(월 급여액, 만 원)

소득 수준		300	400	550
연금액	30년 가입	90	120	165
	34년 가입	102	136	187

월 400만 원이면 2023년 기준으로 상용 근로자 평균 임금보다 약간 작다. 이 경우 월 연금 급여액은 30년 가입이면 120만원, 34년 가입이면 136만 원이다. 부부가 각각 이 정도 급여를 받으면 충분하지는 않더라도 아주 낮다고 하기는 어렵겠다.

정리하면 향후 국민연금 가입 기간이 늘어나고, 보험료율 상승에 따라 가입자 평균 소득 이상 집단의 급여 산식에서 소득 비례가 강화되면 국민연금 급여액이 아주 작지는 않다. 하지만 근로 시기의 생활 수준을 유지하기는 어렵다. 비록 노후에는 돈 쓸일이 줄어들지만 그래도 국민연금만으로는 절대 근로 시기 생활수준을 유지할 수 없다. 당연히 다른 소득원이 필요하다. 중산층이상에서는 국민연금 이외의 소득원으로 중요한 것이 퇴직연금이다. 퇴직연금 제도가 제대로만 운영되면 34년 가입했을 때 소

불편한 연금책

득 대체율이 18% 정도는 된다.[2] 그러면 국민연금과 퇴직연금을 합쳐서 50%가 넘는데, 이 정도면 그럭저럭 근로 시기에 버금가는 생활 수준을 유지할 수 있다.

문제는 현행 퇴직연금 체계로는 소득 대체율 18%를 보장할 수 없다는 데 있다. 두 가지 때문이다. 하나는 수익률이 낮기 때문이며, 또 하나는 퇴직 때까지 가입 기간이 짧기 때문이다. 그로 인해 퇴직연금 적립금이 적으며, 그래서 대부분 일시금으로 찾아가며 연금으로 수급하는 사람은 매우 적다. 특히 종신 연금으로 수급하는 사람은 거의 찾아볼 수 없다. 이 때문에 이름과는 달리 노후 대비를 위한 연금 기능을 못 하고 있다. 현행 퇴직연금이 얼마나 어처구니가 없는지, 그리고 어떻게 바꿔야 제대로 기능할 수 있을지에 대해 알아보자.

통상 정부는 시장보다 비효율적이라고 알려져 있다. 경제학 교과서는 정부와 시장이 둘 다 할 수 있는 일이라면, 시장에 맡겨야 효율성이 높아진다고 가르친다. 물론 실제로는 그렇지 않다. 어떤 일은 효율성 이외에 다른 가치, 이를테면 형평성 같은 것도 중요하기 때문이다. 하지만 적어도 효율성만을 고려한다면, 정부보다는 시장이 담당하는 게 낫다고 여겨진다. 이는 많은 경우에 맞을 것이다. 하지만 항상 그렇지는 않다. 정부를 연구하는 학자 입장으로 보자면, 효율성만 따지더라도 정부가 담당하는 게 시장에 맡기는 것보다 우월한 경우가 제법 있다.

정부가 시장보다 효율적인 사례가 여기 있다. 바로 국민연

---

2   여기서 제대로 운영된다는 것은 국민연금 정도의 수익률을 낸다는 것을 의미한다.

8장 이 황당한 퇴직연금을 어찌할까

금과 퇴직연금의 기금 운용이다. 퇴직연금은 기존의 퇴직금 제도가 전환된 것으로 2005년 12월에 도입됐다. 퇴직금은 근로자가 퇴직할 때 근로 기간과 급여 수준에 따라 정해진 금액을 일시금으로 지급하는 제도인데 법으로 강제되어 있다. 기존의 퇴직금은 급여와 마찬가지로 인건비 일부일 뿐, 미리부터 일정 금액을 떼어서 금융 기관에 적립해 놓을 필요는 없었다. 하지만 퇴직연금으로 전환되면서, 퇴직연금 재원을 금융 기관에 적립하는 것으로 바뀌었다. 회사(고용주)는 법에 따라 매달 8.33%의 퇴직연금 보험료를 내야 한다. 이는 금융 기관에 적립되며, 금융 기관은 적립금을 운용해서 수익을 낸다. 매달 보험료가 적립되고, 이를 운용해서 수익을 올린다는 점은 국민연금과 동일하다.

금융은 자본주의 시장 경제의 혈맥에 비유될 만큼 핵심 요소이다. 그래서 금융 기관은 시장을 구성하는 다양한 집단 중 특히 이윤에 민감하다. 금융 기관의 이윤은 운용 수익에서 나온다. 고객이 맡긴 돈을 잘 굴려서 높은 수익을 올릴수록 금융 기관의 이윤은 커진다. 그러니 금융 기관은 온갖 첨단 기법을 동원하고 불철주야 금융 시장 동향을 주시하면서 운용 수익률을 높이기 위해 각고의 노력을 기울일 것이다. 그렇다면 국민연금공단과 민간 금융 기관 중 어느 쪽의 운용 수익률이 높을지는 빤하다. 당연히 민간 금융 기관의 퇴직연금 운용 수익률이 높아야 할 것이다.

결과는 정반대다. 국민연금의 수익률이 퇴직연금의 수익률보다 훨씬 높다. 2021년까지 5년간 국민연금의 연평균 수익률은 7%가 넘었다. 같은 기간 퇴직연금 수익률은 2% 미만이다. 퇴직연금 수익률이 국민연금 수익률의 1/3에도 훨씬 못 미친다. 이건 판정패도 아니고 KO패에 해당한다. 어찌 이런 황당한 결과가 나왔을까?

퇴직연금의 세 배가 넘는 수익률을 달성했지만, 그렇다고 국민연금 수익률이 아주 높은 것도 아니다. 해외의 유사 연기금과 비교했을 때 국민연금 성적은 중간 정도이다. 그다지 잘못한 것은 없지만 썩 잘하지도 않았다. 이처럼 평범한 수준인 국민연금 수익률의 1/3에도 못 미쳤다는 것은 이해하기 어렵다. 비유하자면, 증권사 직원의 달콤한 말에 넘어가서 믿고 맡겼더니, 코스피 지수 상승률의 1/3에도 못 미치는 수익을 낸 것이다.

증권사 직원에 따라서는 실적이 좋은 사람도 있고 나쁜 사람도 있을 것이다. 또 같은 직원이라도 어느 때는 실적이 좋고 어느 때는 실적이 나쁠 수 있다. 그런데 거의 모든 직원이 항상 저조한 실적을 올렸다면? 그런데도 망하기는커녕 계속 번창한다면? 물론 현실에서는 불가능한 상황이다. 거의 모든 직원이 지속해서 저조한 실적을 올리는 것도 비현실적이지만, 만에 하나 그런 증권사가 있다면 바로 소문나고 고객의 발이 끊겨 망해 버릴 것이다. 하지만 퇴직연금은 아니다. 거의 모든 퇴직연금 운용사가 국민연금에 훨씬 못 미치는 실적을 지속적으로 내고 있다. 그런데도 퇴직연금 적립금은 눈덩이처럼 불어나고 운용사는 날로 번창한다. 제도 도입 1년 후인 2006년 1조 원에 못 미쳤던 퇴직연금 적립금은 10년 뒤인 2016년에는 147조 원으로 늘어났다. 이후 2018년 190조 원, 2020년 256조 원, 2022년 336조 원으로 급격히 늘어나고 있다. 적립금 팽창 중 기금 운용 수익이 기여한 몫은 아주 조금이다. 거의 가입자가 증가하고 가입 기간이 늘어난 데 기인한다.

국민연금 보험료율은 9%이다. 퇴직연금 보험료율은 8.33%로 이에 필적한다.[3] 게다가 국민연금에는 소득 상한이 있어서 2023년 기준 월 소득 590만 원 이상인 사람들은 모두 590만 원을 기준으로 9%를 매긴다. 그래서 월 급여가 900만 원인 사람의 실제 국민연금 보험료율은 5.9%로 퇴직연금보다 훨씬 낮다. 대한민국의 월급쟁이들은 노후 대비를 위해 국민연금에 필적하는 혹은 그보다 더 많은 금액을 퇴직연금에 내고 있다. 그럼에도 이토록 부실하게 운용되고 있는 것을 묵묵히 지켜보고 있다. 아니, 지켜보는 사람은 소수이고 대부분은 아예 관심도 없다. 아무리 수익률이 형편없어도 고객은 항의하지도 않고 탈퇴하지도 않는다. 오히려 가입은 늘어난다. 이렇게 편한 장사는 세상에 없다. 퇴직연금 가입자는 그야말로 '호갱'이다.

왜 퇴직연금 수익률은 낮을까?

돈 굴려서 수익 내는 것은 자본주의 경제에서 시장의 기본 업무이다. 아무리 생각해도 시장의 돈 불리는 솜씨가 정부보다 못하다는 건 납득할 수 없다. 납득 안 되는 게 당연하다. 민간이

---

3   우리의 국민연금 보험료율은 다른 나라에 비해 매우 낮다. 하지만 퇴직연금 보험료율은 아니다. 다른 나라의 경우 노후 소득 보장에서 퇴직연금이 중요한 국가와 보완적인 역할을 하는 국가로 구분된다. 공적연금이 기초연금 중심인 국가는 퇴직연금이 중요한 역할을 하며, 공적연금이 우리처럼 사회보험 방식의 연금인 국가는 보완적인 역할을 한다. 우리의 퇴직연금 보험료율은 퇴직연금이 중요한 국가에 비해서는 낮지만, 보완적인 국가에 비해서는 높다.

운용하는 퇴직연금 수익률이 공공이 운용하는 국민연금보다 낮은 것은 매우 이례적인, 대한민국만의 특수 사례이기 때문이다. 다른 나라는 전혀 아니다.

우리와 연금 체계가 다소 달라서 일대일 비교는 어렵지만, 대부분 민간이 운용하는 퇴직연금 수익률이 높다. 예를 들어 스웨덴은 연금 보험료 18.5% 중 2.5%를 떼어내서 민간 금융 기관이 운용하는데, 지금까지 연평균 수익률은 7%가 넘는다. 나머지 16%는 기존 연금 수급자 급여 지출에 사용되므로 기금으로 직접 운용하지는 않지만, 3.5% 정도의 수익률을 책정하고 있다. 미국, 캐나다, 호주 등 퇴직연금이 발달한 국가의 퇴직연금 수익률은 모두 스웨덴과 유사하거나 그보다 높다. 이게 정상이다. 아무렴 자본주의 최전선에 있는 민간 금융 기관의 운용 수익률이 이윤에 둔감하고 동작이 잽싸지 못한 공공의 운용 수익률보다 떨어지겠는가.

그렇다면 대체 우리는 왜 그럴까. 국민연금공단 기금 운용 담당자 실력이 민간 금융 기관 기금 운용 담당자보다 우수해서일까? 수년 전 미국 경제 신문인 〈월스트리트 저널〉은 국민연금 기금운용본부가 가축 분뇨 냄새 진동하는 시골에 있는 탓에 우수 인력 확보가 어렵다고 조롱했다. 이에 비해 퇴직연금을 운용하는 금융 기관들은 대부분 대한민국 금융 중심지인 서울의 명동, 여의도, 강남 테헤란로에 집결해 있다. 게다가 공공 기관인 국민연금공단은 기금 운용 담당자가 좋은 성과를 내더라도 민간 금융 기관처럼 충분한 보상을 해줄 수 없다. 어느 모로 보나 국민연금의 기금 운용 실력이 민간보다 낮기는 어렵고, 수익 높이려는 의욕도 민간보다 충만하기 힘들다. 그렇다면 뭐가 문제일까?

물론 퇴직연금 운용사들은 변명거리가 있다. 대표적인 것이 퇴직연금 가입자가 대부분 원리금 보장 상품을 선택하기에 어쩔 수 없다는 것이다. 퇴직연금에는 원리금 보장형과 실적 배당형이 있다. 전자는 확정된 원리금이 보장되므로 안전하나 수익이 박하다. 정기 예금과 마찬가지다. 후자는 운용 실적에 따라 받는 금액이 달라지나, 평균 수익은 원리금 보장형보다 높다. 국민연금 기금 운용은 둘 중 실적 배당형에 해당한다. 그런데 퇴직연금 운용 금액의 85%는 원리금 보장형이다. 원리금 보장형이 압도적이라서 수익률이 낮을 수밖에 없다는 얘기다.

일리가 없지는 않다. 하지만 궁색하다. 원리금 보장형은 빼고 실적 배당형만으로 비교해도 국민연금보다 수익률이 낮기 때문이다. 2021년까지 5년간 연평균 수익률을 보면 원리금 보장형은 1.6%이고 실적 배당형 5.1%이다. 이에 비해 국민연금은 7.5%이다. 실적 배당형 수익률이 원리금 보장형보다는 높지만, 여전히 국민연금에는 못 미친다.

실적 배당형 수익률이 국민연금보다 낮은 데에도 변명거리는 있다. 국민연금도 실적 배당형에 해당하지만, 운용 방식이 퇴직연금 실적 배당형과는 다르다는 것이다. 국민연금은 기금운용본부가 어디에 어떻게 투자할지 결정한다. 가입자는 결정권이 없다. 이에 비해 퇴직연금 실적 배당형은 가입자(회사 혹은 근로자 개인)가 다양한 실적 배당형 상품 중 어디에 투자할지 결정한다. 즉 국민연금은 전문가에게 투자를 일임하지만, 퇴직연금 실적 배당형은 가입자가 스스로 투자를 결정해야 한다. 그래서 실적 배당형 가입자 중에는 국민연금보다 높은 수익률을 올리는 사람들도 있지만, 전체로 보면 전문가에게 일임한 국민연금보다 수익률이 낮을 수밖에 없다는 것이다.

따지고 보면 원리금 보장형이 실적 배당형보다 훨씬 많은 것도 가입자가 선택한 결과일 뿐이다. 즉 압도적인 원리금 보장형 비중과 저조한 실적 배당형 수익률 모두 가입자 선택의 결과다. 이에 비해 국민연금은 가입자에게 선택권을 부여하지 않은 채, 공공이 알아서 투자를 결정한다. 결국, 소비자(가입자) 선택권의 존중 여부가 수익률 차이를 가져왔다는 얘기다. 물론 퇴직연금 수익률이 저조한 데는 다른 이유도 있다. 하지만 소비자 선택권 여부, 즉 전문가한테 맡기느냐 본인이 결정하느냐가 중요 이유인 것은 맞다.

1장의 공적연금 필요성 논의에도 등장하는 자유주의 경제학의 대부 밀턴 프리드먼 교수는《선택할 자유》라는 저서를 통해, 시장 경제의 장점으로 선택의 자유를 꼽았다. 맞는 말이긴 하다. 선택의 자유가 있기에, 생산자는 치열한 경쟁 속에서 소비자 선택을 받기 위해 최선의 노력을 기울인다. 잘 만들든 못 만들든, 비싸든 싸든 어차피 팔린다면 구태여 품질 높이고 원가 절감하려 애쓸 이유가 없다.

대체로 맞는 말이지만 예외가 있다. 정보 비대칭이 존재할 때다. 시장이 정부보다 효율적임을 설파한 경제학 교과서는, 다른 한편으로 시장이 효율적이지 못할 수 있는 경우도 제시하고 있다. 시장이 효율적으로 작동하지 못할 때, 시장 실패가 발생했다고 한다. 시장 실패의 원인은 다양하다. 그중 공공과 민간이 모두 제공하는데, 시장 제공이 비효율적이라면 십중팔구 정보 비대칭 때문이다.

정보 비대칭은 구매자와 판매자 간 거래 물품에 대한 정보량이 다르다는 것을 의미한다. 쉽게 말해 판매자는 팔려는 물품의 품질과 가격에 대한 정보를 갖고 있지만, 구매자는 사려는 물품의 품질과 가격에 대해 잘 모르는 경우를 의미한다. 거래의 쌍방은 각자 자신의 이익을 극대화하고 싶다. 소비자가 거래 물품의 특성을 잘 모르면, 판매자는 이를 이용하여 더 많은 이익을 보려는 게 인지상정이다. 대부분의 거래에는 정보 비대칭이 존재한다. 당연히 판매하는 상인은 구매하는 소비자보다 거래 물품의 품질과 원가에 대해 잘 안다. 하지만 비대칭 정도가 크지 않으면, 즉 소비자가 자신이 사려는 물품에 대해 웬만큼 알고 있으면 거래에 큰 문제가 생기지는 않는다. 하지만 비대칭이 크다면? 그럼 문제가 발생한다. 소비자는 바가지를 쓴다. 원가의 10배가 되는 짝퉁을 샀으면서 명품을 싸게 구입했다고 좋아한다. 수입 쇠고기 먹으면서 횡성 한우인 줄 알고 네 배의 가격을 지불한다. 바가지가 계속되면 소비자도 자신이 호갱이라는 것을 알게 된다. 그러면 더 이상 거래가 이어지지 않는다.

해결책은 소비자의 정보 부족을 해소하는 것이다. 방법은 다양하다. 정부 규제를 통해 품질을 보증하는 것이 그중 하나다. 공산품 안전 관리 제도에 따른 품질과 안전성 인증제, 음식점 식재료 원산지 표시제, 식약청의 식품·의약품 허가제 등이 이에 해당한다. 하지만 모든 정보 비대칭에 일일이 정부 규제로 대응할 수는 없다. 이런 때는 정보에 해박한 전문가의 도움을 받는다. 동대

문 의류 시장과 용산 전자 상가에 가면 동네보다 훨씬 싸게 옷과 전자 제품을 구입할 수 있다. 하지만 초보자는 바가지 쓰기가 십상이다. 이런 데는 해당 시장에 정통한 '빠꼼이' 친구와 함께 가야 한다. 약간 다른 경우지만 나의 패션 센스는 꽝이다. 그래서 옷 살 때는 항상 아내와 같이 간다. 아내가 골라주는 대로 사면 실패하지 않는다.

'본인 의사와 상관없이 법에 따라 무조건 퇴직연금에 가입한 사람'과 '퇴직연금 사업자(민간 금융 기관)'. 둘 사이에 적립금 운용에 관한 정보가 대등할 리 없다. 가입자(고용주 또는 근로자)의 정보가 훨씬 부족하다. 그러면 어떤 현상이 벌어질까? 사업자는 가입자의 무지를 이용해서 자신의 이득을 챙기고 싶어질 것이다. 물론 금융업은 신용이 생명이라고 하니, 턱없이 불공정한 계약을 할 리는 없다. 하지만 다 돈 벌려고 하는 짓인데, 정말 사심 없이 공정하게 혹은 가입자의 이익을 위하여 기금을 운용할 것으로 기대하기는 어렵지 않을까. 아무래도 정보가 대등할 때보다는 사업자에게 유리하게 운용될 것이다.

퇴직연금 제도를 도입한 정부도 가입자와 사업자 간 정보가 대등하지 못함을 알고 있다. 그래서 가입자의 이익을 보장하기 위해 '근로자 퇴직 급여 보장법'이란 것을 만들어서 규제하고 있다. 이 법의 30조 1항은 "퇴직연금 사업자는 선량한 관리자로서의 주의 의무를 다하여야 한다"라고 규정하고 있다. 또한, 33조 1항에서는 "퇴직연금 사업자는 이 법을 준수하고 가입자를 위하여 성실하게 그 업무를 하여야 한다"라고 명시하고 있다. 법규는 훌륭하다. 사업자는 일반적인 관리자도 아니고 "선량한" 관리자로서 의무를 다해야 하며, "가입자를 위하여" 성실하게 업무를 수행해야 한다! 감동적이다. 그런데 법 규정이 구체적이지 못하고 추상적이면, 이의 이행 여부를 따지기 어렵다. 대체 선량한 관리자의 의무, 가입자를 위한 성실한 업무 수행은 무엇이며 어디까지인가. 글쎄, 정부조차도 이런 규정만으로 사업자가 선량한 관리자로서 가입자를 위하여 성실하게 적립금을 운용할 것으로 믿었을 것 같지는 않다.

이 밖에도 퇴직연금 사업자를 규제하는 조항은 여럿 있다. 하지만 위의 두 조항이 부여하는 제약과 대동소이하다. 우리가 다른 나라보다 퇴직연금 사업자에 대한 규제가 느슨한 것은 맞고, 그래서 좀 더 엄격한 규제와 감독이 필요한 것은 분명하다. 하지만 근본적으로 법규에 의한 규제만으로는 정보 비대칭 문제를 풀기는 어렵다. 명백히 잘못된 것은 막을 수 있겠지만, 재량에 속한 것은 규제하기 어렵다.

퇴직연금에는 확정 급여DB형과 확정 기여DC형이 있다. 회사에 따라 둘 중 하나를 택하거나 둘을 혼합한다. 둘 다 회사(고용주)가 연금 사업자(금융 기관)에게 매달 보험료를 내고 연금 사업자가 이를 운용하는 것은 동일하다. 그런데 운용 결과가 DB형은 회사(고용주)에 귀속되지만, DC형은 근로자에게 귀속된다. DB형의 경우 근로자는 퇴직 시 미리 정해진 금액(기존 퇴직금 제도 때의 금액과 동일)을 받는다. 근로자 입장으로는 퇴직금 제도와 마찬가지이며, 수익률이 얼마인지 신경 쓸 이유가 없다. 회사(고용주)는 수익률이 높으면 퇴직 급여 지급 부담이 줄어들고, 작으면 지급 부담이 늘어난다. 위험성이 높은 실적 배당형에 가입했다가 수익이 크게 나면 좋지만 자칫하면 원금마저 까먹을 수 있다. 아무래도 원금 보장형을 선호하고 실적 배당형을 택하더라도 위험도 낮은 것을 고르게 된다. DC형은 근로자에게 운용 결과가 귀속되므로 상품 선택도 근로자 본인이 한다. 회사가 택할 때보다는 위험 상품을 선택하는 경향이 높다. 하지만 근로자의 다수는 적립금 운용에 관한 지식이 부족하며 관심도 적다. 그래서 DC형도 원리금 보장형이 훨씬 많다. 2021년 기준 DB형 중 실적 배당형 비중은 4.8%이며, DC형 중 실적 배당형 비중은 20.7%이다. 내가 사업자라도 가입자가 원리금 보장형을 선호하는데, 혹은 별 관심이 없는데 구태여 상세한 정보를 제공하며 좀 더 나은 대안을 추천할 이유는 없겠다.

실적 배당형 대신 원리금 보장형을 선택하는 것은 위험 회피적 성향 때문이라고도 볼 수 있다. 실적 배당형의 수익과 위험도에 대한 충분한 정보가 있더라도 고수익 고위험(실적 배당형) 대신 저수익 저위험(원리금 보장형)을 택할 수 있기 때문이다. 하지만 가입자들이 충분한 정보를 가졌음에도 단지 위험 회피적 성향 때문에 압도적으로 원리금 보장형을 택한다고 보기는 어렵다. 실적 배당형이 원리금 보장형에 비해 평균 수익은 높은 대신 변동성이 크다는 것 자체는 알고 있을 것이다. 하지만 구체적인 크기는 잘 모르며 또한 투자 포트폴리오를 통한 위험 분산에 관한 충분한 지식이 없는 탓에 압도적으로 원리금 보장형을 선택했을 것이다. 동일한 위험 기피 성향을 지녔더라도 충분한 정보와 지식이 있다면 그런 선택을 하지는 않았을 것이다.

8장 이 황당한 퇴직연금을 어찌할까

효율적인 운용을 위한 장치들

퇴직연금 가입자의 정보 부족으로 인한 안전 위주 선택, 그에 따른 낮은 수익률 문제를 해결하는 데는 다른 나라 사례가 도움 된다. 앞서 퇴직연금이 발달한 국가들의 수익률은 우리보다 훨씬 높다고 했다. 수익률이 높은 까닭은 우리보다 실적 배당형, 고수익 고위험 자산에 훨씬 많이 투자하기 때문이다. 그렇다면 이 나라들은 가입자 정보 부족 문제를 어떻게 풀었는가. 이 나라들은 퇴직연금 사업자에 대한 규제와 감독이 우리보다 세기는 하다. 하지만 가장 중요한 이유는 우리와는 달리 가입자(회사 또는 근로자)를 대신해서 적립금을 관리하고 투자를 결정하는 중개 조직이 있다는 점이다.

중개 조직이 가입자를 대신하여 적립금을 관리하고 퇴직연금 사업자(금융 기관)를 상대하는 것을 기금형이라고 하며, 중개 조직을 거치지 않고 가입자가 직접 퇴직연금 사업자를 상대하여 투자 상품을 선택하는 것을 계약형이라고 한다. 다른 나라 퇴직연금은 기금형만 있거나 기금형과 계약형이 모두 있다. 둘 다 있는 경우라도 기금형이 더 많다. 이는 당연하다. 대다수 근로자는 투자에 대한 정보가 부족하다. 그러니 전문가가 적립금 관리·운용을 대리하는 기금형이 유리하다. 법적 강제이든 혹은 단체 협약이든, 근로자 일반 대상의 퇴직연금을 운용하는 나라치고 기금형 없는 나라는, 우리 외에는 달리 알지 못한다.

국민연금이나 퇴직연금이나 국민의 노후 대비를 위해 강제로 보험료 걷는 것은 마찬가지다. 그런데 왜 국민연금은 중개 조직(국민연금 기금운용본부)이 적립금을 운용하지만, 퇴직연금은 각자 알아서 운용하라고 할까. 7장에서처럼 이번에도 음모 이론을 생각해 보자. '국민연금은 확정 급여형DB이다. 적립금 운용 수익이 어찌 되든 정부는 약정된 금액을 가입자에게 지급해야 한다. 운용 수익이 낮으면 정부 부담이 커진다. 그러니 정부는 운용 수익을 높이려고 애써야 한다. 퇴직연금은 아니다. 퇴직연금에도 확정 급여형이 있다. 하지만 약정된 금액 지급 책임은 회사에 있다. 그리고 확정 기여DC형은 운용 수익이 근로자 개인에게 귀속된다. 어느 쪽이든 정부 부담은 없다. 그러니 군이 정부가 퇴직연금 수익률 높이는 데 신경 쓸 이유가 없다….'

정말 이런 생각으로 중개 조직 설치를 금한 것은 아닐 것이다. 처음에는 퇴직금을 퇴직연금으로 전환하는 데만 신경 쓰다 보니 중개 조직의 중요성을 간과했을 것이다. 혹은 중개 조직을 설치하면 그만큼 관리·운영 비용이 추가되어 비효율적이라고 여겼을 수도 있다. 절대 가입자의 이익을 경시하거나 사업자에게 유리한 구조를 만들려는 것은 아니었다고 믿자.

정부도 퇴직연금의 낮은 수익률이 문제라는 것을 인지했다. 그래서 2022년부터 기금형과 비슷한 제도를 도입했고 무조건 안전 자산만 택하는 것을 말리는, 3종 세트를 마련했다. 이들은 각각 중소기업 퇴직연금 기금(중퇴 기금), 적립금운용위원회, 디폴트 옵션, 이렇게 세 가지다.

중퇴 기금은 30인 이하 중소기업만 가입할 수 있는 중개 조직으로 근로복지공단이 운영한다. 적립금운용위원회는 DB형을 운용하는 종업원 300인 이상 회사라면 의무적으로 설치해야 한다. 회사가 무조건 금융 기관에 맡기는 대신, 이 위원회에서 기본적인 투자 결정을 하라는 것이다. 디폴트 옵션은 DC형에서 가입자가 별도의 운용 지시를 하지 않았을 때, 사전에 정해둔 상품에 투자되는 것을 말한다. DC형 가입자 중 많은 사람은 운용 지시를 하지 않는다. 한 설문 조사에 따르면 가입자의 60%가 1년 동안 운용 지시를 한 번도 안 했다고 한다. 운용 지시를 안 하면 그냥 원리금 보장형에 투자된다. 이게 DC형도 원리금 보장형이 많은 주된 이유다. 그래서 운용 지시를 안 해도 실적 배당형에 투자할 수 있도록 미리 디폴트 상품을 정해두라는 것이다.

이 3종 세트는 낮은 수익률 문제를 해결할 수 있을까? 지금보다 나아질 수는 있겠다. 하지만 국민연금만큼 혹은 외국 퇴직연금만큼의 수익률을 달성하기에는 한계가 분명하다. 적립금운용위원회 설치를 의무화한 것은, 퇴직연금 담당 직원이 별생각 없이 원리금 보장형을 선택하는 현행 대신, 여럿이 모여서 의논해 보라는 취지다.[4] 확실히 위원회가 없을 때보다는 낫겠다. 하지만 개별 회사마다 알아서 위원회를 설치하는 것이라서, 다수 회사가 하나의 기금을 만들어서 공동으로 운영하는 것보다 전문성이 약하고 규모의 경제 이익도 누릴 수 없다.

근로자 개인이 투자를 결정해야 하는 DC형에서 수익률을 높이려면 디폴트 옵션이 필요한 것은 맞다. 미국이나 호주 등 퇴

---

4   근로자 대표, 사용자 대표(퇴직연금 담당자), 전문가로 구성되는 위원회는 1년에 1회 이상 개최해야 하며 적립금 운용 계획서도 작성해야 한다. 위원회가 없을 때보다는 확실히 실적 배당형 선택이 늘 것이고, 그에 따라 수익률도 높아지기는 할 것이다. 하지만 어차피 DB형에서 근로자는 운용 수익과 상관없이 약속된 금액을 받기 때문에 위험 자산에 투자할 유인이 없다. 근로자 입장으로는 적립금운용위원회 도입의 이득은, 운용 수익 제고보다는 최소 적립금 규제 강화를 통해 떼일 위험을 줄인다는 게 되겠다.

직연금이 발달한 영미권에서는 디폴트 옵션 덕에 DC형의 수익률이 상당히 높다. 많은 투자 상품 중에서 심사를 거쳐 대표 상품 몇 개만 디폴트 옵션으로 지정한다. 가입자는 엄선된 소수 중에서 고르면 되므로 정보 비대칭 문제도 상당히 완화된다. 스웨덴 의무 가입 개인연금의 디폴트 옵션은 정부가 운영하는 단일 상품인데, 개인 지정 상품의 평균 수익률보다 디폴트 상품 수익률이 높다.[5] 미국, 호주, 스웨덴 모두 디폴트 옵션은 실적 배당형인데 이는 당연하다. 디폴트 옵션의 취지가, 가입자 개인이 운용 지시를 안 하면 무조건 원리금 보장형에 투자되는 것을 막기 위한 것이기 때문이다. 그런데 우리는 아니다. 우리는 디폴트 옵션에 원리금 보장형이 포함되어 있다. 이걸 지정하면 디폴트 옵션은 있으나 마나다. 왜 우리는 원리금 보장형을 포함했을까? 극도로 위험을 회피하려는 가입자의 성향도 존중해야 했기 때문일까? 디폴트 옵션을 도입하면서 원리금 보장형 포함 여부를 놓고 퇴직연금 사업자끼리 대립했다. 원리금 보장형을 주로 운용하는 은행은 꼭 포함되어야 한다는 쪽이었고 상대적으로 실적 배당형이 많은 증권사는 제외해야 한다는 쪽이었다.[6] 정부는 은행 쪽 손을 들어줬다. 참고로 은행이 원리금 보장형 상품 운용으로 얻는 이득은 운용 수수료보다 예대 마진이 더 크다.

'푸른씨앗'이라는 이름의 중퇴 기금은 근로복지공단이 주관

5 의무 가입 개인연금은 공적연금 보험료 18.5% 중 2.5% 포인트를 따로 떼어 가입하는 사적 연금(프리미엄 연금)을 말한다.

6 증권사도 원리금 보장형이 있다. 그리고 금융 기관의 수익은 원리금 보장형이 실적 배당형 보다 크다. 그렇다면 원리금 보장형을 포함하는 것이 증권사에게도 이득일 텐데 왜 제외하 자고 했을까. 아마도 원리금 보장형을 제외하면 은행에서 증권사로 갈아타는 가입자들이 많을 것으로 기대한 것 같다.

하는데, 기금 운용 자체는 전문 자산 운용 기관에게 맡기고 있다. 개별 가입자가 직접 사업자와 계약하는 대신 가입자들의 적립금을 모아 기금을 조성하고 공동으로 계약한다는 점에서 기존과 다르다. 개별 가입자보다 전문성을 지닌 중개 조직이 관여하므로 정보 비대칭 문제를 상당 부분 해소할 수 있다. 다만, 실제 자산 운용을 담당하는 금융 기관이 얼마나 가입자 이익에 충실하게 운용할지는 미지수다. 하지만 중개 조직인 푸른씨앗이 성실하고 깐깐하게 모니터링하면 제법 높은 수익을 올릴 수도 있겠다.

가입자 정보 부족 문제를 보완하는 3종 세트는 2022년에 도입됐다. 도입된 지 얼마 안 되었기에 아직 효과를 판단하기는 어렵다. 하지만 전술했듯 한계가 명확하다. 적립금운용위원회와 디폴트 옵션은 수익률 제고를 위해 다른 나라들이 운영하는 제도 중에서 핵심은 그냥 둔 채 곁가지만 차용했다. 그래서 가입자들이 수익률 낮은 원리금 보장형 상품 택하는 것을 막기 어렵다.

푸른씨앗(중퇴 기금)은 통상의 기금형 제도에 해당한다. 그런데 푸른씨앗 도입의 주목적은 수익률 제고보다는, 퇴직연금 전환 촉진에 있다. 중소기업의 퇴직연금 도입률은 대기업에 비해 매우 낮다.[7] 그래서 수수료 면제, 고용주 부담금 보조 등 다양한 지원을 통해 중소기업의 퇴직연금 전환을 활성화하려는 것이다. 어쨌

---

[7] 2020년 근로자 수 기준 퇴직연금 가입률 평균은 52.4%인데 5인 미만 사업장은 24%, 5~9인 미만 사업장은 29.6%이다. 중소기업은 퇴직 급여 수급권 보호가 중요한데, 이를 위해서는 기존의 퇴직금 제도나 DB형 퇴직연금보다 DC형 퇴직연금이 유리하다. DC형은 필요 재원을 100% 회사 외부인 금융 기관에 적립하는 것이기 때문이다. 그런데 퇴직연금을 운용하는 금융 기관 입장으로 본다면 개별 중소기업은 규모가 작아서 수익이 적으므로 관심이 적다. 또한, 가입자 입장에서는 대기업보다 정보 비대칭 문제가 더욱 심각하며, 비용이 많이 든다. 이런 상황에서 정부가 비용 일부를 지원하고 다수 가입자를 모아 기금을 조성함으로써 규모의 경제 이익을 얻으려는 것이다.

든 푸른씨앗이라는 기금형 제도 도입으로 퇴직연금 전환이 활성화되고 동시에 수익률도 높일 수 있다면 좋은 일이다. 하지만 푸른씨앗은 종업원 30인 이하의 중소기업만 가입할 수 있다. 수익률 높이는 데 효과적인 기금형 제도 가입을 중소기업으로 제한할 이유는 없다. 모든 가입자가 가입할 수 있게 해야 한다.

기금형 제도를 전면 도입한다면 어떤 형태가 좋을까. 외국 제도를 참조해서 우리에게 필요한 기금형 제도를 구상해 보자. 기금형 제도의 핵심은 가입자의 적립금을 모아서 기금을 만들고, 이를 가입자 이익을 위해 운영하는 것이다. 그래서 누가 어떻게 운영해야 가입자 이익을 극대화할 수 있느냐는 관점에서 제도를 설계해야 한다. 이런 면에서 참조할 만한 해외 사례로 스웨덴, 네덜란드, 호주를 선택했다. 스웨덴 사례에서는 공공의 중개 조직 역할을 배울 만하다. 네덜란드 사례에서는 가입자를 대신한 중개 조직의 적립금 운용을 배울 만하다. 그리고 호주 사례에서는 디폴트 옵션 활용을 배울 만하다.

스웨덴의 경우는 퇴직연금 대신 공적연금 보험료의 일부를 떼어내서 의무 가입하는 개인연금(프리미엄 연금) 사례를 검토한다.[8] 스웨덴은 공적연금 보험료 18.5% 중 16%만 공적연금 급여 지출에 사용되고, 2.5%는 사적 개인연금인 프리미엄 연금premium pension에 쓰인다. 프리미엄 연금은 DC형으로 공공 기관인 '프리미엄 연금청'에서 운영한다. 연금청에는 수십 개 금융 회사의 수

---

[8] 스웨덴은 퇴직연금도 매우 발달했다. 퇴직연금은 노사 단체 협약에 의하며, 대부분 근로자가 가입되어 있다. 산별 노조 중심의 기금형으로 모범적으로 운영되고 있다. 다만 산업별 기금은 후술하는 네덜란드나 호주 사례에서도 나오므로 여기서는 의무 가입 개인연금을 검토한다.

8장 이 황당한 퇴직연금을 어찌할까

백 개 상품이 등록되어 있는데, 가입자는 이 중 다섯 개 이내의 상품을 선택한다. 연금청은 가입자의 선택을 돕기 위해 다양한 상품들을 유형화해서 각 상품의 특성, 수익률, 관리 비용, 위험도 등을 상세하게 제공하고 있다. 가입자와 금융 회사는 연금청을 매개로 연결될 뿐이어서, 금융 회사는 가입자 개인 정보가 없고 그래서 개인 대상의 마케팅도 없다. 가입자들은 언제든지 손쉽게 가입 상품을 변경할 수 있다. 이를테면, 인터넷 증권 거래와 유사하게 A 회사 펀드에서 B 회사 펀드로 옮길 수 있다. 그리고 연금청이 독점적인 협상력을 지니므로 운용 회사 수수료 등 제반 비용을 낮출 수 있다.[9] 한편 본인이 선택하지 않은 사람은 디폴트 옵션에 의해 연금청이 운영하는 상품에 지정된다. 전술했듯 그동안의 운영 실적을 보면 디폴트 옵션 상품의 수익률이 나머지 상품 평균 수익률보다 높다.

네덜란드의 공적연금은 기초연금이다. 사적연금인 퇴직연금이 소득 비례 연금, 그러니까 우리의 국민연금 같은 역할을 한다. 당연히 의무 가입이며, 보험료는 24%인데 고용주와 근로자가 7대 3 정도로 분담한다. 기업별, 산업별, 직종별 등으로 구분된 200여 개의 기금이 존재한다. 네덜란드 퇴직연금은 최근까지 우리의 국민연금과 마찬가지로 부분 적립의 확정 급여형DB으로 미리 약정된 금액이 죽을 때까지 지급됐다. 이런 형태이니 고령화 진전에 따라 적립금이 감소할 수밖에 없다. 그래서 2000년대 중반 이후 완전 적립식의 확정 기여형DC으로 전환 중이다.

---

9   연금청은 퇴직연금 상품의 중개뿐만 아니라, 일부는 직접 운용할 수도 있다.

불편한 연금책

DB형에서 DC형으로 전환하는 것은 낸 것(+운용 수익)만큼만 받게 함으로써 기금 소진을 막기 위한 것이다. 그래서 급여 지급 방식만 바꿀 뿐 기금 운용 방식은 과거와 마찬가지, 즉 가입자 개인이 아닌 기금이 적립금을 운용하는 방식을 유지했다. 그래서 투자 결정을 가입자 개인이 하는 통상의 DC형과 구분하여 집합적 DC형이라고 부른다.

호주도 네덜란드와 마찬가지로 공적연금은 기초연금이다.[10] 그래서 퇴직연금이 강제 가입이며 소득 비례 부분을 담당한다. 고용주 부담률은 2023년 기준 11%인데, 2024년에는 11.5%, 2025년에는 12%가 된다. 기금 유형에는 개별 기업형, 산업형, 공공 부문형, 소매형, 자기 관리형의 다섯 개가 있다.[11] 호주 퇴직연금은 DC형이 대부분으로 각 기금은 가입자에게 상품 선택에 관한 자문을 제공한다. 스웨덴이 그렇듯, 가입자 개인이 투자를 결정하는 DC형에서는 디폴트 옵션이 활성화될 수밖에 없다. 호주도 마찬가지다. 다수 가입자가 디폴트 옵션으로 적립금을 운용한다. 호주의 디폴트 옵션 역시 실적 배당형으로, 안전과 위험 자산 비중이 다른 상품들과 유사하며, 수익률도 매우 높다.[12]

---

10 네덜란드는 기초연금은 보편 연금인 데 비해 호주의 기초연금은 자산 조사를 거친다. 그래서 고소득층은 기초연금을 수급하지 않는다.

11 개별 기업형은 단독 혹은 복수의 기업이 기금을 구성하는 것이고, 산업형은 교육, 의료, 건축 등 산업별로 기금을 구성하는 것이며, 공공 부문형은 공무원이 기금을 구성하는 것이다. 소매형은 퇴직연금 운용 기관들이 구성한 기금이며, 자기 관리형은 개인이 구성하는 것이다. 개인 구성을 제외한 네 기금 중 소매형만 영리이고, 나머지는 비영리형이다.

12 가입자 지정으로 운용되는 펀드 평균에 비해 위험 자산 비중이 오히려 높으며, 수익률도 약간 더 높다고 한다.

8장 이 황당한 퇴직연금을 어찌할까

퇴직연금이 노후 보장의 한 축이 되려면

제대로 된 퇴직연금 운용은 두 가지를 충족해야 한다. 하나는 가입자의 정보 부족 해소이며, 다른 하나는 규모의 경제 이익 실현이다. 네덜란드처럼 개별 가입자 대신 기금이 집합적으로 투자하는 것은 이 둘을 충족할 수 있다. 디폴트 옵션 역시 이 둘을 충족할 수 있는데 그러려면 그에 맞춰 설계되어야 한다. 우선 디폴트 옵션은 실적 배당형이어야 한다. 원리금 보장형을 포함하는 것은 취지에 안 맞는다. 다음으로 디폴트 상품은 엄선된 것으로 개수가 적어야 한다. 스웨덴 개인연금처럼 하나만 있어도 좋다. 그 정도는 아니라도 정보 부족으로 인한 위험성을 없애려면 가입자에게 유리한 상품을 몇 종만 엄선해서 제시해야 한다. 상품 수가 적어야 상품별 운용 금액이 커져서 규모의 경제 이익도 누릴 수 있다.

2022년에 도입된 3종 세트(중소기업 퇴직연금 기금, 적립금운용위원회, 디폴트 옵션) 중 중퇴 기금은 기금형 제도로서 집합적으로 운용된다. 근로복지공단의 전문성에 의문이 들고 자산 운용을 맡은 민간 금융 기관이 가입자 이익을 위해 최선을 다할 것인지가 걱정되기는 한다. 하지만 아직은 긍정적으로 지켜보고 싶다.[13] 문제는 적립금운용위원회와 디폴트 옵션이다. 이 둘은 가입자 정보 부족 해소와 규모의 경제 이익에 별 도움이 안 된다. 바꿔야 한

---

13   퇴직연금 관리는 기존 근로복지공단 업무와는 다소 성격이 다르므로, 근로복지공단이 금융 기관을 효과적으로 감독할 수 있을지는 잘 모르겠다. 그리고 어쩌면 수익률이 크게 떨어졌을 때의 비난이 부담스러워 오히려 위험이 낮은 상품 위주의 운용을 주문할 수도 있겠다.

다. 어떤 대안이 좋을까. 앞서 검토한 스웨덴, 네덜란드, 호주 사례를 응용해 보자.

국민연금공단이 퇴직연금 사업자로 참여하게 하자는 주장도 있다. 민간 금융 기관만 사업자로 참여하고 있는 퇴직연금 시장에 공공 기관이 기금형 사업자로 참여하자는 얘기다. 국민연금공단 내부에 국민연금과 별도로 퇴직연금 기금운용본부를 설치해서 집합적으로 기금을 운용하자는 것이다. 국민연금공단 대신 근로복지공단이 할 수도 있겠다. 가령 중소기업 퇴직연금 기금에 가입 제한을 없애고 중소기업 근로자는 물론 누구든 원하면 기금에 가입할 수 있게 할 수도 있다.[14] 중요한 것은 공공 기관이 가입자 개인을 대신하여 집합적으로 투자 결정을 하는 것이다.[15]

퇴직연금은 가입 여부가 자유로운 사적연금이 아니다. 가입은 강제하면서, 그다음은 모른 체하고 민간에 맡겨두는 것은 잘못된 일이다. 퇴직연금은 공적 목적을 지닌 제도이며, 그런 면에서 국민연금공단이나 근로복지공단 등 공공 기관이 적립금 운용에 관여하는 것이 필요하다. 하지만 그 방식이 반드시 사업자로 참여해서 민간과 경쟁해야 하는 것은 아니다. 스웨덴 연금청과 같은 방식도 고려해 볼 만하다. 가칭 '퇴직연금 거래소' 같은 것

---

14 이 경우는 현행처럼 소수의 민간 금융 기관에게 자산 운용을 일임하는 대신, 국민연금 기금 운용본부처럼 직접 투자를 결정할 수도 있을 것이다.

15 공공 기관이 사업자로 참여한다면 어디가 좋을까? 솔직히 전문성을 따지면 근로복지공단 보다는 국민연금이 훨씬 낫다. 하지만 근로복지공단 참여가 더 실현 가능성이 높을 것 같다. 퇴직연금은 고용노동부 소관이기 때문이다. 어느 조직이나 그렇지만 관료들 역시 밥그릇 챙기는 데 민감하다. 남이 내 밥상에 숟가락 얹는 것도 기분 나쁜데, 하물며 내 밥그릇 빼앗으려 한다면 참기 어렵다. 공익을 위하여 기꺼이 양보한다? 연감생심이다. 입장 바꿔 생각해 보라. 글쎄, 그래도 공무원은 정치적으로 결정되면, 불만을 억누르고 받아들인다. 대학 교수라면 어림도 없다.

을 만들어서 가입자와 사업자를 중개하는 것이다. 퇴직연금 민간 사업자들은 퇴직연금 거래소에 자기네 상품을 등록할 수 있다. 퇴직연금 거래소는 등록된 상품을 검토하여 내용을 알리고, 수익률과 수수료를 비교 제시할 수 있다. 특히 중요한 것은 스웨덴처럼 실적 배당형의 디폴트 옵션 상품을 개발하고, 별도의 운용 지시가 없는 가입자는 이 상품에 가입하게 하는 것이다.

공공뿐만 아니라 민간에게도 기금형을 전면 개방해서, 다양한 민간 주체들이 가입자 적립금을 모아서 기금으로 운영하게 할 수도 있다. 이 경우 너무 많은 기금이 난립하면 규모의 경제 이익을 보기 어려우므로 기금 개수를 제한할 필요는 있다. 그리고 가입자들이 자유롭게 기금을 선택하게 함으로써 기금 간 경쟁을 유도해야 한다. 기금의 역할로는 가입자 상품 선택에 자문을 제공하는 것도 중요하지만, 무엇보다 정말 괜찮은 디폴트 옵션을 개발하여, 스스로 상품 운용을 원치 않는 가입자에게는 자동으로 이를 적용하는 것이 필요하다.[16, 17]

스웨덴 방식, 네덜란드 방식, 호주 방식 중 어떤 것을 택해도 괜찮다. 이들을 융합할 수도 있다. 중요한 것은 제대로 된 퇴직연금이라면 마땅히 갖춰야 할 것, 즉 가입자 정보 부족을 해소하고

---

16 현행 디폴트 옵션은 가입자가 미리 특정 상품을 지정해 놓아야 한다. 안 그러면 그냥 현금으로 묶여 있을 뿐 운용되지 않는다. 하지만 다른 나라의 디폴트 옵션은 가입자가 특정 상품 운용을 지시하지 않으면 자동으로 디폴트 옵션이 적용된다. 이렇게 하는 것이 디폴트의 취지에 맞을 것이다. 단, 이 경우는 자동으로 실적 배당형 디폴트 상품으로 운용하다가 손실이 생기는 것도 감수하도록 규정이 바뀌어야 한다.

17 실적 배당형 디폴트 상품이라도 일정 가입 기간을 기준으로 최소한 원금을 보장하는 장치를 둘 수 있다. 물론 원금을 보장할 경우는 그렇지 않은 경우보다 수익률이 낮아질 수밖에 없다. 그래도 원리금 보장형보다는 훨씬 높은 수익률이 가능하다.

규모의 경제 이익을 실현해야 한다는 점이다. 우리의 현행 퇴직연금은 둘 중 어느 것도 못 하고 있고, 그래서 가입자의 이익보다는 사업자인 금융 기관의 이득 실현에 치중되어 있다.

행정학의 세부 분야 중 규제 정책이 있다. 규제 정책 연구에서 다루는 대표적인 주제가 포획capture 현상이다. 정부가 규제 대상의 감언이설(?)에 넘어가서 느슨한 규제를 행하고, 그럼으로써 애초의 목적 달성에 실패하는 것을 지칭한다. 국민의 안전이나 건강, 혹은 공정 경쟁 및 환경 보전 등을 위해 대기업을 규제할 때 흔히 발생한다. 퇴직연금도 마찬가지다. 정부는 퇴직연금 사업자(금융 기관)에게 포획된 것으로 보인다. 그 외에는 달리 설명할 도리가 없다.

2021년까지 5년간 우리 퇴직연금의 수익률은 2% 정도다. 같은 기간 국민연금의 수익률은 7%가 넘으며, 외국 퇴직연금 수익률도 그렇다. 왜 우리 퇴직연금만 이래야 하는가. 5% 포인트의 차이는 수익금에 어마어마한 차이를 가져온다. 월 급여 400만 원인 사람이 30년간 퇴직연금에 가입할 때, 수익률 2%와 7%가 얼마나 큰 차이를 가져오는지 따져보자. 수익률이 2%로 30년 가입했을 때 원리금은 1억 6000만 원 정도 된다. 이에 비해 수익률이 7%면 4억 원이 넘는다. 두 배가 훨씬 넘는 차이다. 이 차이는 누가 가져갔을까? 금융 기관이 원리금 보장형에 쌓인 적립금을 그냥 묵혀두었을까?

증권 시장, 그리고 그보다 훨씬 위험한 파생 상품 시장의 개인 참여율은 대한민국이 전 세계에서 수위를 다툰다. 절대 우리가 다른 나라 사람들보다 위험 회피적이지 않다. 그런데 왜 우리

8장 이 황당한 퇴직연금을 어찌할까

퇴직연금만 유독 원리금 보장형이 압도적인가. 여러 말이 필요 없다. 정부는 퇴직연금 목표 수익률을 국민연금 수준으로 설정해야 한다. 그리고 이를 달성하기 위한 방안을 강구해야 한다. 못하겠으면 그냥 국민연금공단에 맡기는 것이 낫다.

앞서 퇴직연금의 낮은 수익률은 시장 실패의 결과라고 했다. 사실은 아니다. 시장은 원래 자기 이익을 극대화하기 위해 움직인다. 시장의 자기 이익 극대화가 사회의 이익을 침해할 때, 이를 규제함으로써 사회의 이익에 부합하게 만드는 것은 정부 역할이다. 정부가 포획되어 제 역할을 못 한 탓에 수익률이 낮은 것이다. 시장 실패가 아니라 정부 실패다.

퇴직연금의 기회비용

퇴직연금 수익률이 낮아서 생기는 가입자의 잠재 손실액을 따져보자. 2022년 퇴직연금 적립금은 336조 원이다. 적립금이 300조 원일 때, 수익률이 2%면 수익은 6조 원이지만 6%면 18조 원이다(국민연금이나 다른 나라 퇴직연금 수익률은 7%가 넘었다지만, 조금 양보해서 6%에 만족하자). 12조 원 차이다. 이것도 큰 액수지만, 이게 매년 복리로 누적된다고 생각해 보라. 예를 들어 2017년 초 150조 원 정도였던 적립금이 2021년까지 5년간 매년 2% 대신 6%의 수익률을 냈다면 2022년 적립금은 60조 원이 더 많아졌을 것이다. 적립금이 적을 때도 이 정도인데 앞으로 적립금이 계속 쌓이면 누적 잠재 손실은 얼마나 커질 것인가. 2022년 퇴직연금 적립금은 336조 원이지만, 10년 뒤에는 1000조 원 이상이 될 전망이다. 이후에도 계속 쌓일 것이다. 이런 데도 계속 묵묵히 낮은 수익률을 감수해야 할까.

지난 5년간 가입자 잠재 손실 60조 원은 누구에게 갔을까. 나는 차라리 퇴직연금 사업자인 금융 기관이 이를 가져갔기를 바란다. 그게 아니라 그냥 다른 나라는 7% 이상 수익률을 낼 때 우리는 안전한 투자만 해서 2%의 수익률을 올린 것이라면 너무 한심하지 않은가.

퇴직연금이 노후 대비 기능에 충실하려면 연금으로 수급하는 게 중요하다. 일시금으로 수령하면 대부분 몇 년 내에 사라진다. 기존의 퇴직금 제도를 퇴직연금으로 바꾼 것 역시 일시금 대신 연금으로 수급함으로써 노후 소득 보장 기능을 강화하려는 취지였다.[18] 이제 퇴직연금으로 바뀌었으니, 취지대로 일시금이 아닌 연금으로 수급해야겠다. 당위적으로는 그렇지만, 현실은 전혀 아니다. 친지 중에 퇴직연금을 수급하는 사람이 있으면 어떻게 하는지 확인해 보기 바란다. 둘 중 하나다. 하나는 일시금으로 수령하는 것이다. 일시금으로 수령하는 분들은 대체로 적립금이 작다. 또 하나는 연금 형태로 수령하는 것이다. 내가 연금 '형태'라고 한 것은 이분들도 본래 의미의 연금 수령은 아니기 때문이다.

본래 의미의 연금은 국민연금 같은 것을 의미한다. 죽을 때까지 매달 일정액을 수급하는 것이다. 연금 상품을 취급하는 금융 기관에서는 '죽을 때까지 수급'을 강조하기 위해 종신 연금이라고 부른다. 그런데 퇴직연금을 연금 형태로 수령하는 사람 중 종신 연금을 택하는 사람은 거의 없다. 내 친지 중에는 한 명도 없다. 20년 혹은 25년처럼 장기로 정해놓고 연금을 받는 경우(확

---

18   또 하나의 중요 목적은 퇴직 급여 수급권 보장이었다. 회사 내부 자금으로 지급하는 퇴직금
      보다는 외부에 적립금을 쌓는 퇴직연금이 떼일 염려가 적기 때문이다.

정 연금) 역시 없다. 내 친지들은 모두 비정기 금액 지정형(소득 인출형)을 선택했다. 이들은 10년간은 아주 적은 금액의 연금을 받고, 11년 차 이후 나머지를 모두 찾을 계획이다. 연금 형태 수령이 10년을 넘어가면, 소득세 공제율이 높아지기 때문이다. 내 친지들은 노후 보장 측면에서 일시금보다 연금이 낫다는 생각으로 연금 형태를 택한 것이 전혀 아니다. 단지 세금을 덜 내려는 것뿐이다.

2021년 퇴직연금 수급자 중 연금 형태를 선택한 사람은 4.3%였으며 나머지 95.7%는 일시금을 선택했다. 연금 형태 선택자의 적립금 평균은 1억 9000만 원이었다. 일시금 선택자의 적립금 평균은 1600만 원으로 연금 선택자의 1/10에도 못 미쳤다. 일시금 선택자들은 적립금 액수가 적어서 떼어가는 소득세가 얼마 안 되니 굳이 10년 넘게 시간을 두고 천천히 수령할 동기가 약하다. 적립금이 큰 사람은 소득세를 줄이려고 10년 넘게 수급할 뿐이다.

퇴직연금의 연금화를 위해 필요한 것은 두 가지다. 가장 중요한 것은 퇴직 시 적립 금액이 웬만큼 커야 한다는 점이다. 2000만 원에도 못 미치는 적립금을 연금으로 수급한들 매달 받는 돈이 얼마나 될까. 적립 금액이 웬만큼 크다는 전제하에, 이를 종신 연금 혹은 적어도 20년 이상 긴 기간 동안 연금으로 수급하도록 유도하는 것이다.

절대다수의 퇴직연금 적립 금액이 적은 것은 일하는 기간 내내 끊김 없이 계속 붓는 경우가 많지 않기 때문이다. 평생 30년 간 일하며 퇴직연금을 붓는다고 하자. 단순화를 위해 급여는 300

만 원으로 고정하며, 수익률은 2%라고 하자. 그럼 30년간 부었을 때 적립금은 1억 2000만 원이 넘는다. 수익률이 5%라면 2억 원이 넘는다.

대다수 퇴직연금이 2000만 원에도 못 미치는 이유는 두 가지다. 하나는 중도 인출 때문이다.[19] 퇴직연금은 주택 구입, 부모 요양비 마련 등 특정한 사정으로 목돈이 필요하면 중간에 적립금을 인출할 수 있다.[20] 또 하나는 IRP개인퇴직연금 해지다. 회사를 그만두면, 기존 퇴직연금 적립금은 IRP 계좌로 옮겨진다. 이를 해지하여 일시금으로 찾을 수도 있고, DC형으로 운용하다가 나중에 연금 형태로 받을 수도 있다. 그런데 대부분 일시금으로 찾는다. 그러면 옮긴 회사에서는 다시 처음부터 퇴직연금을 붓게 되니 적립금이 적을 수밖에 없다. 퇴직연금 적립금이 적은 데는 '중도 인출'보다 'IRP 해지'가 더 큰 영향을 미친다.

국민연금은 이직한다고 해서 그동안 낸 보험료 원리금을 찾아가지 않는다. 회사만 옮길 뿐 보험료는 계속 내고, 연금 수급 개시 연령이 되면 가입 기간과 낸 보험료에 따라 정해진 급여를 받는다. 왜 국민연금은 회사를 옮겨도 계속 유지되는데 퇴직연금은 회사를 옮기면 단절 후 다시 시작해야 하는가. 기존 퇴직연금이 IRP 계좌로 옮겨질 때는 가입한 상품이 아니라 현금으로 옮

---

19   2021년 퇴직연금 수급자는 퇴직연금 도입 이전인 '퇴직금' 시절부터 일한 사람이 대부분일 텐데 그때는 퇴직금 중간 정산이 보편적으로 이뤄졌다. 2021년 퇴직연금 수급자의 적립 금액이 작은 데는 퇴직금 중간 정산도 일정한 역할을 했을 것이다.

20   중도 인출은 DC형만 가능한데, 2021년 DC형 가입자 중 중도 인출 비중은 1.6% 정도였다. 이게 얼마나 큰 비중인지는 잘 모르겠다. 단순히 따져서 평균 20년 가입하고, 그 기간 중 중도 인출은 한 번만 한다면, 32%가 중도 인출하는 셈이 된다. 그러나 실제로는 한 사람이 거듭 중도 인출하는 경향이 있다.

겨진다. 그래서 설사 일시금으로 찾지 않더라도 다시 DC형 상품에 가입해서 적립금을 운용해야 한다.[21] 퇴직연금이 국민연금과 함께 노후 소득 보장의 한 축을 담당해야 한다면서, 이처럼 퇴직연금 장기 가입을 불편하게 만든 까닭은 대체 뭔가.

앞서 스웨덴, 네덜란드, 호주의 퇴직연금 사례를 살펴봤다. 수익률 높이는 방안을 마련하기 위함이었는데, 이 사례들은 퇴직연금의 장기 가입을 위해서도 마찬가지로 유용하다. 퇴직연금을 공공 기관이 담당하거나 집합적 DC형으로 운영하면 이직하더라도 옮길 필요가 없다. 호주와 같은 기금형에서도 가입자들은 직장을 옮겨도 기존에 선택한 기금을 유지할 수 있다. 결국, 퇴직연금 수익률을 높이는 방안-공공이든 민간이든 기금형으로 가입하고 적립금을 집합적으로 운용하는 것-은 장기 가입을 유도하는 방안이기도 하다.[22]

적립 금액이 충분히 큰 데도 종신 연금 대신 절세를 위해 필요한 최소 기간(10년 초과)만 채우는 경우는 어떨까. 이렇게 하는 주된 이유는, 그 돈을 스스로 운영하면 더 높은 수익을 올릴 수 있다고 생각해서다. 기존 퇴직연금 수익률이 워낙 낮다 보니 생기는 일이다.

---

21 근로자 퇴직 급여 보장법 20조 6항과 7항에는 DC형 퇴직연금 가입자가 이직 시 IRP 계좌로 현금 대신 가입된 상품 자체의 이전을 요청하면 그렇게 해주도록 규정되어 있다. 하지만 실제로 그렇게 되지는 않는다. 현재는 그렇게 할 수 있는 인프라가 구축되어 있지 않다.

22 물론 중도 인출을 엄격하게 제한하는 장치도 필요한데 지금도 없지는 않다. 다만 실제 운용이 엄격하지 않은 게 문제일 뿐이다. 한편 실업이나 이직의 경우도 고려해야 한다. 이때 IRP를 해지하여 그동안 적립한 돈을 일시불로 받지 않으면, 새 직장에 갈 때까지 생활이 어려울 수 있다. 그런데 이는 실업 급여가 담당해야 하는 부분이지, 노후 자금을 깨서 충당해야 하는 것은 아니다. 결국, 실업이나 이직과 상관없이 퇴직연금에 장기 가입하게 하려면 든든한 실업 급여 제도 역시 필요하다.

본인의 직접 투자는 앞서 논의한 개인의 정보 부족과 상충한다고 생각할 수 있다. 하지만 이들은 전체 퇴직연금 수급자 중 매우 소수(2021년 기준 4.3% 이하)다. 이들은 근로 시기에 안정된 직장에서 장기간 근무했던 사람들이다. 국민연금 급여도 작지 않으며, 그 외에도 이런저런 노후 대비 방안을 마련한 사람들이다. 또한, 상당수는 개인 투자 경험이 있다. 사실 이들은 굳이 퇴직연금을 종신 연금으로 받지 않더라도 노후 생활에 큰 문제가 없을 것이다.

개인 투자에 자신 있는 소수가 남은 적립금을 모두 찾아 스스로 운용하는 것을 막을 이유는 없다. 하지만 그렇지 않은 다수들에게는, 종신 연금 혹은 장기간(20년 이상) 연금 선택이 본인에게 유리한 선택이 되도록 하는 방안을 마련해야 한다.

소득세 감면을 강화하는 것도 그중 하나다. 기존에는 10년만 초과하면 더 이상 감면 혜택이 없다. 여기에 종신 혹은 20년 이상 장기간 연금으로 수급하면 더 큰 감면 혜택을 추가하는 것이다. 절세는 언제나 좋은 유인책이다. 그런데 소득세 감면보다 더 중요한 것은 연금의 급여 수준이다. 종신 연금 선택을 꺼리는 데는 급여액이 낮은 것도 한몫한다. 적립금이 1억 원일 때 60세부터 종신 연금을 받는다면 월 급여액은 30만 원이 약간 넘는다. 가령 60세부터 기대 수명인 86세까지 27년간 매달 35만 원을 받는다고 생각하면 적립금 이자율(수익률)은 1%보다 작은 셈이다. 그런데 적립금 수익률이 5%라면 56만 원을 받을 수 있다. 적립금을 연금으로 받을 때 급여 수준을 정하는 것을 전환율이라고 한다. 이를 법으로 정해놓는 국가도 있다. 적정 급여를 보장하기 위함이다. 법으로 정하든, 그보다는 약한 규제를 통해서든, 적정 수준의 전환율 확보는 반드시 필요하다.

퇴직연금이 국민 노후 보장의 한 축이 되려면 적정 수익률 달성과 장기간 가입 이외에 하나 더 해결해야 할 것이 있다. 너무나 넓은 사각지대를 줄이는 것이다. 퇴직연금은 이름 그대로 퇴직 이후에 받는 연금이다. 회사에 다닐 동안 회사(고용주)가 연금 보험료를 납입하고, 근로자가 퇴직하면 받는 것이다. 그래서 '고용주'가 있고 '퇴직'을 하는 사람만 대상이다. 전업주부 등 일하지 않는 사람은 당연히 대상이 아니다. 경제 활동을 하더라도 자영업자는 대상이 아니다. 또한, 일용직, 단기간(1년 미만) 근무자, 파트타이머, 대다수 특수 고용직도 '퇴직' 혹은 '고용주'가 애매한 탓에 대상이 아니다.

이 때문에 일하는 사람 중 퇴직연금 가입 대상자는 절반에 못 미친다. 퇴직연금 가입 대상자 중에도 상당수는 퇴직금 제도를 유지하고 있어서 가입 대상자 중 실제 가입자는 절반이 약간 넘는다. 퇴직금의 퇴직연금 전환은 진행 중이고 나중에는 모두가 퇴직연금에 가입할 것이다.[23, 24] 정말 문제인 사람들은 여기서 아예 배제된 사람들이다.

퇴직연금에서 배제된 사람들은 배제된 임금근로자, 자영업

---

23 중소기업일수록 퇴직금 제도를 유지하는 경우가 많은데, 회사 내부 자금으로 지급하는 퇴직금보다는 외부에 적립금을 쌓는 퇴직연금이 떼일 염려가 적다. 따라서 퇴직연금 전환이 퇴직 급여 확보의 안정성을 높인다는 면에서 유리하다. 그런 면에서도 퇴직연금 전환은 필요하다.

24 퇴직금 수령자의 경우 IRP 계좌에 들어온 돈을 일시금으로 찾는 대신 잘 운용해서 불리고 노후에 연금화할 수 있도록 해야 하는데, 이는 퇴직연금 적용자도 동일하게 안고 있는 문제로서, 이에 대해서는 앞서 논의했다.

자, 비경제 활동자로 구분할 수 있다.[25] 이들에 대한 퇴직연금 적용은 국민연금 사례를 참조할 수 있다. 국민연금은 사업장 가입자와 지역 가입자로 나뉘어 있다. 임금근로자는 사업장 가입자이다. 자영업자, 그리고 전업주부 등 임의 가입자는 지역 가입자이다. 대법원은 퇴직 급여를 임금의 일부로 정의하고 있다. 그렇다면 근무 기간이 짧다고 해서 배제될 이유가 없다. 그리고 고용주와 근로자가 절반씩 보험료를 내는 국민연금 사업장 가입자와 가입 대상이 달라야 할 이유도 없다. 국민연금 사업장 가입자 모두가 퇴직연금 대상이 되는 게 마땅하다. 그러면 기존에 배제된 일용직, 단기간 근무자, 파트타이머, 특수 고용직의 상당수가 포함된다.

국민연금은 사업장 가입자가 아닌 자영업자 등 59세 이하 경제 활동 종사자도 의무적으로 가입해야 한다. 하지만 퇴직연금은 그럴 수 없다. 퇴직연금 보험료는 고용주가 내는데, 이들은 고용주가 없거나 특정하기 어렵기 때문이다. 국민연금 지역 가입자는 의무 가입자든 임의 가입자든 퇴직연금 대상이 되기 어렵지만, 그렇다고 손 놓고 있는 것도 곤란하다. 대안이 마련되어야 한다. 대안은 천상 임의 가입이 될 텐데, 이는 이미 존재한다. IRP개인형 퇴직연금가 그렇다.

이·퇴직 때 퇴직 급여가 IRP 계좌로 들어오기도 하지만, 근로자든 자영업자든 근로 기간에 임의로 IRP에 돈을 넣을 수 있다. 나도 매달 IRP 계좌에 돈을 넣고 있다. 이 책의 독자들도 상

---

25   특수 고용직은 근로자와 자영업자 속성 중 어느 쪽이 더 강한가에 따라 배제된 임금근로자
       또는 자영업자에 속한다.

당수는 IRP에 가입했을 것이다.[26] IRP에 임의 가입하는 개인은 대부분 절세가 목적이고, 거래하는 금융 기관의 권유로 가입했을 것이다. 절세 혜택도 중요하지만 이게 목적이라면 본말이 전도된 것이다. IRP에 세금 감면 혜택을 주는 이유는 스스로 노후 대비를 강화하기 위함이다. IRP의 목적은 노후 대비고, 세금 감면은 이를 장려하는 수단일 뿐이다. 그러나 현행 IRP는 노후 보장의 중요 수단이 되기에는 결격 사유가 있다. IRP 적립금은 DC 방식으로 운용되는데, 기존 DC형 퇴직연금이 지닌 문제점을 고스란히 갖고 있다. 실적 배당형보다 원리금 보장형이 훨씬 많고 수익률은 낮다. 금융 기관이 보기에는, DB와 DC형 퇴직연금 의무 가입자도 호갱이지만, IRP 임의 가입자 역시 대단한 호갱이다.

IRP가 본연의 목적에 충실하려면 앞서 논의한 퇴직연금 수익률 높이는 방안이 동일하게 적용되어야 한다. 우선 기금형이어야 한다.[27] 공공 또는 민간 중개 조직(기금)이 집합적 투자를 하거나, 엄선된 소수의 실적 배당형 대표 상품을 디폴트 옵션으로 제공해야 한다.

한편 현행 IRP는 경제 활동 종사자만 가입할 수 있다. 퇴직연금이 국민 노후 보장의 한 축을 담당해야 한다면서 일하지 않는 사람을 배제하는 것은 이해하기 어렵다. 지금이야 워낙 IRP 수익률이 낮으니, 소득세 감면과 상관없는 비경제 활동 종사자는

---

26 공식적으로는 개인이 임의 가입하는 IRP도 퇴직연금의 한 유형이다. 즉 퇴직연금은 재직 중 강제로 가입하는 것(DB형, DC형)과 개인이 임의 가입하는 IRP로 구분된다. 기업 특례 IRP라고 해서 영세 기업의 경우 강제로 IRP에 가입하게 하기도 하지만 예외적이다.

27 특히 일용직, 단기간 근무자, 파트타이머, 특수 고용직의 다수는 고용주가 있어도 워낙 자주 바뀌므로, 이와 상관없이 유지되는 기금형이 아니면 관리가 어렵다.

IRP 가입에 관심이 없을 것이다. 하지만 기금형 IRP가 도입되고 집합적 투자를 통해 IRP 수익률이 높아진다면 비경제 활동 종사자라도 IRP 가입 유인이 생길 것이다. 물론 비경제 활동 종사자라면 IRP 임의 가입보다는 국민연금 임의 가입을 우선할 것이다. 낸 것보다 많이 받는 구조인 국민연금 수익률이 훨씬 높기 때문이다. 하지만 비경제 활동 종사자 중 IRP에 임의 가입하려는 사람이 소수일 것이라고 해서, 아예 제도적으로 배제할 이유는 없지 않겠는가. 설마 이름에 '퇴직'이 들어가니 일하지 않는 사람은 제외되어야 한다고 믿는 것은 아닐 것이다.

국민 노후 보장은 국가의 의무

7장과 마찬가지로 이번 장도 길어졌다. 이 장을 시작할 때는 짧게 끝내려 했는데, 예상보다 길어졌다. 퇴직연금 제도가 워낙 황당하게 설계되고 운영되는 탓이다. 이번 장을 쓰면서 그동안 다층 노후 보장이라는 말을 쉽게 한 것을 반성했다. 현행 퇴직연금은 노후 보장의 한 축을 담당할 수 없다. 그저 50대 후반 목돈이 필요할 때 다소 도움 되는 정도, 혹은 다니던 직장을 관두고 다음 직장을 얻을 때까지 얼마의 생활 자금 역할을 하는 정도일 뿐이다.

퇴직연금이 노후 보장의 한 축을 담당하려면 애초에 이렇게 설계해서는 안 됐다. 가입자(회사, 근로자 개인)와 운용 금융 기관이 직접 계약하는 형태로 하면 안 됐다. 기금형으로 설계해서 공단이든 민간이든 대형 중개 조직이 담당하고 집합적 운용이 가능하게 해야 했다. 직장 옮길 때마다 현금으로 받고, 원하는 경우에만 다시 연금 상품에 가입하게 해서는 안 됐다. 직장을 몇 번 옮기든, 애초 가입한 기금에서 계속 운용할 수 있게 해야 했다.

국민연금은 자기가 낸 보험료를 어디에 어떻게 투자해야 할지 고민할 필요가 없다. 회사 옮길 때마다 그동안 낸 보험료 원리금 돌려받고서는, 이를 생활비로 쓸지 연금공단에 다시 맡길지 고민할 필요가 없다. 만일 국민연금 기금의 평균 수익률이 퇴직연금처럼 정기 예금 수준이었다면 난리가 나도 한참 전에 났을 것이다. 둘 다 국민의 노후 보장 대책이고 둘 다 강제로 보험료를 내게 하면서, 왜 퇴직연금은 국민연금과 이토록 다른가.

퇴직연금이 국민연금처럼 관리 운용된다면 얼마의 연금을 받을 수 있을까. 우리 퇴직연금 수익률이 다른 나라 퇴직연금 수익률만큼 되는 것은 바라지도 않는다. 그저 국민연금 정도만 되기를 바라자. 그러면 8.33% 보험료로 34년 가입했을 때 소득 대체율이 18% 정도는 될 수 있다.[28] 〈표 8-1〉에서 근로 기간 평균 급여 400만 원인 사람이 34년간 국민연금에 가입하면 65세부터 매달 136만 원을 받을 수 있다고 했다. 같은 조건에서 퇴직연금을 종신 연금으로 받으면 매달 72만 원을 받는다. 둘을 합치면

---

28 앞서 9% 보험료에서 40% 소득 대체율이면 국민연금 수익비가 2라고 했으므로, 이를 그대로 대입하면 퇴직연금 소득 대체율은 15.7%로 16%보다 작다. 그런데 국민연금 수익비 2는 대략 25년 가입을 기준으로 계산한 것이다. 9장에서 논의하지만, 가입 기간이 길어지면 운용 수익의 현재 가치는 더 커진다. 그래서 34년 가입이면 소득 대체율은 18% 이상이 된다. 어떤 학자는 34년 가입 시 20% 이상도 가능하다고 주장한다. 수수료 등 제반 경비를 고려하지 않으면 그럴 수 있다. 하지만 퇴직연금을 운용하는 민간 금융 기관이 떼어가는 경비는 제법 크다. 그래서 보수적으로(!) 18%로 추정했다.

불편한 연금책

200만 원이 넘는다. 물론 현재 가치 기준이므로 물가가 오르면 그만큼 급여액도 높아진다. 이 정도면 퇴직연금이 노후 소득 보장의 한 축을 담당한다고 말할 수 있겠다.

이번 장에서 퇴직연금의 문제점이 무엇이고 개선책은 무엇인지 장황하게 설명했다. 물론 국민이 이런 걸 고민할 이유는 없다. 정부가 고민하고 적절한 방안을 만들어야 한다. 국민은 요구하고 누려야 한다. 수십 년간 성실하게 일하면서 국민연금과 퇴직연금 보험료를 꾸준히 납부하고 은퇴한 국민이라면 적정한 노후 소득이 보장되어야 한다. 그렇지 않다면, 국가의 직무 유기다. 왜 다른 나라는 하는데 우리는 못 하는가.

사족蛇足

나는 퇴직연금 개선 방안 중 공공 기관이 기금 운용에 참여하는 것을 선호한다. 민간에게만 맡겨둬서는 아무리 규제와 감독을 열심히 한들 한계가 있을 것이기 때문이다. 공공의 참여 방안에는 두 유형이 있다. 하나는 공공 기관이 대형 기금의 하나로 참여해서 적립금을 집합적으로 운용하는 것이다. 또 하나는 스웨덴 연금청처럼 가입자와 퇴직연금 사업자(금융 기관)의 중개 기관이 되는 것이다. 중개 기관의 역할로는 다양한 연금 상품을 평가해서 가입자에게 알리는 것도 중요하지만, 무엇보다 스웨덴 연금청처럼 스스로 투자 결정을 원치 않는 가입자를 대신한 하나의 디폴트 옵션을 운영하는 것이 중요하다. 결국, 두 유형 모두 핵심은 본인이 직접 운용하길 원치 않는다면 공공이 대신 맡아서 집합적으로 운용한다는 것이다.

정부는 공공 기관 참여와 집합적 운용이 내키지 않을 것이다. 책임지기 싫기 때문이다. 2022년 국민연금 수익률은 −8.2%였다. 당연히 질책을 받았다. 그래도 국민연금은 수익률과 상관없이 정해진 급여를 받으므로 질책의 강도가 약하다. 퇴직연금은 다르다. 수익률이 낮아지면 가입자(회사 또는 근로자)가 그만큼 손해를 봐야 한다. 그러니 공공이 운용하는 경우, 수익률에 대한 관심, 아니 정확히 말하면 수익률이 떨어졌을 때의 비난 강도가 국민연금보다 훨씬 거셀 것이다. 퇴직연금 사업자(금융 기관)도 싫어하고 가입자도 칭찬보다는 비난을 더 많이 할 텐데 구태여 공공이 참여해서 이런 부담을 떠안고 싶지는 않겠다. 하지만, 정말 국민의 노후 보장에 책임감을 느끼는 정부라면, 이를 감수하고 개입하는 게 맞지 않을까.

지속 가능한 국민연금을 위하여

국민연금 기금은 '연못 속 고래'인가

지금까지 연금에 관한 여러 얘기를 했다. 연금이 필요한 이유, 우리 연금의 노후 소득 보장 실태, 노후 소득 보장의 일반 체계, 기초연금의 문제와 개선책, 국민연금의 소득 보장 강화 방안, 퇴직연금의 문제와 개선책 등. 이제 마지막까지 남겨 놓은 주제를 논의할 차례다. 바로 지속 가능성이다. 애초 연금 개혁 논의가 시작된 계기가 지속 가능성 때문이다. 그래서 이 문제가 해결되지 않는다면, 다른 문제들이 아무리 잘 풀려도 개혁의 목적은 달성된 것이 아니다.

국민연금과 퇴직연금의 노후 소득 보장 기능 강화는 반드시 이뤄져야 한다. 다층 노후 보장 체계로서 기초, 국민, 퇴직연금이 정합성을 갖추고 효과적으로 노후 소득 보장 기능을 수행해야 한다. 그런데 이를 위해 이 책에서 제시한 방안들은 한방에 즉시 효과를 보는 것이 아니다. 꾸준히 시행해야 나중에 효과가 나온다. 그래서 지속 가능성이 담보되지 않는 한, 노후 소득 보장 강화 대안의 효과도 기대하기 어렵다.

재정 지속 가능성 제고의 1순위는 국민연금이며, 그다음이 기초연금이다. 퇴직연금은 완전 적립식이어서 재정 지속 가능성 자체는 문제가 안 된다. 다만, 너무 낮은 수익률로 가입자가 손해 보는 구조는 반드시 바꿔야 한다. 다수 가입자가 퇴직연금 실상을 제대로 알게 된다면, 이런 황당한 제도는 유지되기 어렵다. 즉 퇴직연금은 재정적 지속 가능성이 문제가 아니라, 제도의 지속 가능성을 고민해야 한다. 엄밀히 말하면 지금도 퇴직연금은 연금 기능을 못 하고 있으니, 퇴직 '연금'은 지속은커녕 아직 시작도 한 것이 아니다.

재정 지속 가능성 관련하여 또 하나 중요한 것은 공무원 연금 등 특수직역연금이다. 국민연금도 낸 것보다 훨씬 많이 받는 구조지만 특수직역연금은 더 심하다. 그래서 공무원 연금과 군인 연금은 오래전부터 정부의 재정 지원으로 유지해 가고 있으며, 사학 연금도 머지않아 그렇게 될 것이다.

기초연금 재정 문제는 이미 6장에서 다뤘다. 현행처럼 70% 의 노인에게 지급하는 대신 노후 대비가 부실한 저소득층 노인에게 좀 더 후한 급여를 지급해야 한다. 국민연금이 제대로 기능하면 저소득 노인의 규모는 지금보다 상당히 감소한다. 그래서 좀 더 후한 급여를 지급해도 재정 지출은 상당히 줄어든다. 기초연금 재정은 이미 논의했으므로, 이번 장에서는 국민연금의 지속 가능성 문제를 다룬다.

국민연금 재정 지속 가능성을 위해 해야 할 일은 명확하다. 낸 것보다 훨씬 많이 받는 구조를 낸 것(+운용 수익)만큼 받는 구조로 바꾸는 것이다. 그러려면 내는 것을 늘리거나 받는 것을 줄여야 한다. 현행도 급여액이 많은 것은 아니므로 받는 것 줄이기는 어렵다. 내는 것을 늘려야 한다. 그렇다면 언제부터 얼마나 어떤 방식으로 늘릴 것인가를 정해야 한다. 아, 몇 가지 방법이 더 있다. 낸 것만큼 받는다고 했을 때, 낸 것에는 원금(보험료) 외에 운용 수익이 포함된다. 그래서 현행보다 운용 수익을 키우는 것도 낸 것을 늘리는 방안이 된다. 또한, 급여액을 그대로 두면서 받는 걸 줄이는 방법도 있기는 하다. 연금 수급 개시 연령을 늦추는 것이다. 이번 장에서는 이와 같은 국민연금 재정 지속 가능성 제고를 위한 다양한 방안들을 논의한다.

특수직역연금은 이 책의 중심 주제는 아니다. 하지만 국민연금을 개혁하려면 특수직역연금도 손봐야 한다. 특수직역연금은 국민연금보다 훨씬 많이 받으므로 보장성 강화는 전혀 문제가 안 된다. 문제는 재정적 지속 가능성이다. 국민연금과 비교하면 특수직역연금 수급자 규모는 매우 작다. 그래서 규모 대비 상대적 적자는 매우 많지만, 절대 규모로는 국민연금보다 심각성이 낮다. 문제는 형평성, 혹은 국민의 수용 가능성이다. 국민연금은 현행보다 부담 늘리는 개혁을 하면서, 내는 것보다 많이 받는 정도가 더 심한 특수직역연금을 그대로 둔다면 국민이 받아들이기 어렵다. 이런 이유로 이 책에서는 특수직역연금 문제도 다루는데, 이는 10장에서 논의한다.

국민연금 내는 것 늘리는 방안 논의에 앞서, 현행대로 유지된다면 기금에 어떤 일이 생길 것인지 따져보자. 2023년 초에 발표된 5차 재정 추계에 따르면 현행대로 유지되었을 때 2055년에는 기금이 모두 소진된다. 그리고 기금 소진 후에 부과식으로, 즉 그해 걷은 보험료로 그해 연금 급여를 지급하려면 보험료가 30% 정도가 되어야 한다. 구체적으로 2055년에는 26.1%, 2060년에는 29.8%, 2070년에는 33.4%가 되어야 한다.

이 책의 초반에도 언급했듯 '2050년대 중반 기금 고갈, 그 이후 제도 유지에 필요한 보험료율 30%'는 널리 알려졌다. 하지만 2055년 기금 고갈에 이르기까지의 기금 적립금 변화 상황은 잘 모른다. 기금 고갈 문제에 대처하려면, 고갈 훨씬 이전부터 적립금 변화 양상을 파악해야 한다. 국민연금은 매년 나가는 급여 지출보다 들어오는 보험료 수입이 많다. 국민연금은 1988년에 도입됐다. 일정 기간 이상(초기는 20년, 지금은 10년) 가입하고, 노후에 연금을 수급하는 구조라서 제도 초기에는 들어오는 보험료가 나가는 급여 지출보다 많을 수밖에 없다. 게다가 적립금은 금고에 쌓아두는 게 아니라 운용하기 때문에 운용 수익도 더해진다. 2023년에도 여전히 들어오는 보험료 수입이 나가는 급여 지출보다 많다. 한편 2022년의 기금 운용 수익률은 −8.2%여서 2023년 초의 적립금 규모는 2022년 초보다 줄었지만, 곧 회복해서 2023년 중반에는 더 커졌다.

기금 운용과 관련하여 2055년 기금 소진 때까지 남은 30여 년은 성장기, 성숙기, 이행기의 세 단계로 구분할 수 있다. 성장기는 들어오는 보험료가 나가는 급여 지출보다 많은 시기다. 이제 성장기는 거의 지나서 2029년에 종료된다. 성숙기는 급여 지출은 보험료 수입보다 많지만, 운용 수익이 더해져서 기금 전체로는 여전히 흑자인 시기다. 2030년부터 2040년까지 10년 정도가 해당한다. 이행기는 운용 수익을 더해도 적자여서 기금 규모가 줄기 시작해서 완전히 고갈될 때까지의 시기다. 2041년부터 2055년까지 15년이다.

<그림 9-1> 국민연금 적립 기금 변화(5차 재정 계산)

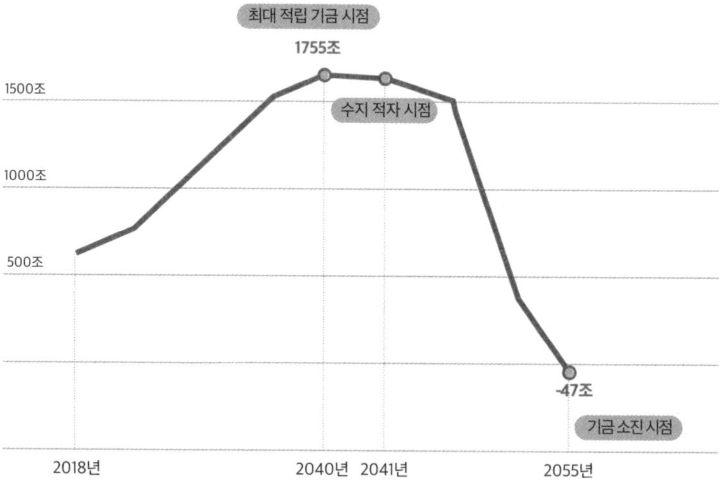

출처: 보건복지부 보도 자료(2023.1.27)

기금 운용 시기를 셋으로 구분하는 것은 기금 운용이 금융시장에 미치는 영향, 그게 다시 기금 운용 수익률에 되먹임 되는 영향 때문이다. 한때 국민연금 기금 운용을 두고 '연못 속 고래'라는 표현을 사용했다. 국내의 주식과 채권 시장 규모에 비해 국

9장 지속 가능한 국민연금을 위하여

민연금이 보유한 주식과 채권 규모가 크다는 의미다. 그래서 국민연금의 움직임에 따라 전체 시장이 요동친다는 뜻이다. 2023년 초반 기준 국민연금 기금은 국내 주식에 140조 원 정도를 투자했다. 그런데 국내 주식 시장 총규모는 2000조 원이 넘는다. 국민연금의 비중은 7% 정도이다. 국내 채권 시장에서 국민연금이 차지하는 비중은 좀 더 커서 12% 정도이다. 점유율 7%와 12%는 큰 규모이기는 하지만 연못 속 고래라고 할 정도는 아니다. 그래도 무시 못 할 수준인 것은 분명하다.[29]

이행기가 시작되기 직전, 기금 규모가 최대 1800조 원 가까이 쌓인다. 그랬다가 15년 만에 모두 사라진다. 평균하면 1년에 120조 원씩 사라지는 셈이다. 2023년 초반 기준 국민연금 기금 투자액 중 국내 주식 비중은 15%, 국내 채권 비중은 33% 정도이다. 이 비중이 계속 유지된다면, 국내 주식은 매년 18조 원어치씩, 국내 채권은 매년 40조 원어치씩 팔아야 한다. 그 때문에 주식과 채권 시장이 급락하지는 않겠지만 제법 영향을 미칠 것이다.

해외 주식과 채권은 어떨까? 해외 시장은 국내와는 비할 바 없이 크다. 국민연금 기금이 해외 주식과 채권을 매년 몇십조 원어치씩 판다고 해서 그 때문에 해외의 주식과 채권 가격이 내려가지는 않을 것이다. 하지만 해외 자산은 환율이라는 변수가 있

---

29 우리의 국민연금 적립금 규모가 세계적으로 큰 것은 사실이다. 하지만 이는 대부분의 서구 국가 공적연금은 부과식이라서 그런 것이다. 사적연금에 해당하는 퇴직연금까지 고려하면 우리의 규모가 전혀 큰 것이 아니다. 퇴직연금까지 포함하면, 적립금 규모가 GDP의 100%가 넘는 국가도 많다. OECD 평균은 92%이다(2019년 기준). 단, 퇴직금은 대체로 다양한 기금에 분산되어 있다. 그래서 단일 기금으로 치면 국민연금 적립금 규모가 세계에서 수위를 다툰다.

다. 해외 자산을 팔면 그만큼 달러의 국내 유입이 많아진다. 그러면 원화 가치가 올라가거나 아니면 달러 가치 유지를 위한 비용을 치러야 한다. 어느 경우든 감당하기 어려운 수준은 아닐지라도 제법 부담이 된다.

이행기 대량의 자산 매각은 일정 수준 국내 금융 시장에 부정적인 영향을 미치며, 이는 국민연금 기금 수익률을 낮출 수 있다. 하지만 크게 걱정할 필요는 없다. 2055년에 기금이 고갈될 때까지 방치하지는 않을 것이기 때문이다. 이를 막기 위해서 국민연금 개혁을 논의하는 것 아닌가. 〈그림 9-1〉에서 2041년부터 2055년까지 15년간 급격히 기우는 기금액 추세선을 펴서 완만하게 만드는 것, 이게 연금 개혁의 핵심 목표다.

국민연금의 재정 목표는 어떻게 설정할까?

〈그림 9-1〉에서 2041년부터 2055년 기금 고갈 때까지를 이행기라고 명명했다. 기금이 고갈되면 그해 보험료로 그해 지출을 충당하는 부과식으로 전환되어야 한다. 현행의 부분 적립식에서 부과식으로 바뀌는 기간이라는 의미에서 그렇게 이름 붙인 것이다. 물론 진짜로 2055년에 기금이 고갈되어 부과식으로 전환되게 할 수는 없다. 보험료를 올리면 2041년 이후 급격히 꺾어지는 기금액 추세선은 좀 더 완만해진다. 보험료를 많이 올릴수록 추세선 기울기는 더욱 완만해진다. 그리고 장기적으로는 적립금이 안정적으로 유지되어 거의 수평선이 된다. 그러면 이행기의 뜻도

9장 지속 가능한 국민연금을 위하여

부과식으로 변할 때까지의 기간이 아니라, 안정적인 규모에 도달할 때까지의 시기로 바뀐다.

지속 가능성 제고를 위한 재정 목표는 통상 '적립금을 일정 기간 이후 어느 수준으로 유지할 것인가'로 정한다. 국민연금은 이런 재정 목표가 아직 없는데, 이번 연금 개혁을 통해 이를 설정해야 한다. 2023년 초에 발표된 국민연금 재정 추계는 2093년까지 추계했다. 추계 기간이 70년인 것은 현시점의 국민연금 가입자들이 연금 수급을 마치는 때를 그 정도로 잡았기 때문이다. 2023년 20세인 가입자가 90세 정도까지 연금을 받는다고 가정한 것이다. 연금 재정 추계는 다른 나라도 한다. 추계 기간은 우리처럼 70년 정도인 경우가 많다(핀란드 70년, 미국·캐나다·스웨덴 75년). 물론 좀 더 길게 잡는 나라도 있으며(일본 100년), 훨씬 짧게 설정하는 나라(독일 15년)도 있다.

추계 기간이 길수록 더 지속 가능성에 관심이 많음을 보여주는 것은 아니다. 보험료 수입과 급여 지출 규모가 안정적이라서 매년의 수지 균형 달성에 문제가 없으면 구태여 길게 잡을 필요가 없다. 독일의 추계 기간이 짧은 이유가 그렇다. 반면에 우리처럼 적립금 규모가 드라마틱하게 변하는 나라는 반드시 장기 추계를 해야 한다. 가령 독일처럼 15년만 추계하면 2038년까지인데, 이때는 적립금이 계속 증가하는 시기라 3년 뒤부터 시작되는 급격한 감소 문제를 놓치게 된다.

국민연금 재정 추계의 목적이 무엇인가. 연금 재정이 안정적으로 운영되어서, 큰 문제 없이 국민연금이 유지·발전되게 하려는 것이다. 그렇다면 추계 기간은 인구 구조 변화가 안정화되고,

그래서 일정한 보험료율에서 수지 균형이 꾸준히 달성될 때까지로 설정하는 게 바람직하다. 이를 위해서는 좀 더 먼 시점까지의 추계가 필요하겠지만, 장기 추계의 어려움을 고려할 때 70년 정도면 적당할 것 같다.

추계 기간을 70년으로 정했다면, 그다음으로 해야 할 일은 70년 뒤의 적립금 규모를 얼마로 유지할지 정하는 것이다. 적립금 규모를 판단할 때는 흔히 '적립 배율'이라는 지표를 사용한다. 이는 1년 치 급여 지출액의 몇 배가 적립되어 있는가를 보여준다. 2022년 급여 지출액 35조 원, 적립 금액 890조 원으로 치면, 적립 배율은 25배이다. 그렇다면 적립금이 최대(1755조 원)가 되는 2040년의 적립 배율은 얼마일까. 11배이다. 지금보다 훨씬 낮다. 적립금 증가 속도보다 급여 지출 증가 속도가 빠르기 때문이다.

70년 뒤 적립 배율을 얼마로 유지하는 게 적정한가에 대해서도 정답은 없다. 다만 원칙은 있다. 그때의 기금 운용 방식을 부과식과 적립식 중 무엇으로 하느냐에 따라 달라진다는 것이다. 그때쯤에 국민연금이 부과식으로 운영된다면, 즉 그해 보험료 수입으로 그해 급여 지출을 충당한다면 적립금이 많을 필요가 없다. 비상시를 대비한 완충 자금 정도면 된다. 이 경우 적립 배율은 1 정도면 충분하겠다. 하지만 적립식 운용 형태를 유지하려면, 즉 기금 운용 수익을 중요한 연금 재원으로 활용하려면, 적립금 규모가 커야 한다. 그래야 충분한 운용 수익을 얻기 때문이다.

2093년에 부과식으로 운용할 경우 필요 보험료율은 27~30%

9장 지속 가능한 국민연금을 위하여

정도인 것으로 추정된다.[30] 이렇게 높은 보험료율은 감당하기 어렵다. 따라서 2093년이 되어도 상당 규모의 적립금이 존재해서 운용 수익이 주요 재원 역할을 해야 한다. 그러려면 적립 배율은 1보다 훨씬 높아야 한다. 참고로 해외 대다수 국가의 사회보험 방식 공적연금이 부과식인 가운데, 캐나다만 예외적으로 우리와 유사한 부분 적립식이다.[31] 그런데 캐나다의 재정 목표는 70여 년 뒤 적립 배율 5~6배이다(캐나다 사례는 뒤에서 다시 논의한다).

70년 뒤 적립 배율 목표 설정에 대해 반대하는 학자들도 있다. 그처럼 먼 미래의 일을 어떻게 예측할 수 있느냐는 게 반대 이유이다. 지금 가정한 출생률, 기대 수명, 기금 운용 수익률, 경제 성장률 등이 70년 후에 그대로 맞아떨어질 리 만무하다. 그사이에 어떤 돌발 상황이 생길지 알 수 없다. 하지만 2장에서 논의했듯 재정 추계의 목적은 미래의 기금 규모를 맞추는 게 아니다. 젊은 시절에 내고 노후에 받는 연금의 특성상 안정적인 보장이 중요하다. 그러니 이를 위해 지금 할 수 있는 조치를 하자는 것뿐이다. 빠른 고령화에도 불구하고 국민연금 제도가 큰 무리 없이 지속 가능하다는 믿음을 주는 것, 이게 바로 재정 추계 및 그에 따른 재정 안정화 방안을 마련하는 목적이다.

2055년에 고갈될 기금을, 70년 뒤에도 일정 적립 배율을 유지하게 하려면 기금 수입을 늘려야 한다. 방안은 두 가지다. 하나

---

30 2023년에 이뤄진 제5차 재정 추계 결과에 따르면, 2093년에 부과식으로 운영할 경우 필요 보험료율은, 수급 개시 연령이 68세면 27.6%, 65세면 29.8%이다.

31 캐나다는 조세가 재원인 전 국민 기초연금이 있고, 그 위에 사회보험 방식 소득 비례 연금이 있다. 이 소득 비례 연금이 부분 적립식으로 운용된다.

는 더 걷는 것이다. 또 하나는 쌓인 기금을 더 많이 불리는 것이다. 더 걷는 것은 가입자에게 부담이다. 하지만 쌓인 기금 더 불리는 것은 그렇지 않다. 당연히 후자가 훨씬 매력적이다. 우선 이것부터 해야겠다. 할 수만 있다면 말이다.

2023년 초반, 정부는 5차 재정 추계 결과를 발표하면서 지금대로라면 2055년 기금 고갈이 예상되지만, 기금 운용 수익률을 1% 포인트 높이면 고갈 시점이 5년 늦춰진다고 했다. 그리고 이는 보험료율을 2% 포인트 높이는 것과 마찬가지 효과라고 했다. 얼마 뒤 국민연금공단 기금 운용 위원회는 2024년부터 5년간 국민연금 목표 수익률을 5.6%로 설정한다고 발표했다. 5차 재정 추계에서는 향후 70년간 수익률을 4.5%로 가정했다. 이 가정보다 1% 포인트 이상 높은 것이니, 이 목표 수익률을 수십 년간 유지할 수 있다면 기금 고갈 시점은 5년 이상 늦춰질 것이다.

희망찬 이야기다. 하지만 의문이 든다. 수익률 높이는 게, 그리하겠다고 맘만 먹으면 되는 것인가. 그렇다면 왜 진작에 그런 의지를 다지지 않았나. 당연히 굳은 다짐만으로 될 일은 아니다. 8장에서 언급했듯 수년 전 〈월스트리트 저널〉은 국민연금 기금 운용본부가 시골에 있어서 우수 인력 확보가 어렵다는 기사를 썼다. 국내에서도 이에 동조하여 기금운용본부만이라도 금융 메카인 서울 여의도나 테헤란로로 옮겨야 한다는 주장이 꽤 있었다. 아무래도 지방에 있는 것보다는 서울 금융 중심지에 있는 것이 우수 인력 확보에 유리하기는 할 것이다. 그러나 현행의 기금 운용 지침을 유지하는 한, 뉴욕 월가의 최고 전문가를 모셔 온들 수익률 높이기는 어렵다. 단기적으로는 몰라도 장기간 지속해서 더 높은 수익률을 올릴 수는 없다.

투자 결정은 기대 수익과 위험을 고려해서 이뤄진다. 통상 기대 수익이 높으면 손실 위험도 크고, 위험을 줄이면 기대 수익은 낮아진다. A, B, C 세 투자 상품이 있다. 기대 수익과 안전성(위험의 반대)을 각각 10점 만점으로 평가할 때, 기대 수익과 안전성 점수가 상품 A는 8과 4, 상품 B는 4와 7, 상품 C는 8과 2라고 하자. 상품 A와 B를 비교하면, A는 기대 수익이 더 높고 B는 안전성이 더 크다. 그래서 둘 중 어느 것이 더 낫다고 하기 어렵다. 하지만 상품 A와 C를 비교하면 확실히 A가 더 낫다. 둘의 기대 수익은 같지만, 안전성은 A가 더 높기 때문이다. 이 경우 A가 C보다 효율적이라고 말한다. 하지만 A와 B 중에는 어느 한쪽이 더 효율적이라고 할 수는 없다.

기대 수익이 같다면 안전성이 높을수록 효율적이며, 동일한 안전성이면 기대 수익이 높을수록 효율적이다. 이처럼 기대 수익과 안전성(위험) 기준으로 투자의 효율성을 판단할 때, 국민연금의 투자는 제법 효율적인 것으로 알려져 있다. 이는 국민연금의 기대 수익을 높이려면 안전성을 낮춰야, 즉 위험성이 높은 상품에 더 많이 투자해야 한다는 얘기다.

전쟁에서 승리하려면 전략·전술을 잘 세워야 한다. 돈을 벌어들이기 위한 '쩐의 전쟁'도 마찬가지다. 전략과 전술을 얼마나 잘 짜고 실행했는가에 따라 기금 운용 수익률이 결정된다. 기금 운용은 전략적 자산 배분Strategic Asset Allocation: SAA과 전술적 자산 배분Tactical Asset Allocation: TAA의 두 단계를 거쳐 이뤄진다. 적립금을 다섯 개 자산군(국내 주식, 국내 채권, 해외 주식, 해외 채권, 대체 투자)에 얼마씩 배정할지를 정하는 게 전략이다. 정해진 자산별 투자 규모 내에서, 구체적인 운용을 수행하는 것이 전술이다. 펀드 매니저의 운용 실력에 의해 수익률이 달라지는 것은 전술의 영역이다. 전략은 안전 자산과 위험 자산의 비중을 정함으로써 수익률에 영향을 미친다. 전략과 전술 중 어느 쪽이 수익률에 미치는 영향이 클까? 관련 연구는 적어도 수익률의 90% 이상은 어떤 전략을 짰는가, 즉 다섯 개 자산 비중을 어떻게 설정했는가에 의해 결정된다고 말한다. 즉 개별 펀드 매니저의 역량이 미치는 영향은 미미한 셈이다.[32]

전략적 자산 배분은 기금 운용 위원회에서 결정한다. 기금 운용 위원회 위원장은 보건복지부 장관이며, 관련 부처 공무원과 사용자·근로자·지역 가입자 대표 등이 위원을 구성한다. 전략적 자산 배분이 대부분의 수익률을 결정하다 보니, 기금 운용 위원회의 전문성을 높여야 한다는 얘기가 나오고 있다. 현행은 대표성에 치중하느라 전문성이 약하다는 판단에서다. 가입자 단체 추천 위원들의 전문성이 약한 것은 사실이다. 하지만 대부분 정부 위원회가 그렇듯이, 기금 운용 위원회도 위원들이 독립적으로 결정하는 것은 아니다. 통상 정부가 방향 정하고 실무 부서(기금운용본부)가 안을 만들면 위원회가 승인하는 구조다. 현행 체계에서 전문성을 좀 더 높인다고 해서 얼마나 달라질지는 잘 모르겠다.

---

32   정문경·원종현, 《국민연금의 전략적 자산 배분이 수익률에 미치는 영향》, 국민연금연구원, 2005. 이는 초기 연구인데, 최근 연구도 결과는 비슷하다. 관련 연구들을 종합하면 국민연금은 전략적 자산 배분의 영향이 95% 이상인 것으로 알려져 있다.

국민연금 목표 수익률을 현행보다 높게 설정했다는 것은, 현행보다 위험 자산 비중을 높인다는 것, 즉 채권보다는 주식과 대체 투자 비중을, 국내보다는 해외 자산 비중을 높이겠다는 얘기다. 나는 여기에 반대하지 않는다. 국민연금은 통상 벤치마킹하는 해외 연기금보다 위험 자산 비중이 낮은 편이다. 따라서 위험 자산 비중을 좀 더 높임으로써 기대 수익률을 높이는 것은 해볼 만한 전략이다. 다만, 그렇게 되면 현행보다 더 큰 위험을 감수해야 한다는 것은 분명히 해야겠다.

2022년 국민연금 수익률은 −8.2%로 역대 최악이었다. 이후 해외 연기금 수익률과 비교하면서 국민연금을 성토하는 기사가 줄을 이었다. 가장 많이 등장한 것이 캐나다 연금이었다. 캐나다 연금의 최근 10년 연평균 수익률은 10%인데, 국민연금은 4.7%라는 식의 기사가 실렸다. 이 기사 때문은 아니지만, 실제로 정부는 국민연금 목표 수익률을 높이면서 캐나다 사례를 많이 참고했다. 그런데 글로벌 금융 위기 직후인 2008년 캐나다 연금 수익률은 −18%였다. 이에 비해 국민연금 수익률은 −0.2%였다.[33] 노르웨이와 네덜란드 연기금도 흔히 벤치마킹하는데 이 두 나라 연기금의 2022년 수익률은 각각 −14.1%와 −17.6%였다.[34] 물론 특정 해가 아닌 중장기, 가령 10년 평균으로 비교하면 이 세 나라의 연기금 수익률은 국민연금보다 높다.

---

[33] 캐나다 연금의 연도별 수익률은 3월 말 기준이다. 즉 −18%는 2009년 3월 말 기준 1년 수익률이다. 이에 비해 국민연금은 2008년 1년간 수익률이므로 비교 기간이 다소 다름에 주의해야 한다.

[34] 국민연금이 벤치마킹하는 노르웨이와 네덜란드의 연기금은 각각 국부 펀드(GPFG)와 공무원·교원 연금(ABP)이다.

당연하다. 이 나라들은 국민연금보다 위험 자산 비중이 높은데, 그러면 변동성은 커지는 반면에 평균 수익률은 높아지기 때문이다.[35]

사실 국민연금 같은 노후 대비 적립 기금은 단기간 수익률 변동에 일희일비하는 게 맞지 않는다. 2022년의 −8.2%라는 수익률은 실제 실현된 것이 아니다. 단지 기금이 보유한 주식과 채권 가치가 2022년 말 기준으로 연초보다 −8.2% 하락했다는 것뿐이다. 이후 주식과 채권 가치가 상승하여 2023년 중반에는 거의 복구됐다. 좀 다른 얘기지만 나는 2022년 6월경 삼성전자 주식이 저점이라고 판단하고 6만 6000원에 샀다. 그런데 계속 내려가서 9월에는 5만 4000원이 됐다. 매우 낙심했는데, 이후 꾸준히 올라서 2023년 6월 현재 7만 2000원이 됐다. 주식 사고 3개월 만에 −18%의 수익률을 냈지만, 1년 기준으로는 9%의 수익률을 올린 것이다! 2021년 8만 원대에 삼성전자 주식 산 분들도 좀 더 인내심을 갖고 기다려보자.

위험 자산 비중을 늘리면 확실히 중장기 수익률은 현행보다 높아질 것이다. 기왕에 좀 더 큰 위험을 감수하더라도 중장기 수익률을 높이겠다고 결정했다면, 계획대로 잘되면 좋겠다. 다만 한 가지 걸리는 것이 있다. 왜 2023년 초에 발표한 재정 추계에서는 향후 70년간 기금 운용 수익률을 평균 4.5%로 가정했는가

---

35 이 세 나라 연기금은 국민연금 기금과는 성격이 다소 다르다. 5장에서 논의했듯 캐나다와 네덜란드는 보편적 기초연금을 깔고 그 위에 적립식 소득 비례 연금을 두고 있다. 노르웨이 연기금은 석유를 팔아 벌어들인 수입으로 조성한 국부 펀드이다. 그래서 국민연금이 이들 국가의 연기금과 동일한 수준의 자산 배분 전략을 갖고 운용할 것인지에 대해서는 좀 더 논의와 합의가 필요하다.

이다.

　국민연금 제도 도입 이래 지금까지 수익률 평균은 5.1%이다. 그리고 역대 최악의 수익률인 2022년 -8.2%를 포함한 10년 평균 수익률은 4.7%이며, 2022년은 예외적 상황이니 제외하고 2021년까지 10년 평균 수익률을 구하면 6.3%이다. 그런데 왜 2023년 재정 추계에서는 향후 수익률을 4.5%로 설정했을까? 미래 수익률 전망이 낙관적이지 않기 때문이다. 투자 수익률은 경제 성장률과 상관관계가 높다. 경제가 활발하게 돌아야 수익 좋은 투자처도 많아지기 때문이다. 그런데 한국은 물론 중국을 포함한 세계 경제의 미래 성장률 전망치는 과거보다 낮다. 그래서 기존과 같은 자산 배분 상태에서 미래 수익률을 전망하면 기존보다 낮게 나온다. 물론 향후 위험 자산 비중을 대폭 높이면 수익률은 4.5%보다 높아질 수 있겠지만, 과연 5.5%를 달성할 수 있을까. 나는 좀 회의적이다. 하지만 야심 찬 목표 설정을 말릴 이유는 없겠다. 계획대로 5.5%의 수익률을 내도록 열심히 응원할 뿐이다.

재정 안정화를 위한 보험료율

　최선을 다해서 기금 운용 수익률 높이려 노력하는 것은 마땅히 해야 할 일이다. 하지만 이것만으로는 태부족이다. 결국, 지속 가능성 제고를 위해서는 보험료율을 올려야 한다. 이 자체는 누구나 동의한다. 문제는 언제부터 얼마씩 어느 수준까지 높여야 하는가이다.

1988년 국민연금 제도 도입 시의 보험료율은 3%였다. 5년 뒤인 1993년에는 6%로 높아졌고, 다시 5년 뒤인 1998년에는 9%가 됐다.[36] 이후 지금까지 9%를 유지하고 있다. 임금근로자는 고용주와 본인이 절반씩 부담하며, 자영업자 등 지역 가입자는 본인이 모두 부담해야 한다. 내는 입장에서는 지금도 적은 부담이 아니겠지만, 낸 것과 받는 것의 균형을 얼추 맞춰서 지속 가능성을 높이려면 현행보다 훨씬 높여야 한다.

여러 번 언급했듯, 2023년은 5년마다 돌아오는 국민연금 재정 추계 및 개선안 제시의 해다. 전술했듯 이를 담당하는 재정계산위원회는 2023년 초반에 향후 70년의 재정 추계 결과를 발표했다. 이후 재정 안정화 방안을 담은 보고서를 작성하고, 9월 초에 공청회를 개최했다.

재정 안정화 방안은 ①보험료율 인상, ②연금 수급 개시 연령 조정, ③기금 운용 수익률 제고의 측면에서 제시됐다. 이 셋에 대해 각각 복수의 대안을 만들었다. 보험료율 인상에서는 12%, 15%, 18%의 세 대안이, 연금 수급 개시 연령 조정에서는 현행(65세)과 68세의 두 대안이, 기금 운용 수익률 제고에서는 4.5%(현행), 5%, 5.5%의 세 대안이 만들어졌다.[37] 이들을 조합한 총 18개의 대안 시나리오를 제시하고, 각각의 재정 안정화 수준을 평가

---

36 이는 임금근로자(사업장 가입자) 기준이다. 자영업자(지역 가입자)는 2000년 6월까지 3%였으며, 2000년 7월부터 매년 1% 포인트씩 높여서 2005년 7월에 9%가 됐다.

37 보험료율 인상은 매년 0.6% 포인트씩 올려서 목표 보험료율을 달성하는 것으로 계획했다. 즉 목표 보험료율이 12%면 향후 5년간, 15%면 10년간, 18%면 15년간 매년 0.6% 포인트씩 올리게 된다.

9장 지속 가능한 국민연금을 위하여

했다. 평가 기준은 기금이 소진되지 않을 것, 즉 2093년에도 적립금이 남아 있는 것이었다. 이들 시나리오 중 해당 조건을 충족하는 것은 다음 다섯 개였다.

〈표 9-1〉 재정 안정화 조건을 충족하는 시나리오들

	보험료율	수급 개시 연령	기금 운용 수익률	적립 배율
㉠	15%	68세	5.5%(현행+1% 포인트)	8.4배
㉡	18%	68세	4.5%(현행)	4.3배
㉢	18%	65세	5.5%(현행+1% 포인트)	8.7배
㉣	18%	68세	5.0%(현행+0.5% 포인트)	12.2배
㉤	18%	68세	5.5%(현행+1% 포인트)	23.6배

보험료율 15%에서는 수급 개시 연령을 68세로 높이고 기금 운용 수익률도 현행보다 1% 포인트 높여야 재정 안정화 조건을 충족한다. 그리고 보험료율 18%에서는 수급 개시 연령과 기금 수익률 중 적어도 하나를 현행보다 높여야 재정 안정화 조건을 충족한다. 한편, 공청회에서 재정 안정화 방안을 발표한 재정계산위원회 위원장은 이 다섯 중 ㉠을 선호한다고 했다. 아마도 보험료율 인상 폭이 제일 작아서 국민 부담을 최소화하기 때문일 것이다.

현행 9%인 보험료율을 두 배인 18%로 높이는 것은 현실적으로 어려우며, 15% 정도가 한계치일 것이다. 그런데 보험료율을 15%로 높이면서 재정 안정화 조건을 충족하려면 수급 개시 연령 상향과 기금 운용 수익률 제고가 함께 이뤄져야 한다. 이 둘

불편한 연금책

은 달성할 수 있을까? 수급 개시 연령을 68세로 높이는 것은 가능하며, 또한 타당하다. 2023년에 63세까지 높아진 수급 개시 연령은, 이후에도 조금씩 높아져서 2033년에는 65세가 될 예정이다. 그런데 2033년 이후에도 5년마다 1년씩 높여서 2048년에 68세가 되게 하자는 것이다. 늘어나는 기대 수명을 고려하면 20여 년 뒤의 수급 개시 연령을 현행보다 5년 정도 늦추는 것이 무리는 아니다. 단, 가입 상한 연령도 높여 수급 개시 직전까지 계속 보험료를 납입할 수 있게 하는 한편, 원하는 사람은 그때까지 일할 수 있는 여건이 함께 이뤄져야 함은 물론이다. 이에 비해 현행보다 기금 운용 수익률을 1% 포인트 높이기는 쉽지 않다. 그러려면 위험 자산 비중을 상당히 높여야 할 텐데, 나는 여기에 대해 다소 유보적이다.

20년 뒤의 수급 개시 연령을 68세까지 높이는 것은 가능하겠지만, 향후 70년간 기금 운용 수익률을 현행보다 1% 포인트 높이기는 쉽지 않다. 그래서 15%의 보험료율로 2093년까지 충분한 기금을 확보할 수 있을지 불안하다. 재정 안정 조건을 충족하려면 18%까지 높이는 게 안전하다. 여기에 수급 개시 연령 상향 및 약간(0.5% 포인트 이내)의 기금 운용 수익률 상향이 더해지면 2093년에도 상당한 규모의 적립금이 존재해서 제법 큰 규모의 운영 수익을 낼 수 있다. 이는 '낸 것+운용 수익'만큼 급여를 받는 것과 거의 동일하다.[38]

---

38   앞서 나는 18% 보험료율에서 낸 것(+운용 수익)만큼 받는 게 된다고 했다. 내 계산에 적용한 가정과 재정계산위원회에서 적용한 가정은 다소 다르다. 내 계산에서 좀 더 후한 가정도 있고 다소 박한 가정도 있다. 하지만 최종적인 결과는 큰 차이가 없다.

문제는 지금의 여건을 고려할 때 보험료율을 18%까지 올리는 건 거의 불가능하다는 데 있다. 전술했듯 현행 9%인 보험료율을 15%까지, 매년 0.6% 포인트씩 10년간 올리는 게 최대치일 것 같다. 좀 더 현실적으로 판단하면 15%도 쉽지 않다. 정부로서는 재정계산위원회가 제안한 12%, 15%, 18% 중에서 가장 낮은 12%를 선택하고 싶을 것이다. 12% 보험료율에 수급 개시 연령 68세 및 기금 운용 수익률 0.5% 포인트 상승을 더한 시나리오에서는 2073년에 기금이 소진되는 것으로 나온다. 이 대안은 현재 상태가 그대로 유지되었을 때 2055년으로 추정된 기금 고갈 시점을 18년 늦추는 대안인 셈이다.

12% 보험료율은 지속 가능성 문제를 다소 완화할 뿐 해결책은 아니다. 15% 보험료율 역시 충분한 대안이 못 된다. 더구나 이 시나리오들의 재정 추계에 적용된 미래의 국민연금 가입률과 가입 기간은, 현행 추세를 바탕으로 추정한 것이다. 만약 7장의 가입 기간 확충을 위한 대안들이 실행되면 연금 급여 지출은 증가한다. 그러면 적립금 고갈 시점은 더 앞당겨질 수 있다.[39] 결국, 5차 재정계산위원회의 제안에 따라 12% 또는 15%로 보험료율 인상, 수급 개시 연령 상향, 기금 운용 수익률 제고 등이 이뤄지더라도, 얼마 뒤에는 또다시 재정 안정화를 위한 추가 조치가 이뤄져야 한다. 어떤 조치가 가능할까? 둘 중 하나(혹은 둘 다)다. 하나는 보험료율을 더 높이는 것이다. 지속 가능성 문제의 궁극적

---

39 뒤에서 논의하겠지만, 보험료율이 15% 정도면 가입 기간 확충 방안 시행이 재정을 악화시키지 않을 수도 있다. 이는 일찍 가입하고 오랫동안 적립금을 운용할수록 운용 수익이 커지기 때문이다. 그러나 12% 보험료율에서는 그렇게 해도 재정은 악화된다.

인 해결은 내는 것만큼 받는, 혹은 받는 것만큼 내는 재정 구조를 만드는 것이다. 그러려면 현행(40%) 소득 대체율에서는 보험료율이 18% 가까이 되어야 한다.

다른 하나는 일반 재정(조세)을 투입하는 것이다. 국민연금 재정 수입의 원천은 보험료와 일반 재정(조세)인데, 현재의 재원 구조를 보면 일반 재정 투입은 극히 미미해서 99% 이상이 보험료 수입이다. 사회보험 체계로 운영되므로 보험료가 주된 수입원이 되어야 함은 당연하다. 하지만 그렇다고 해서 보험료 수입이 거의 전부를 차지해야 하는 것은 아니다. 우리처럼 사회보험 체계로 공적연금을 운영하는 국가들도 재정 수입의 상당 부분을 일반 재정이 차지한다. 대표적인 사회보험 체계 공적연금 국가인 독일도 재원의 1/4 정도는 일반 재정(조세)에 의존한다.

사회보험 체계 공적연금이라도 일반 재정 투입이 필요한 이유는 충분하다. 우선 크레딧 때문이다. 크레딧은 군 복무, 출산, 실업 등 특별한 사유가 있을 때 가입 기간을 인정해 주는 것, 아니 정확히 말하면 정부가 보험료를 대신 납부하는 것이다.[40] 정부의 보험료 대납은 일반 재정으로 이뤄져야 한다.

다음으로 재분배 기능에도 일반 재정 투입은 필요하다. 저축 성격이 강한 연금의 특성상, 낸 것보다 적게 받으면 정당성을 상

---

40 현행 군 복무 크레딧과 출산 크레딧은 크레딧 사유가 발생했을 때 국가가 일반 재정으로 보험료를 대납하는 것이 아니다. 크레딧 해당자가 나중에 연금을 수급하게 되었을 때, 가입 기간을 인정하고 그 기간의 보험료를 정부가 일부 지원한다. 이는 잘못된 것이다. 특히 우리는 부분 적립 방식으로 기금 운용 수익이 중요하므로 크레딧 사유가 발생했을 때 보험료를 납부하는 것이 필요하다. 한편 출산 크레딧은 소요 재원의 30%를 국고로 부담하고, 나머지 70%는 연금 기금으로 충당한다. 연금 기금은 가입자의 보험료로 조성되는데, 이를 출산 크레딧 재원으로 사용하는 것은 정당성이 약하다.

실한다.[41] 이를 피하면서 보험료만으로 지속 가능하려면 모든 소득 계층에서 낸 것만큼 받아야 한다. 즉 소득 비례로 운영되어야 한다. 그러면 저소득층의 연금 급여액은 안정된 노후 생활을 누리기에 부족할 수 있다. 그래서 소득 비례 공적연금을 운영하는 국가들도, 저소득층에게는 보충 급여를 제공한다. 보충 급여는 낸 것보다 많이 받는 부분으로서 재원은 일반 재정으로 마련한다.

정리하면, 연금 재정이 장기적으로 지속 가능하려면 보험료와 일반 재정의 역할이 구분되어야 한다. 자신이 받는 급여 중 낸 것(+운용 수익)에 해당하는 만큼은 보험료가 책임져야 한다. 그리고 낸 것을 초과하는 부분은 일반 재정이 담당해야 한다.

〈표 9-2〉 사회보험 방식 공적연금의 지속 가능을 위한 재원과 급여 할당 원칙

재원	보험료	일반 재정(조세)
급여 구성	낸 만큼 받는 부분	초과로 받는 부분
적용 원칙	소득 비례 (수익비 1)	크레딧, 저소득층 지원

'낸 만큼 받는 부분은 보험료 재원, 초과로 받는 부분은 일반 재정.' 사회보험 방식 공적연금이 지속 가능하려면 이 원칙이 지

---

41 연금은 사회보험이므로 고소득층은 낸 것보다 적게 받아도 된다는 주장도 있다. 건강보험 보험료는 소득에 비례하지만, 혜택은 소득 계층과 상관없이 적용된다. 그래서 평균적으로 고소득층은 받는 혜택보다 낸 보험료가 많으며, 저소득층은 받는 혜택이 낸 보험료보다 많다. 건강보험과 마찬가지로 연금도 고소득층은 낸 것보다 적게 받고 저소득층은 낸 것보다 많이 받는 게 당연하다는 얘기다. 사회보험이라는 특성만 본다면 그럴 수도 있다. 하지만 연금은 노후 대비 저축 특성도 지니고 있다. 낸 것보다 적게 받으면 저축이 아니다. 고소득층이라도 낸 것만큼은 받아야 한다.

불편한 연금책

켜져야 한다. 다른 나라의 경우 초과로 받는 부분은 대체로 크레딧이나 저소득층 지원 때문에 발생한다. 우리는 다르다. 우리는 크레딧과 저소득층 지원을 제외하더라도 모든 가입자가 낸 것보다 많이 받는다. 그렇다고 낸 것을 초과하는 급여 재원을 일반 재정이 부담하지도 않는다. 그래서 기금 고갈 문제가 발생하는 것이다.

지속 가능 원칙에 충실하려면 국민연금 보험료율이 18%는 되어야 한다. 그리고 크레딧 및 저소득층 지원(재분배 기능) 재원은 일반 재정이 부담해야 한다. 그런데 보험료율을 그만큼 올리기 어렵다면 어떻게 해야 할까? 보험료율 인상이 부족한 상태에서 지속 가능성 문제를 해결하려면 일반 재정 투입을 확대해서 미달분을 보충해야 한다.

충분한 보험료율 인상 대신 미달분의 일반 재정 충당도 지속 가능성을 위해 고려해 볼 수 있는 대안이다. 다만 조건이 있다. 그러려면 사각지대가 거의 없어야 하며, 수급자 간 가입 기간 격차도 작아야 한다. 3장에서 현행 국민연금은 사각지대가 많고 수급자라도 성별과 소득 계층별 가입 기간 격차가 심하다고 했다. 4장에서는 그 때문에 낸 것보다 많이 받는 구조에서는 순 혜택의 역진성이 발생한다고 했다. 미달분을 일반 재정으로 충당하는 것은 '낸 보험료보다 많이 받는 급여' 조건이 유지되는 것이므로 넓은 사각지대와 심한 가입 기간 격차가 그대로면 순 혜택의 역진성도 그대로 발생한다.

현행은 낸 것보다 많이 받는 차액 부담을 미래 세대에게 떠넘기는 것이라면, 이를 일반 재정(조세)으로 충당하는 것은 현세대 납세자에게 떠넘기는 것이다. 미래 세대에게 전가하는 것보다는 현세대가 해결하는 게 바람직하다. 다만, 이 경우에도 혜택을 누리는 자(연금 수급자)와 부담을 지는 자(납세자)가 일치하지 않는다는 문제가 발생한다. 물론 일반 재정 재원이 100%인 기초연금도 동일한 문제를 지닌다. 하지만 기초연금은 수급 대상이 저소득 노인이라는 명분은 있다. 현행처럼 고소득층일수록 수급률 높고 가입 기간 긴 상황이라면, 일반 재정 지원은 정당성이 없다. 모자란 보험료 충당을 위한 일반 재정 지원이 정당화되려면, 7장에서 논의한 가입 기간 확충 방안이 십분 효력을 발휘해서 사각지대와 가입 기간 격차 문제가 해소되어야 한다.

한편, 일반 재정을 투입할 경우는 명시적으로 사회보장세 같은 목적세를 신설하는 것이 타당하다. 아니라면 국가 채무를 늘릴 수 있기 때문이다. 그러면 연금 재정의 지속 가능성을 높이는 대신 일반 재정의 지속 가능성을 저해하게 된다. 아랫돌 빼서 윗돌 괴는 것은 개혁이 아니다.

사회보장세, 미래 세대를 위한 기금

재정 운영에서는 그해 걷은 조세 수입으로 그해 지출을 충당하는 것이 원칙이다. 그렇다면 사회보장세도 그해의 급여 지출 충당에 쓰여야 할까. 프랑스 등 연금이 부과식으로 운영되는 나라는 그렇다. 사회보장세 수입은 그해 연금 수급자의 급여 지출에 사용된다. 우리는 전혀 다르다. 우리가 사회보장세를 걷으려는 것은 현세대 수급자를 위한 것이 아니다. 미래의 수급자와 가입자를 위한 것이다. 따라서 사회보장세 수입은 기금으로 적립 운용되어야 한다. 이렇게 해서 얻어진 재원과 운용 수익은 국민연금 기금 규모를 키운다. 그러면 몇십 년 뒤에도 기금이 충분해서 적립식 운용을 가능하게 해준다.

보험료율 인상과 목적세인 사회보장세 부과는 어떤 차이가 있을까? 둘 다 강제로 소득에서 떼어가며, 연금 재원으로 사용된다는 면에서는 동일하다. 하지만 이 둘은 부과 기준과 대상이 다르다.

보험료는 주로 근로 소득에 부과한다. 이에 비해 사회보장세의 세원은 다양하다. 근로 소득뿐만 아니라 소비, 재산, 법인 소득에도 부과할 수 있다. 일본은 사회보장세를 소비세로 걷는다. 근로 소득에 부과하면 노동에 부정적인 영향을 미칠 수 있고 경제 활동 참가자만 부담하므로, 소비에 부과하자고 주장하는 학자들은 제법 많다. 일리 있다. 하지만 나는 특정 세원으로 한정하는 것보다는, 소비, 재산, 개인·법인 소득 등 모든 세원에 대해 조금씩 걷는 것을 선호한다.

연금은 가입 상한 연령(현행 59세)이 정해져 있어서 이를 초과하면 보험료를 내지 않는다. 그래서 지금 당장 보험료율을 올리더라도 상당 기간은 세대 간 형평성 확보가 불가능하다. 현행 수급자가 낸 것보다 훨씬 많이 받는 것은 물론이고, 얼마 뒤면 수급자가 될 사람들, 이를테면 50대 초반 가입자도 남은 기간만 인상된 보험료를 내므로 낸 것보다 훨씬 많이 받게 된다. 오랫동안 인상된 보험료를 내야 할 젊은 세대가 상대적으로 불리한 셈이다.

반면에 사회보장세는 노인 세대도 부담한다. 따라서 납부 연령이 정해져 있는 보험료보다는 세대 간 형평성 확보에 유리하다.[42]

전통적인 산업 사회와 달리 탈산업·고령화된 오늘날에는 보험료만으로 연금 재원을 감당하기가 쉽지 않다. 일하는 사람 대다수가 임금근로자이며, 일자리도 풍부하고, 노인 인구 규모가 크지 않던 산업 사회 전성기 때는 보험료만으로도 재원 충당이 어렵지 않았다. 지금은 자영업자뿐만 아니라 특수 고용직, 프리랜서 등 비임금근로자가 상당히 많다. 이들은 소득 파악도 쉽지 않고 보험료 전액을 본인이 부담하므로 보험료를 많이 올리기도 어렵다. 한편, AI, 로봇 등의 발달로 기존에 사람이 하던 일의 상당수를 기계로 대체할 수 있게 됐다. 이제 기업의 수익과 고용 규모는 비례하지 않는다. 오늘날 대규모 수익을 창출하는 첨단 산업의 고용 창출력은 전통적인 산업보다 훨씬 작다. 가뜩이나 일자리 소멸론이 대두되는 시기에, 보험료율 인상은 인건비를 높이므로 고용을 저해한다. 또한, 낸 것보다 많이 받는 구조에서 근로 세대 대비 노인 세대 규모가 커지면 근로 세대로부터 걷는 보험료만으로는 연금 재정의 지속 가능성 확보가 어렵다는 것은 불문가지다. 이와 같은 다양한 사유로 인해 전통적인 사회보험료 대신 사회보장세가 대안으로 부상한 것이다.

이처럼 사회보장세는 미래 세대를 염두에 둔다는 점에서 일반적인 조세와는 성격이 매우 다르다. 그렇다면 좀 더 멋진 이름,

---

42 또한, 보험료에는 소득 상한이 있어서 일정 소득을 초과하면 동일한 금액의 보험료를 내지만, 사회보장세는 이런 제한이 없으며 조세는 대체로 고소득층이 더 많이 낸다는 면에서 세대 내 재분배에도 유리한 측면이 있다.

이를테면 '미래 세대 기금'이라는 명칭으로 별도 적립하고 운용하는 것도 괜찮을 것 같다. '미래의 급여 지출 충당을 위해 현세대가 세금으로 기금을 만들고 이를 운용하여 연금 규모를 키운다.' 멋진 아이디어 아닌가. 물론 이는 내가 새롭게 고안한 것이 전혀 아니다. 이미 다른 나라에서 시행하고 있는 정책이다.

그중 하나로 뉴질랜드 연금 펀드NZSF: New Zealand Superannuation Fund가 있다. 뉴질랜드 공적연금은 모든 노인을 포괄하는 보편적인 기초연금으로서 재원은 일반 재정(조세)이다. 그들 사회 역시 고령화로 기초연금 지급을 위한 미래 세대의 조세 부담이 과중할 것으로 예상됐다. 이에 2001년 정부 재정으로 국부 펀드를 조성했다. 뉴질랜드 정부는 매년 GDP의 일정 비율을 이 펀드에 투자한다. 2023년 7월까지 정부 재정 250억 달러 정도가 투입됐다. 여기에 운용 수익을 더하면 펀드 규모는 665억 달러에 달한다.[43] 이 기금은 2030년대까지 인출이 금지되어 있으며, 2050년대가 되어야 본격적인 인출이 시작될 것이라고 한다.

이 기금은 '뉴질랜드 연금 수호자Guardians of New Zealand Superannuation' 라는 당당한 이름을 가진 독립적인 기관이 운용한다. 수십 년 뒤에야 인출이 시작되기 때문에, 장기적인 시계를 갖고 운용할 수 있다. 이처럼 단기적인 수익률에 연연하지 않는다는 점이 높은 수익률을 올리는 비결 중 하나라고 한다. 뉴질랜드 정부는 이 기금의 목적을 '세대 간 조세 부담의 형평성 제고'라고 밝히고 있다.[44]

---

43 뉴질랜드 연금 펀드(NZSF) 홈페이지에서 인용. (https://nzsuperfund.nz)

44 원문에는 "to act as a tax-smoothing vehicle to reduce the cost of funding NZS for future generations of taxpayers"라고 되어 있는데, 내가 쉽게 풀어 썼다.

정말 멋지지 않은가.

2장에서 세대 간 계약이 지속하려면 각 세대의 혜택과 부담 배분이 비슷해야 한다고 했다. 현세대보다 다음 세대의 노인 부양률이 훨씬 높은 상황에서 근로 세대가 노인 세대를 부양하는 전통적인 방식은 세대 간 형평성을 지닐 수 없다. 이런 인구 구조에서는 현 근로 세대가 자신들이 노인 세대가 되었을 때의 부양 부담을 나누어야 한다. 미래 세대를 위한 펀드 조성이 바로 이를 위한 것이다. 즉 미래 세대 펀드는 고령화로 변화된 인구 구조에서 세대 간 형평성을 유지하는 방안이 된다.

뉴질랜드 외에도 미래 세대의 부담을 완화하기 위해 미리부터 국부 펀드를 조성하여 운용하는 나라는 제법 된다. 내 또래의 독자 중 노후를 자식에게 의탁하겠다는 사람은 거의 없을 것이다. 그리고 대부분 노후를 위해 공적연금 말고도 나름의 대비를 하고 있을 것이다. 개인도 그러한데, 하물며 한 사회가 미래 세대의 부담을 덜어주는 건 지극히 당연하지 않을까. 우리도 미래 세대를 위한 펀드를 조성하고, 수십 년 뒤에야 인출할 수 있게끔 하면 기성세대로서 조금은 면이 설 것 같다. 그러면 젊은 세대의 국민연금에 대한 불신과 불만도 제법 누그러지지 않겠는가.

가입 기간 늘리기와 연금 재정

7장에서 국민연금 노후 소득 보장성 강화 방안으로서 가입 기간 늘리는 각종 대안을 제시했다. 가입 기간 늘리는 것은 국민

불편한 연금책

연금 급여액을 높이는 데 가장 중요하다. 수업 시간에 이런 얘기를 하자 한 학생이 질문했다. 그렇다면 왜 그동안 정부는 가입 기간 늘리는 정책을 쓰지 않았느냐는 것이었다. 여러 가지 이유가 있겠으나, 가입 기간 늘어서 급여 지출 늘어나면 기금 고갈이 더 빨라진다는 것도 그중 하나다.

낸 것보다 많이 받는 구조에서는 내는 게 늘면 적자 폭은 커지기 마련이다. 그런데 적자 폭은 언제부터 보험료를 냈느냐에 따라 달라진다. 일찍 내는 게 늦게 내는 것보다 적자 폭을 줄인다. 앞서 낸 것(+운용 수익)과 받는 것이 균형을 이루는, 즉 수익비 1이 되는 보험료율은 18% 정도라고 했다. 이는 가입 기간이 25년 정도로 가정하고 계산한 것이다. 일찍부터 가입해서 가입 기간이 25년보다 길어지면 수익비 1이 되는 보험료율은 18%보다 낮아진다. 운용 기간이 길수록 운용 수익이 커지기 때문이다. 이 책에서는 수익비를 $\left(\dfrac{\text{받는 것}}{\text{낸 것 + 운용 수익}}\right)$으로 정의하고 있다. 분자와 분모가 같으면, 낸 것(+운용 수익)만큼 받는 것이므로 완전 적립식과 동일하며, 장기적으로 지속 가능하다고 했다. 수익비 식에서 운용 수익이 커지면 분모가 커지므로 수익비는 낮아진다.[45]

앞서 15% 보험료율에서는 수급 개시 연령을 높이고 운용 수익률을 현행보다 1% 포인트 높여야 재정 안정화 조건을 충족하는데, 운용 수익률을 1% 포인트 높이기가 쉽지 않다고 했다. 그런데 가입 기간이 길어지면, 가령 20대 초반부터 35년 이상 가입

---

45 운용 수익률은 내는 보험료와 받는 급여 총액을 현재 가치로 계산할 때 적용하는 환산율(각각 임금 및 물가 상승률)보다 높다. 그래서 동일한 보험료율과 급여 산식이라도 일찍부터 보험료를 납부해서 오랜 기간 운용할수록 '낸 것+운용 수익' 대비 '받는 것'의 크기는 작아진다. 이에 대한 구체적인 예는 4장 본문 중 '이론: 제도상 높은 재분배 기능'에 제시되어 있다.

9장 지속 가능한 국민연금을 위하여

한다면 운용 수익률을 0.5% 포인트 정도만 높여도 재정 안정화 조건이 충족된다.

나는 7장에서 국민연금 가입 기간 늘리는 방안으로 18세 자동 가입과 군 복무 기간 전체 인정 등을 제안했다. 과거 내가 세미나에서 이 방안들을 얘기했을 때, 토론자 중 한 명이 그러면 낸 것보다 많이 받는 구조에서 연금 재정 악화는 더욱 심화한다는 문제를 지적했다. 현행 9% 보험료율에서는 그럴 수 있다. 하지만 보험료율이 15%까지 올라가면 다르다. 오히려 20대 초반의 보험료 납부는 연금 재정 개선에 도움이 될 수 있다.

놀랍지 않은가. 독자들도 가입 기간의 영향은 전혀 생각해보지 못했을 것이다. 이건 다른 나라 공적연금에서는 발생하기 어렵다. 다른 나라 공적연금은 거의 부과식이다. 부과식에서는 기금 운용 수익이 없다. 보험료를 내는 사람의 규모가 동일하면, 임금 상승률만큼 보험료 수입이 늘어날 뿐이다. 우리는 부분 적립식으로 기금 운용 수익이 발생하며, 운용 수익률이 임금 상승률보다 높을 것으로 기대하기 때문에 이런 방안이 가능한 것이다. 21세기 들어 서구 복지국가들은 공적연금을 축소하면서 퇴직연금 등 사적연금의 역할을 강화했다. 공적연금 축소는 부과식 체계에서 고령화로 재정 수지가 악화함에 따른 것이다. 사적연금 강화는 공적연금 축소를 보완하기 위함인데, 여기에는 적립식인 사적연금 운용 수익률이 제법 높을 것이라는 기대도 한몫했다.

젊은 시절의 연금 가입 기간 늘리는 것이 연금 재정 개선에 도움 된다는 것은 분명 희망찬 소식이다. 하지만 이는 현행 보험료가 15% 정도까지 높아진다는 전제에서 가능하다. 보험료율 인상이 12% 정도에서 멈춘다면, 여전히 낸 것(+운용 수익)보다 많이 받는 것이라서, 연금 가입 기간이 늘수록 연금 재정은 악화된다.

단, 분명한 것은 비록 연금 재정에는 부정적이라도 연금 가입 기간은 지금보다 훨씬 길어져야 한다는 점이다. 이에 관해서는 이 책의 앞부분에서 누누이 논의했으니 더 이상의 부연 설명은 필요치 않겠다. 연금 가입 기간은 대폭 느는데, 보험료율은 15%에 훨씬 못 미친다면? 전술했듯 모자라는 부분은 사회보장세로 걷어 기금화해야 한다. 이때 기금 적립금은 일찍 모아서 오래 운용할수록 재정 개선에 도움 된다는 것을 명심하자.

정부는 국민연금 개혁 방안을 고민하면서 캐나다 사례를 많이 참고했다. 이는 캐나다 연금의 기금 운용 수익률이 매우 높기 때문이다. 우리 국민연금도 그에 버금가게 수익률을 높인다면 재정 안정화에 큰 도움이 될 것이기 때문이다. 현행보다 수익률을 1% 포인트 높인다는 계획도 그렇게 나온 것이다. 높은 기금 운용 수익률 외에도 캐나다 연금은 훌륭한 벤치마킹 대상이다. 나는 우리 국민연금이 정말 캐나다 연금을 잘 따라 하면 좋겠다.

캐나다 연금CPP은 1966년에 도입됐다. 이전까지는 공적연금으로 보편적 기초연금만 있었고 나머지는 사적연금에 의존했다. 그러나 이것만으로는 적절한 노후 대비에 부족하다고 판단하여 기초연금 위 2층에 소득 비례 공적연금을 도입한 것이다.

보편적 기초연금 위에 추가한 것이라서 소득 대체율은 25%로 낮았다. 기초연금이 15%, 소득 비례 연금이 25%, 합쳐서 40%를 보장하도록 설계한 것이다. 도입 초반의 보험료율은 낮았고, 이후 조금씩 높아졌으나 1990년대 중반에도 보험료율은 6% 정

9장 지속 가능한 국민연금을 위하여

도였다. 낸 것보다 많이 받게 설계되었으므로 당연히 기금이 고갈된다. 당시에도 이 상태가 지속되면 2015년경 기금이 고갈될 것으로 예측됐다. 그리고 고령화로 부과식 보험료율은 계속 높아져서 2030년에는 14% 이상이 될 것으로 나왔다. 25%의 소득 대체율에 14%가 넘는 보험료율은 수용성이 없다고 판단했고, 그래서 1997년에 연금 개혁이 이뤄졌다.

개혁의 목표는 재정 안정화였고, 그래서 당시 6% 정도인 보험료율을 2003년까지 9.9%로 올리기로 했다. 증가한 보험료 재원으로 적립금을 축적하고 운용하여 지속적으로 기금 운용 수익을 냄으로써 미래의 급여 지출 재원에 충당하기로 했다. 이를 위해 독립적인 기금 운용 전문 기관인 캐나다연금투자위원회CPPIB: CPP Investment Board를 설립하고 적립금을 적극적으로 투자했다.[46] 오늘날 캐나다 연기금은 수익률뿐만 아니라 투명성과 책무성 측면에서도 전 세계에서 가장 우수한 기금으로 평가받고 있다.[47]

캐나다 연금은 3년마다 재정 추계를 통해 재정 안정성을 평가한다. 재정 추계 기간은 75년인데, 추계 시점 10년 뒤부터 60여 년간 적립 배율이 안정적으로 5~6배를 유지하는 것을 재정 목표로 하고 있다. 이처럼 충분하고 안정적인 기금의 운용 수익을 계속 주요 재원으로 사용되는 방식을 '안정 상태steady state 부분 적

---

46 1997년 개혁 이전에는 안전 자산인 정부 채권에만 투자해서 수익률이 저조했으나, CPPIB 를 세우면서 위험 자산에 대거 투자하기 시작했다. CPPIB는 2021년에 'CPP Investments' 로 명칭을 변경했다.

47 이에 관해서는 CPP Investments 홈페이지(www.cppinvestments.com)에 잘 소개되어 있다.

립 방식'이라고 한다.[48]

이 방식을 우리도 꼭 배웠으면 좋겠다. 수십 년 뒤 우리의 고령화율은 세계 최고 자리를 두고 다툴 전망이다. 그런 상황에서 부과식 연금 운용은 거의 불가능하다. 설령 보험료 이외에 일반 재정(조세)이 투입되더라도 마찬가지다. 적립금 운용 수익 없이 당시에 걷는 보험료와 조세만으로는 연금 급여 지출을 감당하기 어렵다. 연금 급여 이외에 건강보험 및 장기요양보험 지출도 급증할 것이기 때문이다. 최소한 국민연금만이라도 적립금이 안정적으로 쌓여서 기금 운용 수익이 주요 재원으로 기능해야 한다. 캐나다보다 훨씬 높을 우리의 미래 고령화율을 감안하면 5~6배의 적립 배율도 충분하지는 않을 것 같다. 구체적인 적립 배율은 해당 전문가들의 계산에 따라 정해야겠다. 중요한 것은 우리의 장기적인 연금 재정 목표는 충분한 기금 운용 수익을 얻기 위한 '안정적인 적립 규모 확보'가 되어야 한다는 것임을 분명히 하는 것이다.

25% 소득 대체율과 9.9% 보험료율 하에서 캐나다 연기금은 10여 년간 상당히 높은 수준의 운용 수익을 냈다(전술했듯 최근 10년의 연평균 수익률은 10%이다). 그래서 재정 안정에 상당한 자신감을 갖게 됐다. 그러던 차에 급여액이 적으니 소득 대체율을 높이자는 주장이 제기됐다. 그래서 2016년 개혁을 통해 보험료율은 11.9%, 소득 대체율은 33.3%로 높였다. 기존보다 보험료율은 2% 포인트만 올리면서 소득 대체율은 무려 8.3% 포인트를 올린 것이다. 재

---

48   'steady state'는 경제학 용어로서 통상 '균제 상태'라고 번역한다. 이는 어떤 상태가 안정화되어 일정하게 유지되는 것을 지칭한다. 나는 '균제 상태'라는 생소한 용어보다는 뜻이 더 분명한 '안정 상태'라고 번역했다.

정 안정에 대해 웬만큼 자신하지 않으면 하기 어려운 조치였다.

캐나다의 보험료율과 소득 대체율을 우리와 비교해 보자. 우리의 소득 대체율인 40%에 대입하면 보험료율은 얼마인 셈일까. 기존 25% 소득 대체율일 때 9.9의 보험료율이면, 40% 소득 대체율에서는 15.8의 보험료율이 된다. 그리고 개혁 뒤인 33.3% 소득 대체율에서 11.9의 보험료율이면 40% 소득 대체율에서는 14.3의 보험료율이 된다. 과거에는 재정 안정화를 위한 목표 보험료율을 15.8%로 설정했다가, 이제는 14.3%로 1.5% 포인트나 하향 조정한 셈이다. 정말 '자신감 뿜뿜'이다.

14.3% 보험료율로 재정 안정을 이루려면 대체 기금 운용 수익률을 얼마가 되어야 할까? 캐나다는 목표 수익률을 6% 이상으로 설정하고 있다. 이에 비해 우리는 최대 5.5%이다. 앞서 나는 향후 수십 년간 5.5% 수익률을 달성한다는 목표가 쉽지 않다고 했는데, 캐나다와 비교하니 너무 소심하게 느껴진다. 참고로 동료 학자가 캐나다 연금 재정 추계 담당자를 사적으로 만난 적이 있다. 그때 그는 보험료율 11.9%로 소득 대체율 33.3%를 달성할 수 있을지 우려된다고, 솔직히 목표를 좀 높게 잡았다고 토로했단다.

어쨌든 이 대목에서 또 한번 우리 퇴직연금의 황당함을 지적해야겠다. 완전 적립식으로 높은 운용 수익률을 올릴 수 있는 가장 좋은 게 퇴직연금이다. 보험료율 11.9%에 소득 대체율 33.3%면, 퇴직연금 보험료율(8.33%)에서는 소득 대체율이 무려 23.3%가 되어야 한다! 그러나 우리는 23.3%는 고사하고 13.3%에도 훨씬 미달한다. 고작 정기 예금 정도의 운용 수익만 내기 때문이다. 대한민국 정부가 국민 노후 소득 보장에 얼마라도 책임을 느낀다면 퇴직연금 수익률을 지금보다 훨씬 높이겠다는 약속을 해야 한다.

보험료율 인상과 재분배 기능

보험료율이 높아지면 국민연금 급여 산식의 재분배 기능의 조정도 필요하다. 현행 급여 산식은 가입자 평균 소득(A)과 본인 소득(B)의 평균에 가입 기간을 곱해서 급여액을 정한다(월 급여액=$\frac{(A+B)}{2} \times \frac{n}{100}$). 그래서 본인 소득이 높을수록 수익비가 낮아진다. 국민연금 소득 상한은 대략 가입자 평균 소득(A)의 두 배이다. 두 배 소득자의 수익비는 보험료율 9%에서 1.5, 13.5%에서 1, 15%에서는 0.9가 된다. 고소득층이라도 수익비가 1보다 작으면 연금의 정당성은 상실된다. 보험료가 15%로 높아졌을 때, 두 배 소득자 수익비가 1 이상이 되려면 A의 비중을 낮추고 B의 비중을 높여야 한다. 가령 현행 (A+B)를 (0.5A+1.5B)로 대체하면 15%에서 두 배 소득자 수익비는 1.05가 된다.[49]

A 비중을 낮추고 B 비중을 높이면 본인 소득이 가입자 평균보다 높은 사람의 급여액은 늘지만, 가입자 평균보다 낮은 사람의 급여액은 감소한다. 나는 저소득층 지원은 크레딧 확충과 보험료 지원 등

---

49   앞서 일찍 오래 보험료를 낼수록 수익비가 낮아진다고, 즉 낸 것의 가치가 높아진다고 했다. 15% 보험료에서 A와 B의 비중 조정을 통해 고소득 집단의 수익비가 1 이상이 되게 한다는 것은 모든 가입자가 소득 계층에 상관없이 약 25년 가입한다고 가정하고 계산한 것이다. 고소득 집단이 더 일찍 가입하고 더 오래 보험료를 납부하면, 수익비가 1 이하가 될 수도 있다. 특히 젊어서 낸 보험료만 계산하면 1보다 낮을 것이다. 이 경우 고소득 집단은 일찍 오래 가입할 유인이 사라질까? 그렇지는 않다. 젊어서 낸 보험료가 더 가치를 지니는 것은 기금 운용 수익률이 임금 상승률보다 높다고 가정했기 때문이다. 그런데 보험료를 내는 대신 개인이 그 돈을 굴리면 임금 상승률보다 더 높은 수익을 올릴 수 있을까? 나는 아니라고 생각한다. 게다가 국민연금 보험료로 내면 세금 혜택도 있다. 비록 고소득 집단의 수익비는 낮아져도, 여전히 일찍 오래 보험료를 내는 것이 더 유리할 것이다.

으로 하고, 급여 산식의 재분배 기능은 완화하는 게 필요하다고 생각한다. 하지만 이는 개인적인 견해일 뿐이다. 비록 크레딧 확충으로 실제 급여가 증가하더라도, 급여 산식이 불리하게 변경되는 것을 받아들이기는 쉽지 않다. 그렇다면 현실적으로 가능한 것은 본인 소득이 가입자 평균 소득 이하인 경우(A≥B)는 현행 비중을 유지하고, 반대의 경우(A⟨B)만 비중을 조정하는 것이다.[50] 구체적인 비중 조정은 보험료율 상향에 따른 고소득 집단의 수익비 변화를 반영해서 정해질 것이다. 참고로, 두 배 소득자의 경우 급여 산식에서 A와 B 비중이 (0.5A+1.5B)로 바뀌면 급여액이 늘어나는데, 늘어나는 액수는 현행 급여 산식에서 소득 대체율을 40%에서 45% 올리는 것보다 더 많다.

그럴 가능성은 희박하지만, 받는 것만큼 내기 위해 국민연금 보험료율을 18%로 올렸다고 하자. 그럼 회사도 4.5% 포인트를 더 내고 월급쟁이 본인도 4.5%를 더 내야 한다. 본인 부담 늘어나는 것을 좋아할 사람은 없다. 그런데 전혀 뜻밖에도 고소득 샐러리맨이라면 현행보다 보험료율 18%에서 더 큰 이득을 본다. 보험료율을 올리면 재분배 기제가 완화되어야 하기 때문이다. 보험료율 18%에서는 급여 산식이 소득 비례로 바뀌어야, 즉 $\frac{(A+B)}{2} \times \frac{n}{100}$에서 $B \times \frac{n}{100}$으로 바뀌어야 수익비 1이 유지된다(A는 국민연금 가입자 평균 소득, B는 본인 소득 평균, n은 가입 연수). 이처럼 급여 산식에서 재분배 기제가 없어지고 소득 비례로 바뀌면 두 배 소득자(B=2A)인 사람의 연금액이 얼마나 증가하는지 따져보자.

---

50 물론 이렇게 하면 급여액이 줄어드는 사람은 없고 늘어나는 사람만 있으니 재정 안정 측면에서는 불리하다.

불편한 연금책

2023년 기준 A는 286만 원이므로 두 배 소득자면 572만 원이 된다. 30년 가입했다고 가정하면, (2028년 이후) 급여 산식에서는 월 급여액이 129만 원이다. 하지만 소득 비례로 바뀌면 월 급여액이 43만 원 늘어 172만 원이 된다. 25년간 급여를 받는다면 늘어난 급여액의 현재 가치는 1억 2900만 원이다. 그런데 본인이 내는 보험료는 월 25.7만 원이 늘어서 30년 납부액의 현재 가치는 9300만 원이 된다. 즉 본인이 내는 보험료 증가액보다 받는 급여 증가액이 더 커서 오히려 이득이다. 물론 이는 회사 부담분을 고려하지 않은 것이다. 회사가 내는 보험료 부담액도 본인 부담액과 동일하게 늘어나므로, 전체로 보면 당연히 내는 게 더 많다. 그러나 순전히 본인 입장만 고려하면 이득이 맞다. 본인 소득이 국민연금 가입자 평균 소득보다 제법 높은 임금근로자라면 국민연금 보험료율 인상을 반길 만하다.

재정 지속 가능성 제고와 신뢰의 문제

이번 장에서는 국민연금의 재정적 지속 가능성 제고를 위해 다음과 같은 제안을 했다.

- 국민연금의 재정 목표를 정할 것.
  - 재정 목표는 장기적으로 '안정 상태 부분 적립식'을 유지할 수 있게 해야 함.
- 이 재정 목표를 달성할 수 있도록 보험료율을 매년 조금씩

높일 것

- 보험료율 상향만으로 재정 목표 달성이 어렵다면 일반 재정 투입도 고려할 수 있을 것임.
  - 단, 일반 재정 투입은 사회보장세(목적세) 신설로 이뤄져야 함.
  - 사회보장세로 걷은 재원은 펀드로 적립·운영되어 미래의 지출 소요에 대비해야 함.
  - 또한, 사각지대 및 가입 격차 문제가 해소되어야 함.
- 적극적인 기금 운용으로 수익률을 높이는 것도 필요함.
  - 그러려면 위험 자산 비중 높아져서 수익률 변동성 커지는 것을 감수해야 함.

진술했듯 재정계산위원회는 재정 안정화를 위한 보험료율은 적어도 15% 이상은 되어야 한다고 했다. OECD 국가 연금 보험료 평균은 18%가 넘는다. 이를 감안하면 보험료율 15%가 높은 것은 아니다. 하지만, 15%까지 높이는 게 쉽지는 않다. 쉽다면 왜 20년 넘게 9%에 머물렀겠는가. 종업원을 둔 자영업자, 그리고 고용주 없이 오롯이 본인이 보험료를 내야 하는 사람들에게 6% 포인트 인상은 상당한 부담이다. 그래서 재정 안정 목표를 달성할 만큼 보험료율 상향이 어렵다면, 사회보장세를 걷어서 기금화하는 것을 대안으로 제안했다. 그런데 또 다른 대안으로, 몇몇 전문가들은 퇴직연금 보험료 중 일부를 국민연금 보험료로 전환하자고 한다. 퇴직연금 보험료율은 8.33%인데, 이 중 4% 포인트를 떼어서 국민연금 재원으로 전용하면, 국민연금 보험료율을 현행보다 2% 포인트만 높여도 퇴직연금 전환분과 합쳐서 15%가 된다(단, 퇴직연금에 가입하지 않은 사람은 해당이 없다).[51] 어차피 퇴직연금이 제 역할 못 하니, 차라리 이를 국민연금 재원으로 활용하자는 것이다. 이 제안은 조심스럽다. 나는 퇴직연금을 축소하는 것보다는 퇴직연금이 제 역할을 하도록 개혁하는 것, 즉 보험료 8.33%를 유지하면서 높은 수익률로 노후 소득에서 중요한 몫을 하게 만드는 것을 선호한다. 하지만 국민연금 보험료율 인상이 부담되는 것도 맞는 만큼, 이 제안을 논의해 볼 가치는 있다고 생각한다. 더구나 8장의 제안대로 퇴직연금이 개혁되지 않고 여전히 파행적으로 운영된다면, 이 제안은 적극적으로 추진해 볼 만하다.

한림대 석재은 교수는 국민연금이 세 가지 위기를 안고 있다고 지적했다. 지속 가능성 위기, 보장성 위기, 신뢰 위기다.[52] 지속 가능성과 보장성은 국민연금의 양대 문제다. 그리고 이 두 문제를 해결하는 데는 국민의 신뢰가 필수다. 나는 보장성 강화의 핵심은 가입 기간 확충이라고 믿는다. 가입 연령 상한 높이는 것, 군 복무·출산·실업 크레딧을 확대하는 것은 가입 기간 늘리는 데 중요하다. 하지만 그것만으로는 부족하다. 가입자 스스로 가입 기간을 늘리려는 노력이 중요한데, 그러려면 가입자들이 제도를 신뢰해야 한다. 또한, 지속 가능성을 위해서는 보험료든 조세든 재원을 확충해야 하는데, 이에 대한 동의를 얻는 데도 국민

---

51   실제 1990년대 중후반, 국민연금 보험료를 6%에서 9%로 높였을 때, 퇴직금 재원의 일부를 국민연금 보험료로 전환했었다.

52   석재은, 〈공적연금의 지속 가능한 다층 기본 보장 방안〉, 보험연구원·한국 사회보장학회 공동 세미나(2023. 2. 27).

신뢰가 절대적임은 두말할 나위가 없다. 그러나 지금 국민연금에 대한 국민 신뢰는 낮다.

많은 가입자는 본인 노후에 연금을 받지 못할 것을 우려한다. 젊은이들은 자기 세대의 부담으로 부모 세대가 이득을 본다고 생각한다. 지금 보험료를 올리는 것도 앞으로 오랫동안 보험료를 내야 하는 자신들 부담만 커지므로 불공평하다고 여긴다. 그럴 바에야 차라리 폐지하는 게 낫다고 생각한다. 이번 장에서 제안한 미래 세대를 위한 펀드 조성은 젊은이들이 느끼는 불공평을 다소는 완화할 수 있을 것 같다.

신뢰의 기초는 솔직함이다. 국민연금 가입자, 특히 젊은 세대의 국민연금에 대한 불신과 불만은 상당 부분 국민연금에 관한 정보가 제대로 알려지지 않은 데 기인한다. 국민연금을 비롯한 노후 보장 체계의 현황과 전망이 투명하게 공개되고, 활발한 소통 속에 함께 해결책을 찾으면 이런 불신과 불만은 상당 부분 해소될 것으로 생각한다. 상황이 녹록하지 않은 것은 분명하나, 반드시 해야 할 일이다. 이 책의 목적도 여기에 있다.

공무원 연금 개혁에 대한 행정학자의 생각

특수직역연금의 역사

공적연금 개혁 논의 과정에서 국민연금뿐만 아니라 특수직역연금도 도마에 올랐다. 특수직역연금 개혁이 필요한 것은 국민연금보다 지속 가능성 문제가 더 심각하기 때문이다. 공무원 연금은 2001년부터 적립금이 소진되어 매년 정부 재정이 투입되고 있다. 2023년 재정 투입 규모는 6조 원에 이를 전망이다.

군인 연금은 훨씬 전에 기금이 고갈되어 매년 정부 재정이 투입되고 있는데, 2023년 재정 투입 규모는 3조 원이 넘을 것으로 예상된다. 사학 연금은 아직 적립금이 쌓여 있으나 2040년대 후반이면 모두 소진될 전망이다. 그러니 국민연금의 지속 가능성을 높이는 개혁을 하면서, 문제가 더 심각한 특수직역연금을 모른 체한다면 명분이 서지 않는다.

특수직역연금은 공무원 연금, 군인 연금, 사학 연금으로 이뤄져 있다. 공무원 연금과 사학 연금은 내용이 거의 동일하다. 군인 연금은 보험료율, 급여 산식, 수급 연령 등이 나머지 두 연금과 다르다. 간단히 말하면 군인 연금이 가입자에게 더 유리하다.[53] 이는 군인의 특수성(국가를 위하여 목숨을 바친다는 존재 목적, 복무 여건, 계급 정년 등)을 고려했기 때문이다. 규모는 셋 중 공무원 연금이 가장 크다. 그래서 특수직역연금이라고 하면 거의 공무원 연금으로 인식한다. 이번 장에서도 공무원 연금을 주제로 특수직역연금 개혁에 관해 논의한다.

특수직역연금은 일반 국민을 위한 노령연금(국민연금)보다 오랜 역사와 전통을 자랑한다. 특수직역연금 중에서도 군인 연금이 특히 그렇다. 군인 연금은 아마도 최초의 공식적인 국가 복지 제도였을 것 같다. 기록을 보면 고대 그리스 시절 이미 상이군인과 유가족을 위한 연금이 존재했다.

고대 그리스의 역사가 투키디데스를 실증 사학의 선구자로 불리게 한 《펠로폰네소스 전쟁사》에서 가장 유명한 대목은 아테네의 정치가이자 뛰어난 웅변가였던 페리클레스가 전몰장병 장례식에서 연설하는 장면일 것이다. 이 추도사는 훗날 링컨의 게티즈버그 연설을 비롯해 수많은 정치 연설문의 교과서가 됐다. 번이 연설문은 다음과 같은 약속으로 끝을 맺는다.

"여기에 묻힌 병사들에게 어린 자녀가 있다면, 그들이 어른이 될 때까지 국가가 돌보겠습니다. 이는 전몰장병들의 희생에

---

53   2015년 공무원 연금을 개혁하면서 사학 연금도 동일하게 개혁했으나, 군인 연금은 제외됐다. 이 때문에 보험료율과 급여 산식에 차이가 발생했다.

대한 국가의 당연한 책무입니다. 국민의 희생에 대해 정당한 보상을 하는 국가만이 융성할 수 있습니다. 그러니 유족 여러분, 이제 안심하시고 여러분의 (전사한) 아들과 형제들을 떠나보내십시오."[54]

　로마의 초대 황제인 아우구스투스는 퇴역 군인에게 연금을 지급했다. 수급권을 가지려면 25년간 복무해야 했다. 연금은 은화로 지급했는데, 당시와 지금의 물가 차이를 고려하면 연간 3000만 원은 되었을 것 같다. 이를 위한 재원은 5%의 상속세를 부과하여 마련했다.

　군인에게 지급하는 장애 및 유족 연금의 전통은 면면히 이어져서, 넬슨 제독이 지휘한 영국 해군과 나폴레옹이 이끌었던 프랑스 육군도 연금 혜택을 받았다. 군인에게 연금을 지급한 것은 국가에 바친 희생에 대한 대가라는 측면이 컸다. 상이군인과 유족에게 지급하는 연금은 과연 그렇다. 하지만 장기 복무를 마친 퇴역 군인에게 지급하는 연금에는 한 가지 이유가 더 있다. 옛날에는 임금근로자면서 나이 들면 직무 수행이 어려워지고, 그래서 '은퇴'가 존재하는, 또한 종사자 다수가 은퇴 후 먹고살 재산이 충분치 않은 유일한 직종이 직업 군인이었기 때문이다. 그 옛날 일하는 사람의 대다수는 농노(소작농), 노비, 혹은 자영업자였다. 공무원 외에는 임금근로자가 드물었다. 그리고 공무원 중에도 화이트칼라 공무원은 직업 군인보다 훨씬 오래 근무할 수 있었다.

54　투키디데스, 천병희 옮김,《펠로폰네소스 전쟁사》, 도서출판 숲, 2011. 이 책에 실린 원문을 바탕으로 필자가 의역했다.

　10장 공무원 연금 개혁에 대한 행정학자의 생각

물론 화이트칼라 공무원도 노쇠해서 일하기 어려워지면 퇴직해야 했고, 이 경우 연금이 필요했다. 중세 시대 가신들은 자신이 섬기던 왕과 영주로부터 연금을 받기도 했다. 우리도 기록을 보면 조선 시대 초기에 과전 제도가 있었다. 과전은 신료들에게 지급한 농토인데, 퇴직 후에도 죽을 때까지 유지할 수 있었다.[55] 그러나 이들은 비공식적이거나 소수 관료에게만 지급되던 것으로 본격적인 의미의 공무원 연금과는 거리가 있다.

　　본격적인 의미의 공무원 연금은 근대 관료제 성립 이후 도입됐다. 1789년 대혁명 이후, 프랑스 정부는 신분과 정실로 충원되던 구체제앙시앵 레짐의 공직 체계 대신 능력 기준으로 선발하고 전문적인 교육 훈련을 받게 하는 직업 공무원제를 도입했다. 그리고 직업 공무원의 퇴직 후 생계 보장을 위한 연금 제도를 도입했다. 프랑스를 따라 근대적 관료제를 시작한 독일은, 19세기 중반경 공무원 연금을 도입했다. 영국도 비슷한 시기에 공무원 연금을 도입했다. 일본은 19세기 후반 독일 제도를 모방하여 군인 연금과 공무원 연금을 도입했다. 일본의 군인·공무원 연금은 은급恩給 제도라고 불렸는데, 이는 일제 강점기 한국에도 적용됐다. 은급 제도는 직업 군인과 중간직 이상 공무원이 대상이며 10년 넘는 최소 근속 기간이 있었으므로, 한국인 중 수급자는 많지 않았다. 해방 이후 은급 제도는 사라졌다.

　　대한민국 정부는 1960년에 공무원 연금 제도를 도입했다. 처음에는 군인 연금도 공무원 연금에 속했으나 1963년 별도의 법을

55　원칙은 당대에 한하지만 다양한 방법으로 세습됐다. 그러다 보니 나중에는 신료들에게 줄 토지가 모자라게 되었고 결국 폐지됐다.

　　　　　　　　　　　　　　　불편한 연금책

통해 분리했다. 군인의 특수성을 감안하기 위함이었다. 사학 연금은 그보다 나중인 1975년에 도입됐다. 공무원 연금은 국민연금에 비해 30년 가까이 먼저 도입됐다. 1960년이면 대한민국이 최빈국이던 시절이다. 국민연금은 물론이고 건강보험, 산재보험도 없던 때였다. 그런데 어떻게 공무원 연금만 도입되었을까.

우리의 공무원 연금은 일본 제도를 참조한 것이며, 일본 공무원 연금은 독일 제도를 모방한 것이다. 독일, 일본, 한국은 시기와 내용은 다소 다르나 모두 국가 주도 발전 전략을 펼친 나라들이다. 서유럽에서 영국·프랑스보다 산업화에 뒤졌고 많은 나라로 쪼개져 있던 독일은 통일과 빠른 산업화가 필요했고, 그래서 직업 공무원이 중심이 되어 국가 주도 발전 전략을 수행했다. 일본의 급속한 근대화나, 우리의 빠른 산업화에 대해서는 굳이 설명이 필요 없을 것이다. 한편, 지금도 그런 경향이 있지만, 공무원 연금 도입 당시의 공무원 보수는 민간 기업 종사자보다 매우 낮았다. 이러한 이유로 인해서, "비록 박봉이지만 한눈팔지 말고 국가 발전을 위해 열심히 일하라. 그러면 그대들의 노후는 국가가 책임지겠다"는 것이 공무원 연금의 도입 배경이자, 국민연금보다 후하게 급여를 설정한 근거라는 것이 학계의 설명이다.

행정학자인 나도 이 설명에 수긍한다. 하지만 이건 과거 얘기다. 산업화 시대 때는 이런 설명이 통했을 것이다. 하지만 지금도 그럴까? '국가 발전에 헌신'한 것에 대한 보상 논리는 적어도 지금 시점에서는 설득력이 약하다. 그렇다면 현재 상황에서 공무원 연금이 국민연금과 별도로 운영되어야 할 정당성은 무엇일까.

공무원 연금과 국민연금 급여를 비교하면

공무원 연금 개혁을 논의하려면 우선 분명히 해야 할 것이 있다. 공무원 연금이 국민연금보다 가입자에게 유리한지다. 2022년 공무원 연금 평균 월 급여는 250만 원이 넘었다. 이에 비해 국민연금 평균 월 급여는 60만 원에 못 미쳤다. 물론 이것만으로 두 연금의 유불리를 판단할 수는 없다. 공무원 연금 수급자는 보험료 낸 기간이 길며, 보험료액도 훨씬 크기 때문이다. 이런 차이를 조정하고 비교하면 어느 쪽이 유리할까? 비록 공무원이 보험료를 더 많이 냈더라도 워낙 둘의 급여액 차이가 크니, 상식적으로 생각하면 공무원 연금이 더 유리할 것 같다. 실제로도 그렇다. 그런데 공무원 연금이 더 불리하다고, 혹은 전혀 유리하지 않다고 생각하는 사람들이 있다. 공무원 연금을 담당하는 정부 부처와 여기에 동조하는 소수 학자가 그런 주장을 한다. 그 때문에, 일부 공무원들은 진심으로 공무원 연금이 더 불리하다고 믿는다.

나는 공무원 연금이 국민연금보다 더 후하다고 해서, 그 때문에 공무원 연금 급여를 줄여야 한다고는 생각하지 않는다. 전술했듯 공무원 연금이 더 후한 데는 역사적인 이유가 있기 때문이다. 하지만 팩트만은 바로 알아야 한다. 공무원 연금이 국민연금보다 후하다면 얼마나 후한지, 박하다면 얼마나 박한지는 제대로 알아야 한다.

공무원 연금이 국민연금보다 후하지 않다는 주장의 근거는 두 가지다. 하나는 보험료 대비 지급률 비교이다. 공무원 연금 보험료는 18%로 국민연금의 두 배이다. 지급률은 보험료 1년당 연금 급여의 소득 대체율을 의미한다. 국민연금의 지급률은 1%이다. 그래서 40년간 보험료를 내면 급여의 소득 대체율이 40%가 된다. 공무원 연금의 지급률은 1.7%이다. 2015년의 개혁으로 이전의 1.9%인 지급률을 점차 낮춰서 2035년에 1.7%가 되도록 했다. 내는 보험료는 두 배인데 지급률은 1.7배이므로, 공무원 연금이 더 손해라는 논리이다. 두 번째는 퇴직 급여가 적다는 점이다. 공무원은 퇴직연금 대신 퇴직 수당을 받는데 20년 이상 재직했다면, 민간 기업 퇴직금(연금)의 39% 정도를 받는다. 공무원 연금과 국민연금만 비교해도 공무원 연금이 더 박할 뿐만 아니라, 민간보다 퇴직 급여가 훨씬 적으므로 공무원이 한참 손해라는 얘기다. 이 주장만 들으면 과연 그런 것 같다. 하지만 실제는 전혀 아니다. 이건 교묘하게 현실을 호도하는 주장이다.

공무원 연금과 국민연금 비교가 정확하려면, 동일 소득자가 동일 기간에 각각 공무원 연금과 국민연금에 가입했을 때 내는 보험료와 받는 연금 급여액을 비교해야 한다. 2023년 국민연금 가입자 평균 월 소득은 286만 원이며, 공무원 연금 가입자 평균 월 소득은 544만 원이다. 그렇다면 본인 소득이 286만 원인 사람과 544만 원인 사람이 각각 국민연금과 공무원 연금에 33년 가입했을 때 받는 연금 급여액을 계산해 보자. 공무원 연금 급여가 가장 낮아지는 2035년 이후 가입자를 기준으로 했다.

국민연금에 재분배 기능이 있듯이 공무원 연금에도 재분배 기능이 있다. 2035년 이후 공무원 연금 급여 산식은 $(\bar{A}+0.7\bar{B}) \times \frac{n}{100}$이다. $\bar{A}$는 재분배 소득, $\bar{B}$는 본인 소득, n은 가입 연수이다. 재분배 소득의 계산은 좀 복잡한데, 대략 본인 소득($\bar{B}$)과 전체 공무원 소득($\dot{A}$)의 평균에 해당한다.[56] 국민연금 급여 산식과 구분하기 위해 A와 B 위에 점을 찍었다. 한편, 국민연금 급여 산식을 동일한 방식으로 나타내면 $(0.5A+0.5B) \times \frac{n}{100}$이 된다.[57]

본인 소득 평균이 286만 원인 사람이 국민연금에 33년 가입했을 때 연금 급여액은 94만 원이다. 하지만 공무원 연금에 33년 가입했다면 연금 급여액은 203만 원이 된다. 본인 소득 평균이 544만 원인 사람이 국민연금에 33년 가입했을 때 연금 급여액은 137만 원이다.[58] 하지만 공무원 연금에 33년 가입했다면 연금 급여액은 305만 원이 된다. 본인 소득 평균이 국민연금 가입자 평균인 286만 원인 경우나 공무원 연금 가입자 평균인 544만 원인 경우나 모두 공무원 연금 급여액이 국민연금 급여액의 2.2배이다.[59] 낸 보험료는 두 배인데 받는 연금 급여는 두 배보다 크다. 따라서 보험료는 두 배인데 받는 급여는 1.7배이므로 공무원 연

---

56 재분배 소득($\tilde{A}$)은 본인 소득 평균($\dot{B}$)에 '재분배 적용 비율'을 곱한 것($\tilde{A}=\dot{B} \times$재분배 적용 비율)이다. 재분배 적용 비율은 본인 소득 평균($\dot{B}$)과 공무원 평균 소득($\dot{A}$)의 상대적 크기에 따라 달라진다. $\dot{B}=\dot{A}$, 즉 본인 소득 평균과 공무원 평균 소득이 동일하면 적용 비율은 1이다. 본인 소득이 더 크면($\dot{B}\rangle\dot{A}$) 적용 비율은 1보다 작아지며, 본인 소득이 더 작으면($\dot{B}\langle\dot{A}$) 1보다 커진다. 적용 비율의 최솟값은 0.8125이며 최댓값은 3이다. 재분배 소득은 대략 본인 소득 평균과 공무원 평균 소득의 평균과 유사하지만 일치하지는 않는다. 본인 소득 평균이 공무원 평균 소득과 동일한 544만 원이면 재분배 소득도 544만 원이다. 본인 소득 평균이 국민연금 가입자 평균 소득인 286만 원이면 재분배 소득은 429만 원이다. 한편, 이런 재분배 소득은 가입 기간 30년까지만 적용되며, 30년이 넘으면 본인 소득에만 비례하게 된다.

57 편의상 공무원 평균 소득이라고 표현했는데, 정확히는 전체 공무원 기준 소득 월액의 3년 평균값이다.

58 본인 소득 평균을 계산할 때, 과거 소득은 재평가율을 적용해서 현재 가치로 환산해서 구한다. 재평가율은 A값 변동률과 같은데 대략 임금 상승률과 유사하다고 보면 된다.

59 본인 소득 평균이 544만 원인 국민연금 가입자라면, 근무 기간 33년 중 후반 몇 년의 소득은 국민연금 소득 상한인 590만 원보다 높을 것이다. 이 경우 국민연금에 반영되는 소득은 590만 원으로 제한된다. 이를 감안하면 국민연금 가입자의 연금 급여액은 137만 원보다 다소 작아질 것이며, 공무원 연금 급여와의 격차는 더 커질 것이다.

금이 국민연금보다 박하다는 주장은 거짓말이다. 어떤 소득 수준에서도 공무원 연금 급여액은 국민연금 급여액의 두 배가 넘는다.

3장에서 2021년 판 OECD 연금 보고서는 한국 국민연금 소득 대체율을 38년 가입한 상용 근로자 평균 소득 기준 31.2%로 제시했다고 했다. 국민연금 가입자 평균 소득 기준으로는 38%가 되어야 하지만 상용 근로자 평균 소득(2020년 383만 원)은 국민연금 가입자 평균 소득(2020년 254만 원)보다 높아서 그렇게 낮게 나왔다. 그런데 상용 근로자 평균 소득자가 공무원 연금에 가입했다면 소득 대체율이 얼마였을까? 공무원 연금은 최장 36년까지 가입할 수 있다. 36년 가입을 기준으로 계산하면 소득 대체율은 68.9%가 된다. 보험료 납부 기간이 2년 짧은데도 공무원 연금의 소득 대체율은 국민연금의 2.2배다.

공무원은 9급으로 입직해서 33년 근무했다면, 대략 본인 소득 평균이 450만 원 이상은 될 것이다(임금 상승률 적용 현재 가치로 환산). 즉 국민연금 가입자 평균 소득인 286만 원에 해당하는 공무원은 실제로는 존재하지 않는다. 따라서 공무원 연금과 국민연금 비교에서는 국민연금 가입자 평균 소득보다는 공무원 연금 가입자 평균 소득을 사용하는 것이 타당하다.[60] 〈표 10-1〉에서는 공무원 연금 가입자 평균 소득을 기준으로 공무원과 민간 기업 종사자의 급여액(연금 급여+퇴직 급여)을 비교했다.

---

60 참고로 본인 소득 평균을 450만 원으로 놓고 계산하면 월 연금 급여는 271만 원이며 결과는 크게 다르지 않다.

	연금 급여액	퇴직 급여	초과 본인 부담액	순 노후 급여액
공무원	9억 1,500만 원	7,000만 원	9,700만 원	8억 8,900만 원
민간 기업 종사자	4억 1,100만 원	1억 8,000만 원		5억 9,000만 원
공무원-민간 차이	5억 400만 원	-1억 1,000만 원	-9,700만 원	2억 9,900만 원

연금 급여액은 25년 수급을 가정하고 계산한 것이다.[61] 초과 본인 부담액은 공무원이 민간보다 더 많이 내는 보험료 본인 부담액의 현재 가치이다. 순 노후 급여액은 연금과 퇴직 급여를 더한 것에서 공무원만 초과 본인 부담액을 제한 것이다. 공무원-민간 차이는 공무원 급여액에서 민간 급여액을 뺀 것이다. 공무원의 연금 급여액이 민간 기업 종사자보다 워낙 커서 퇴직 급여 차이와 초과 본인 부담액을 감안해도 공무원의 순 노후 급여가 3억 원 정도 더 많다. 보험료 및 퇴직 급여 차이를 반영하더라도 공무원 연금과 국민연금의 차이가 이토록 큰 것은 두 가지 이유에 기인한다.

하나는 재분배 기제 차이, 특히 재분배에 적용되는 각 연금 가입자 평균 소득 차이가 크기 때문이다.[62] 2023년 기준 국민연금 가입자 평균 소득은 286만 원인데, 공무원 평균 소득은 544

---

61 〈표 10-1〉의 계산은 2035년 이후 연금 가입자를 기준으로 계산한 것이다. 그때쯤이면 적어도 평균 수명이 90년은 될 것이다. 그리고 공무원의 평균 수명은 국민 전체 평균 수명보다 길다.

62 원래 공무원 연금은 소득 비례로서 소득 재분배 기제가 없었다. 그런데 2015년 공무원 연금 개혁을 하면서, 공무원 연금도 국민연금과 마찬가지로 소득 재분배 기제를 포함했다. 하지만 공무원 연금의 소득 재분배 방식은 국민연금과 상당히 다르다. 간단히 말하면 고소득층의 경우 공무원 연금이 훨씬 유리하다.

불편한 연금책

만 원으로 1.9배이다. 만일 국민연금과 공무원 연금 모두 재분배 기제가 없이 소득 비례라고 하면 결과가 달라진다. 민간 기업 종사자의 국민연금 월 급여는 180만 원이 되고, 연금 급여액은 5억 3900만 원이 된다. 그러면 2억 9900만 원이던 공무원 연금 가입자와의 순 노후 급여액 차이는 1억 7000만 원 정도로 줄어든다.[63]

　다른 하나는 순이익은 비율이 아니라 절대 금액이 중요하기 때문이다. 재분배 기제 없이 두 연금 모두 소득 비례라면 공무원 연금 급여액은 국민연금 급여액의 1.7배이다. 보험료율은 두 배인데 급여액은 1.7배이므로 국민연금이 더 후한 것처럼 느껴진다. 착각이다. 다음과 같은 두 개의 선택지가 있다. 비현실적인 사례지만 어쨌든 둘 중 하나를 택할 수 있고 틀림없이 약속이 지켜진다고 하자. 당신은 어느 것을 택하겠는가.

　①100만 원을 내면 200만 원을 준다.
　②200만 원을 내면 340만 원을 준다.

　수익비만 따지면 ①은 2이고, ②는 1.7이다. ①이 더 후한 것 같다. 하지만 순수익을 따지면 다르다. ①의 순수익은 100만 원이지만 ②의 순수익은 140만 원이다. 당연히 ②를 택하는 게 이득이다. ①은 국민연금의 보험료 대비 급여액을 나타내고, ②는

63　역으로 공무원 연금의 재분배 방식과 재분배를 위한 가입자 평균 소득이 국민연금과 동일하다면, 공무원 연금 월 급여는 233만 원이 되고, 연금 급여액은 6억 9900만 원이 된다. 그러면 공무원 연금 가입자와의 순 노후 급여액 차이는 8200만 원으로 감소한다.

공무원 연금의 보험료 대비 급여액을 나타낸다.[64]

이 책의 독자 중 공무원이나 교사가 있다면 본인들도 놀랐을 것 같다. 공무원 연금이 현재의 모습을 갖게 된 것은 2015년의 개혁 때문이다. 이 개혁 직후, 인사혁신처는 2016년 이후 9급으로 입직하여 30년 근무한 공무원의 예상 연금액이 134만 원이라고 밝혔다. 지금보다 과거 시점인 것을 고려해도 말이 안 되는 얘기다. 2016년을 기준으로 해도 9급 입직으로 30년 근무한 공무원의 평균 소득은 적게 잡아도 365만 원 정도는 되었을 것이다. 참고로 당시 전체 공무원 평균 소득은 466만 원 정도였다. 평균 소득 365만 원을 기준으로 계산하면 연금액이 210만 원 정도가 된다.[65] 인사혁신처 발표와는 차이가 너무 크다. 인사혁신처는 대체 어떤 근거로 이렇게 축소된 수치를 발표했을까?[66]

나는 공무원 연금이 국민연금보다 후하다고 해서 잘못된 것이라고는 생각하지 않는다. 충분히 그럴 만한 이유가 있다고 여기기 때문이다. 그러나 마치 공무원 연금이 국민연금보다 후하지 않은 것처럼, 혹은 더 박한 것처럼 왜곡하는 것은 명백히 잘못된 일이다. 팩트는 팩트대로 솔직히 공개한 후, 왜 그런가를 설명하

---

64 그 밖에 공무원 연금의 소득 상한이 국민연금보다 훨씬 높은 것도 상위 소득 집단에서 공무원 연금 급여를 더 후하게 만드는 요인이 된다. 2023년 기준 국민연금의 소득 상한은 590만 원인데 공무원 연금은 870만 원이다.

65 이것도 2035년 이후의 지급률인 1.7을 기준으로 한 것이다. 2016~2034년까지의 지급률은 1.7보다 높다. 이를 반영하면 연금액은 더 커진다.

66 뉴스를 검색하다 보니 인사혁신처는 2023년 초반에도 9급 입직으로 30년 근무한 공무원의 예상 연금액은 134만 원이라고 밝혔다고 한다. 금액이 터무니없이 낮은 것은 둘째치고 이건 그냥 2015년 말에 발표한 것을 8년이 지났음에도 그대로 다시 낸 것이다. 이에 관한 기사는 '134만 원' '인사혁신처' '공무원 연금' 등의 키워드로 검색하면 쉽게 찾을 수 있다. 나는 오보였다고 믿고 싶다.

는 게 맞는 것 아닌가. 더구나 이익 단체도 아니고 공무원 연금을 담당하는 정부 부처가 이런 행태를 보이는 것은 안타깝다.

겉보기와는 달리 공무원 연금이 국민연금보다 훨씬 후한 중요한 이유가 두 연금의 재분배 기제를 구성하는 가입자 평균 소득 차이가 워낙 커서라는 점에 대한 독자 여러분의 생각이 궁금하다. 이에 대해 한 보건복지위 소속 국회의원은 둘 다 공적연금인데 재분배 기제인 가입자 평균 소득이 크게 다른 것은 불공평하다면서, 양쪽 모두 공무원을 포함한 전체 근로자 평균 소득을 동일하게 적용하자고 주장했다.[67] 두 연금의 가입자 평균 소득을 각각 적용하는 현행보다 전체 근로자 평균 소득이라는 단일 기준을 적용하는 것이 더 타당한가는 논란이 존재한다. 단, 이렇게 되면 국민연금과 공무원 연금 격차가 대폭 감소하는 것만은 분명하다.[68]

공무원과 민간 기업 종사자의 생애 보수

앞서 군인 연금과 공무원 연금의 오랜 전통을 얘기했다. 현존하는 각종 연금을 도입 순서대로 나열하면 군인 연금→공무원

---

67   '공무원 연금 개혁으로 겨우 134만 원 받는다? 실제 산출해 보니 2020 입직자도 267만 원 이상', 〈대한뉴스〉, 2020.11.4.

68   9장에서 국민연금 보험료율이 높아지면 상위 소득 집단에서는 재분배 기제가 완화되어야 한다고 했다. 15%가 되면 A와 B의 가중치가 현행 1:1에서 0.5:1.5로 바뀌어야 하며, 18%가 되면 A는 없애고 소득 비례로 바뀌어야 한다. 그렇게 되면 재분배 기제의 차이로 두 집단의 연금 격차는 저절로 해소된다. 다만, 국민연금 가입자의 보험료 부담이 커지므로 두 집단의 부담 격차까지 고려한 순 노후 급여 격차는 별반 달라지지 않는다.

연금→민간 퇴직연금→전 국민 노령연금이 된다. 군인·공무원 연금 급여가 국민연금 같은 일반 노령연금 급여보다 후한 것 역시, 오랜 전통이며 다수 국가가 그런 제도를 채택했다.

공무원 연금이 터무니없게도, 국민연금보다 후하지 않다는 얘기가 나오기 시작한 것은 2015년 공무원 연금 개혁 이후이다. 그전에는 적어도 공무원 연금이 국민연금보다 후하다는 것 자체는 인정했다. 대신 그에 대한 정당성을 부여하는 논거들이 있었다. 첫 번째 논거는 공무원 보수가 민간 기업 종사자 보수보다 적다는 것이다. 근무 기간 중 급여가 낮으니, 그에 대한 보상으로 노후의 연금 급여는 후하게 준다는 것이었다. 두 번째 논거는 공무원은 신분상 제약이 많다는 것이다. 공무원은 영리 활동을 할 수 없으며 품위 유지 의무도 지켜야 한다. 공평무사하게 나랏일을 수행하려면 축재蓄財에 신경 쓰면 안 되니, 대신 성실히 근무하면 노후를 책임져 준다는 것이다.[69]

두 번째 논거는 논란의 여지가 있다. 하지만 첫 번째 논거는 좀 더 명확하다. 이와 관련하여 학자들은 '생애 보수'라는 개념을 사용한다. 이에 의하면 근무의 대가로 받는 금전적 혜택에는 재직 기간에 받는 보수 이외에 퇴직 후 받는 연금과 퇴직 급여도 포함된다. 8장에서 법원은 퇴직 급여를 보수의 일부로 판결했다고 했는데, 이 역시 생애 보수 관점에 해당한다. 퇴직 급여가 보수의 일부라면, 연금 역시 보수의 일부로 보는 게 맞겠다. 물론 이 경우는 본인 부담분에 해당하는 급여만큼은 제외해야겠다.

---

69   앞서 설명한 '국가 발전을 위한 헌신'은 설득력이 떨어지나 신분상 제약은 여전히 유효하다.

불편한 연금책

인사혁신처는 매년 공무원과 민간 기업 종사자 급여를 비교한다. 공무원 급여 주관 부처로서 공무원 급여 적정성을 판단하고 급여 정책의 기초 자료로 활용하기 위함이다. 많은 사람이 공무원 급여는 민간 기업보다 박하다고 생각한다. 그렇다면 실제로 얼마나 낮을까. 이 결과는 어떤 민간 기업과 비교하느냐에 따라 크게 달라진다. 삼성전자, 현대자동차, 미래에셋은 민간 기업이다. 내가 사는 아파트 건너편 추어탕 집도 종업원을 두고 장사하니 어엿한 민간 기업이다. 공무원 보수를 삼성전자 등 국내 굴지의 대기업과 비교하는 것도 무리지만, 종업원 두세 명인 영세 기업과 비교하는 것도 적절하지 않다.

인사혁신처는 종업원 100인 이상 민간 기업에서 표본을 추출하여 비교한다. 100 이상 기업에는 중견 기업과 대기업이 모두 포함되어 있으니, 이들 평균과 비교하면 그런대로 괜찮을 것 같다. 대상 기업을 정한 뒤에도 결정해야 할 일은 많다. 화이트칼라만 할 것인가 블루칼라도 포함할 것인가, 근속 기간 및 연령, 학력 차이는 또 어떻게 할 것인가 등등.

구체적인 방법론은 복잡하니 생략하고, 결과를 보자. 민간 기업의 급여를 100으로 했을 때, 공무원의 상대적인 급여 수준은 2022년 82.3이다. 공무원 보수가 민간 기업의 82.3% 수준이라는 말이다. 독자들에 따라서 격차가 예상보다 크다고 느낄 수도 있고 적다고 생각할 수도 있겠다. 다만, 조금 의아스러운 것은 이 수준이 매년 크게 변동한다는 점이다. 지난 수년의 이 값을 보면, 2019년 86.1, 2020년 90.5, 2021년 87.6이었다. 2년 사이에 이토록 오르락내리락하는 것은 이상하다. 코로나 시기여서 민간 기업 보수 변동성이 심했을까.

대강 재직 중 공무원 보수는 민간 기업 보수의 85% 정도라고 하고 연금과 퇴직 급여를 포함한 생애 보수를 비교하면 어떻게 될까. 이 경우 공무원 평균 보수인 544만 원에 상응하는 민간 기업 종사자 보수는 640만 원이 된다. 이를 기준으로 비교하면 민간 기업 종사자의 생애 보수가 더 많다. 공무원 보수가 민간 기업 보수의 90% 정도 될 때 두 집단의 생애 보수가 비슷해진다.

두 집단의 생애 보수가 비슷해야 한다는 전제를 받아들이면 공무원 연금이 국민연금보다 후한 것은 당연하다. 아니, 그것만으로도 불충분하다. 현행 공무원 급여를 6% 정도 높여야 한다. 만일 공무원 연금을 국민연금 수준에 맞춰야 한다고 고집하면 그 대가로 공무원 급여를 17% 높이고 퇴직 수당도 퇴직연금만큼 늘려야 한다. 그런데 두 집단의 생애 보수가 비슷해야 한다는 데 반대하는 학자들도 제법 있다. 이유는 공무원이 민간 기업보다 급여는 불리할 수 있으나, 고용 안정성과 업무 강도 등에서 더 유리하다는 것이다. 업무 강도는 논란의 여지가 있다. 그러나 고용 안정성이 민간 기업과는 비할 바 없이 강한 것은 분명하다. 든든한 고용 안정성은 낮은 보수를 꽤 많이 상쇄할 수 있을 것이다.

공무원과 민간 기업 종사자의 생애 보수가 같아야 하는가, 아니면 공무원의 높은 고용 안정성을 고려하면 좀 더 낮아도 되는가. 이는 정해진 답이 있는 문제가 아니다. 공무원에게 어떤 처우를 제공할 것인가는 정부 인력 정책의 문제다. 민간 기업보다 우수한 인력이 정부에서 일하길 원한다면 그만큼 매력적인 처우가 주어져야 한다. 민간 기업보다 경쟁력이 떨어져도 상관없다면, 생애 보수가 낮더라도 괜찮다. 비록 예전보다 덜 하다지만 여전히 공무원 채용 시험 경쟁은 치열하다.

공무원 인사 담당 부처가 공무원과 민간 기업 보수를 비교하기 시작한 것은 김대중 정부 때다. IMF 외환 위기 이후 정부는 사회 각 부문을 개혁했다. 공공 부문도 예외는 아니었다. 다양한 공공 부문 개혁 정책이 도입되었는데, 그중 하나가 공무원 보수 현실화였다.[70] 1999년 6월, '대통령과 중견 공무원과의 대화'라는 게 열렸다. 여기서 김대중 대통령은 5년 이내에 공무원 보수를 민간 중견 기업 수준으로 현실화하겠다고 천명했다. 당시 인사 담당 부처인 중앙인사위원회는 '공무원 보수 현실화 5개년 계획'을 수립하고 공무원과 민간 기업 보수 비교를 시작했고, 그 결과에 따라 공무원 보수를 높여나갔다.[71] 이 정책으로 2000년에 민간 기업 대비 88.4%였던 공무원 보수는 2004년 95.9%까지 높아졌다. 하지만 이 정책은 더 이상 진행되지 못했다. 이후 공무원의 상대 보수는 계속 낮아져서 2010년대부터는 85% 정도에 머물고 있다. 지금은 민간 기업 대비 공무원 보수를 어느 정도로 하겠다는 명시적인 목표는 없다. 다만 대략 85% 내외 유지를 암묵적인 목표로 갖고 있는 것 같다.

---

70   공무원 보수 현실화 자체가 공무원 인사 개혁이라고 볼 수도 있고, 혹은 당시 공공 부문 구조조정과 공무원 정년 단축으로 침체한 공직 사회의 사기 진작책으로 볼 수도 있다.

71   공무원 보수 현실화 정책이 김대중 정부에서 처음 시도된 것은 아니다. 노태우 정부와 김영삼 정부 때도 동일한 정책을 추진했으나 모두 달성하지 못했다. 재정 부담과 국민의 시선이 가장 큰 방해 요인이었다.

10장 공무원 연금 개혁에 대한 행정학자의 생각

왜 '김태일 안'은 채택되지 않았을까?

행정학자인 나는 공무원의 능력과 사기를 중시하며, 우수 인력이 공직에 진출하길 바란다. 공무원 보수 문제는 논외로 하고, 공무원 연금에 관한 내 의견을 말하자면, 나는 공무원 연금이 국민연금에 비해 관대할 필요가 있다고 생각한다. 그러나 현행 방식은 반대한다. 나는 2015년 공무원 연금 개혁 과정에 참여했었다. 그때도 공무원 연금 개혁 필요성에 공감했기에, 연금개혁위원회 참여 요청에 기꺼이 응했다. 당시 나는 나름의 개혁 방안을 제시했다. 언론에서는 '김태일 안'이라고 부르기도 했다. 요지는 민간 기업 종사자에게 적용되는 국민연금 및 퇴직연금과 동일한 체계로 바꾸되, 여기에 공직의 특수성을 감안한 플러스 알파$^{\alpha}$를 만들자는 것이다. 즉 공무원은 기왕에 7%(개혁 전의 공무원 연금 보험료율은 14%였다)의 본인 부담 보험료를 내고 있으니, 국민연금 본인 부담 보험료율과의 차액인 2.5% 포인트를 개인연금 계좌에 넣으면 고용주인 정부가 추가로 같은 액수를 매칭으로 넣어서 합계 5%짜리 완전 적립식 연금을 만들자는 것이었다.[72] 이를 8.3%의 퇴직연금과 합치면 총 13.3% 보험료율의 완전 적립식 연금이 된다. 물론 공무원 연금을 국민연금 체계로 바꾼다고 해서, 둘을 통합하자는 것은 아니었다. 이미 적자를 정부 재원으로 메꾸는 공무원 연금을 적립금이 쌓이고 있는 국민연금과 통합하는

---

72   나는 정부가 동일하게 2.5%를 매칭하는 것으로 고안했으나, 당시 위원회에 참여했던 행정부 측에서는 2.5%는 너무 많고 1.5% 정도 매칭을 염두에 두었던 것 같다. 그럼 5%짜리가 아니라 4%짜리가 된다.

것은 현실성이 없다. 둘을 분리하되 보험료율과 급여 산정 기준 등을 동일하게 하자는 것이었다.

내 제안은 받아들여지지 않았다. 대신 보험료율을 7%에서 9% 높이고 지급률을 1.9에서 1.7로 낮추는, 조금 더 내고 조금 덜 받는 것으로 정해졌다. 그리고 소득 재분배 요소가 도입됐다. 이게 현행 공무원 연금의 모습이다. 참고로, 기존 틀에서 보험료율과 지급률만 바꾸는 것을 모수적 개혁이라고 한다. '모수'는 영어로는 파라미터parameter다. 체계는 그대로 유지하면서 보험료율, 지급률 같은 파라미터만 바꾼다고 해서 그렇게 부른다. 반면 내가 제안한 적립식 개인연금 설치처럼 틀 자체를 고치는 것은 구조적 개혁이라고 한다.

나는 내가 제안한 구조적 개혁이 현행 체계인 모수적 개혁보다 더 나은 대안이라고 생각한다. 이 방식에서 공무원의 노후 급여(연금 급여+퇴직 급여)는 현행과 유사하다.[73] 하지만 낸 것보다 많이 받는 부분의 크기는 공무원 연금과 국민연금이 같아진다. 그래서 현행보다 미적립 부채(낸 것보다 많이 받기에 나중에 조세로 충당해야 할 금액) 규모는 훨씬 줄어든다. 그리고 국민연금과 동일한 방식이므로 국민연금 보험료가 올라가면 공무원 연금 보험료도 똑같이 높아진다. 즉 연금 재정의 지속 가능 문제에 대한 해법을 찾을 때 국민연금과 공무원 연금을 각각 따로 고민할 필요가

---

[73]   현행 방식에서 공무원 연금의 본인 부담 보험료율은 9%이다. 따라서 국민연금 보험료율 13.5%와 같아지면 4.5%가 남는다. 이 4.5%에, 정부의 매칭 자금 2.5%를 더한 7%의 개인연금과 퇴직연금 보험료율 8.3%를 더하면 15.3%짜리 완전 적립식 연금이 된다. 이 연금의 소득 대체율과 국민연금 수준으로 낮아진 공무원 연금의 소득 대체율을 더하면 현행 공무원 연금과 퇴직 급여를 합한 소득 대체율과 거의 같다.

없다.

혜택은 현행과 유사한데도, 내 방식에서 부채가 감소하는 이유는 정부 부담이 늘기 때문이다. 내 방식에서는 현행보다 정부 부담이 보험료율로 환산하면 3.1% 늘어난다.[74] 앞서 공무원 연금이 국민연금보다 후한 이유가 재직 시절의 낮은 보수(및 신분 제약 등) 수준에 대한 반대급부라고 했다. 그렇다면 퇴직 후 소득에 대한 정부 부담분은 민간 기업보다 많아야 한다. 현행은 정부가 민간 기업보다 명시적으로 더 부담하는 대신, 적자가 발생하면 이를 일반 재정으로 메꾸는 셈이다. 명시적으로 더 많은 부담을 지나 적자를 내고 일반 재정으로 메꾸나, 정부 지출이라는 면에서는 동일하다고 여길 수 있다. 그러나 성격은 전혀 다르다.

전자는 정부가 고용주로서 당연히 해야 하는 인건비 지출이다. 재직 중 급여를 낮게 책정한 대신 퇴직 후 급여를 높게 책정한 것뿐이다. 인사 정책적 판단일 뿐이며, 이를 문제 삼을 이유가 없다. 후자는 다르다. 명시적인 인건비 지출이 아니라 적자를 국민 세금으로 메꾸는 것이니 공무원의 편안한 노후를 위해 국민의 혈세를 투입한다는 비난에 당당히 대응하기 어렵다. 공무원은 마땅히 받아야 할 것을 받으면서도 민간 기업에서 퇴직한 친지들의 눈치를 보게 된다.

더 중요한 것은 '세대 간 형평성 혹은 다음 세대에게 떠넘기기' 문제다. 연금의 지속 가능성이 문제 되는 것은 현세대가 져야

---

74 정부는 개인연금 매칭 보험료 2.5%와 퇴직 수당(퇴직연금의 39%)에서 퇴직연금으로 전환됨에 따른 보험료율 증가분 5.1%를 더 내야 한다. 반면에 공무원 연금 보험료율이 국민연금과 동일하게 9%가 되면 정부 부담분은 현행보다 4.5% 감소한다. 그래서 추가된 것과 감소한 것을 더한 순 부담은 3.1%가 된다.

불편한 연금책

할 부담을 넘긴 탓에, 다음 세대 부담이 너무 커져서다. 그나마 국민연금은 세대 간 계약이라는 명분이라도 있다. 그래서 계약으로 용인되는 수준을 넘어선 부담만이 문제가 된다. 공무원 연금은 다르다. 공무원도 대한민국 국민이고 똑같이 세금을 내니, 국민연금에 해당하는 만큼은 세대 간 계약이라는 명분을 지닐 수 있다. 그러나 국민연금보다 더 많은 혜택에 대한 부담도 미래 세대에게 떠넘기는 것은 정당성이 전혀 없다. 이는 고용주가 인건비 일부로 지출해야 할 것을 안 하고, 미래로 떠넘기는 것이다. 민간 기업이라면 도저히 있을 수 없다. 정부라서, 국민 세금으로 적자를 보전할 수 있어서 생긴 일이다.

물론 현 정부도 과거 정부가 떠넘긴 부담을 메꾸느라 매년 큰 액수의 조세를 투입한다. 그런데 일반 재정으로 메꾸는 액수는 시간이 지날수록 늘어난다. 2015년 공무원 연금 개혁 직후 수년 동안은 매년 메꾸는 액수가 2조 원 정도였다. 하지만 2022년에는 4조 원이 넘었으며, 2023년에는 6조 원에 이를 전망이다. 현 정부가 메꾸는 과거 정부의 부채 규모는, 현 정부가 미래 세대에게 떠넘기는 부채보다 작다.

더 기막힌 것은 현행 체계에서 공무원 퇴직자의 노후 급여(연금+퇴직 급여)를 위해 정부가 할당한 규모는 민간 기업보다 작다는 점이다. 정부는 민간 고용주보다 연금 보험료 지출을 4.5%만큼 더 많이 한다.[75] 하지만 퇴직 급여 지출은 민간 고용주의

---

75 공무원 연금과 국민연금에는 소득 상한이 있는데, 공무원 연금의 소득 상한이 훨씬 높다. 소득 상한을 초과하는 집단에서는 고용주의 연금 보험료율 격차가 본인 소득 대비 4.5%와는 다소 달라진다. 예를 들어 소득이 국민연금 소득 상한보다는 크고 공무원 연금 소득 상한보다 작은 경우는, 격차가 4.5%보다 클 것이다.

10장 공무원 연금 개혁에 대한 행정학자의 생각

39% 수준이다.[76] 이를 보험료로 환산하면 3.25%에 해당한다. 민간 퇴직연금은 보험료로 환산하면 8.33%이니 5.08%만큼 덜 내는 셈이다. 연금 보험료 더 내는 것과 퇴직 급여 덜 내는 것을 더하면, 정부는 민간 고용주보다 보험료로 치면 0.58%만큼 덜 내고 있다. 재직 중 보수는 높게 줄 수 없지만 대신 노후 소득만은 잘 챙겨주겠다는 것, 정부가 고용주로서 피고용인인 공무원에게 한 약속이었다. 그렇다면 당연히 피고용인의 노후 소득을 위한 정부 인건비 지출은 민간 고용주보다 많아야 한다. 그런데 많이는 고사하고 오히려 더 적게 낸다는 것을 대체 어떻게 이해해야 할까.

백번 양보해서 과거 개발 연대 때는 나라가 가난한 탓에 정부 재정력도 작았기에, 마땅히 공무원 인건비로 지출해야 할 몫을 다음 세대에게 떠넘겼다고 이해할 수 있다. 그러나 지금은 아니다. 게다가 다음 세대는 이것 말고도 너무 많은 부담을 져야 한다. 공무원 연금 부채까지 떠넘기는 것은 도저히 할 짓이 아니다.

그런데 내가 제안한 방식이 현행보다 정말 우월하다면, 왜 채택되지 않았을까? 장기적 지속 가능성이나 세대 간 형평성 측면에서 우월함에도 불구하고 채택되지 않은 데는 그럴 만한 이유가 있다. 공무원 연금 당사자들인 정부(고용주)와 공무원 모두 현행을 더 선호하기 때문이다. 내 방식을 채택하면 정부는 현행보다 보험료 기준으로 3.1% 포인트만큼 추가로 부담해야 한다. 이 자체만 보면 그리 많아 보이지 않는다. 하지만 정부 지출 증가

---

76 39%도 20년 이상 재직했을 때 받을 수 있다. 재직 기간이 그보다 짧으면, 이 비율은 더 낮아진다. 20년 미만일 경우 6.5%에서 32.5%까지 받는다.

불편한 연금책

는 그뿐만이 아니다. 내 방식에서는 공무원 연금 보험료율이 국민연금과 동일하게 9%가 된다. 현행 18%에 비해 보험료 수입이 절반으로 줄어든다. 보험료 수입으로 급여 충당하고 모자라는 게 적자다. 장기적으로는 내 방식에서 총 적자 규모가 줄지만, 당장 보험료 수입이 줄기 때문에 단기적으로는 적자가 늘어난다.

주먹구구보다 못한 정책이 되지 않으려면

이를 해결할 방안이 있기는 하다. 앞서 18%에서 9%로 줄어든 보험료 차액을 활용하여 완전 적립식 연금을 만든다고 했다. 이 연금을 5장에서 논의한 스웨덴의 명목notional 확정 기여 방식으로 운용하면 된다. 실제 기금으로 적립하는 대신 수급자의 연금 급여 지출에 사용하고, 개인연금 계좌에 장부상으로만 적립하는 것이다. 이렇게 하면 적자 메꾸기 위한 일반 재정 투입이 늘지 않아도 된다. 단, 이 경우 장부에 기입했으니 명시적인 부채가 된다. 과거에는 미적립 부채가 명시적으로 드러나지 않았지만, 이제는 명백하게 드러나는 것이다. 정부로서는 달갑지 않다. 또한, 이렇게 되면 퇴직연금과 개인연금 적립금을 운용하여 수익을 얻을 수 없다.[77]

---

[77] 현실적으로는 퇴직연금과 개인연금을 모두 장부상에만 기입하는 명목 확정 기여 방식으로 운용할 수는 없을 것이다. 퇴직연금은 DB 방식으로 운용할 것이므로 장부상에만 임금 상승률과 동일한 수익률을 얻는 것으로 기입하고, 연금 급여 지출에 사용할 수 있다. 하지만 개인연금은 실제로 적립하여 기금을 운용해야 할 것이다. 이렇게 되면, 기존보다 보험료 수입이 다소 줄어서 적자가 늘어난다.

공무원 입장에서도 내 방식보다 현행이 좋다. 현행은 확정 급여식이다. 약속된 연금 급여가 지급된다. 내 방식은 현행보다 공무원 연금 급여는 작은 대신 퇴직연금+개인연금으로 보완한다. 그런데 퇴직연금과 개인연금은 완전 적립식으로, 급여는 수익률에 연계되어 있다.[78] 내가 총급여가 현행과 유사하다고 한 것은 퇴직연금과 개인연금 기금 운용 수익률이 국민연금 수익률 정도라고 가정하고 계산한 것이다. 국민연금보다 수익률이 낮으면 현행보다 급여가 낮아진다. 물론 더 높으면 더 높은 급여도 가능하기는 하다. 그런데 기대 수익은 같더라도 변동성을 지닌 것보다는 확실하게 보장된 급여를 선호하는 게 당연하다.[79]

공무원용 퇴직연금과 IRP가 도입되었더라면

2015년 공무원 연금 개혁 당시로 보자면 내 방식은 시기상조였다. 이를 인정하면서도 아쉬운 것은 사실이다. 특히 아쉬운 것은, 내 방식대로 이뤄졌다면 8장에서 논의한 퇴직연금의 황당함은 사라지고, 명실공히 노후 소득 보장의 중요한 축으로 자리매김할 수도 있었다는 점이다.

내 방식에서는 공무원 퇴직 수당이 퇴직연금으로 바뀌며, 개인연금이 신설된다. 퇴직연금은 의무 가입이다. 개인연금은 의무는 아니지만, 정부 지원을 받으니 대부분 가입할 것이다. 공무원 연금 가입

---

78 퇴직연금을 DB식으로 운영하면 급여는 수익률과 직접 연계되지는 않는다. 그러나 개인연금은 DC형으로 수익률과 직접 연결된다.

79 내 방식과 현행의 은퇴 후 총급여가 유사하다는 것은 현행 공무원 연금 보험료율인 18%를 기준으로 한 것이다. 따라서 정확히 말하면 지금 시점에서 공무원 연금을 재설계한다면 이렇게 된다는 것으로 이해하는 게 옳다.

자는 120만 명이 넘는다. 이들은 모두 퇴직연금에 가입하며, 또 대부분 개인연금에 가입할 것이다. 아마 퇴직연금은 DB 방식, 개인연금은 DC 방식으로 운용될 것이다. 그런데 DB 방식이라도 120만 명넘는 가입자 적립금을 원리금 보장형으로만 운용할 수는 없다. 이정도 규모면 국민연금 기금 운용과 비교될 수밖에 없다. 비록 DB 방식이라도 고용주인 정부는 공무원 퇴직연금 기금 수익률이 국민연금만큼은 되도록 신경 쓸 수밖에 없다. 개인연금도 마찬가지다. 대다수 공무원이 가입하고 정부 보조가 들어가는 연금을 현행 IRP^{개인형 퇴직연금}처럼 낮은 수익률로 방치할 수는 없다. 그리고 원리금 보장형을 디폴트 옵션으로 설정하기도 어렵다.

만약 내 방식을 도입했다면 틀림없이 네덜란드 공무원·교원 퇴직연금^{ABP}이나 미국 캘리포니아 공무원 퇴직연금^{CalPERS}처럼 높은 수익률 올리는 모범 연기금을 벤치마킹해서 유사한 체계의 공무원을 위한 퇴직연금과 IRP를 고안했을 것이다. 현행 민간 기업 퇴직연금 같은 가입자별 계약이 아니라 기금형으로 설계해서 집합적으로 운용했을 것이다. 8장 퇴직연금 편에서 내가 개선안으로 제시한 것들이 모두 도입되었을 것이다.

그럼으로써 공무원 퇴직연금과 IRP는 현행 민간 기업 퇴직연금과 IRP와는 전혀 달리, 제대로 운영되어 높은 수익률을 올리고 노후소득 보장 본연의 역할을 담당했을 것이다. 그리고 이는 민간 기업 퇴직연금과 IRP의 개혁을 가져왔을 것이다. 생각해 보라. 공무원 퇴직연금과 IRP는 기금형의 집합적 운용으로 높은 수익률을 올리는데, 민간 기업 퇴직연금과 IRP만 현행처럼 계약형, 원리금 보장 디폴트 옵션 등으로 형편없는 수익률을 감수하게 내버려 둘 수 있겠는가.

> 공무원 퇴직연금과 IRP 설치는 현행 민간 기업 퇴직연금과 IRP의 파행을 뜯어고치는 가장 강력한 처방이 될 수 있었다.

과거 공무원 연금을 일반 국민 대상 노령연금과 분리 운영했던 국가는 우리 외에도 많았다. 그런데 이들 중 상당수는 양자를 통합하거나 혹은 동일한 방식으로 개혁했다. 미국이 그랬고 일본이 그랬다. 우리의 공무원 연금과 국민연금은 일본을 많이 참조했던 만큼, 일본이 공무원 연금을 일반 국민 대상 노령연금(후생 연금)과 동일하게 만든 것은 상당한 시사점(혹은 부담)을 준다. 물론 다른 나라가 그렇게 했으니 우리도 따라야 한다는 것은 아니다. 그보다는 왜 다른 나라는 그렇게 했을까를 알아보고, 그렇다면 우리는 어찌할지 정하는 것이 중요하다.

내 생각에는 공무원 연금을 국민연금과 분리하여 더 후한 구조로 만든 것을 앞으로도 계속 고수하기는 어려울 것 같다. 언제가 될지는 모르겠지만 결국 공무원 연금 자체는 국민연금과 같은 구조를 갖고, 공직 특수성은 별도로 반영하는 체계가 될 것으로 전망한다.

공무원 연금 개혁 논의가 순조롭게 이뤄지려면 분명히 해야 할 것이 몇 가지 있다. 무엇보다 공무원 연금 재정 악화 이유가 무엇인가를 명확히 해야 한다. 이는 고용주인 정부가 마땅히 부담해야 할 것을 부담하지 않은 탓이 크다. 국민연금보다 훨씬 후한 공무원 연금이 오랫동안 유지될 수 있었던 것은, 후한 연금 급여는 재직 중 낮은 보수에 대한 보상이라는 데 암묵적인 동의가 있었기 때문이다. 재직 중 낮은 보수 대신 노후 소득을 후하게 보장한다고 했으면, 당연히 그를 위한 대비를 해야 했다. 지금의 공무원 연금 적자는 정부의 직무 유기에 기인한 것임을 인정해야 한다.

다음으로, 정부의 인력 정책 관점에서 공무원 노후 급여를 어느 정도로 유지할 것인가를 명확히 해야 한다. 현행처럼 민간 기업 종사자보다 재직 중 보수를 낮게 하는 대신 노후 급여를 더 높이는 정책을 고수할 것인가. 그렇다면 어느 정도로 후해야 하는가에 대한 기준을 세워야 한다. 마지막으로 관련 정보를 솔직하게 공개해야 한다. 앞서 지적했듯 공무원 연금 담당 부처인 인사혁신처는 공무원 연금 예상 수령액을 터무니없이 낮게 제시했다. 이 때문에 공시생은 물론이고 현직 공무원조차도 은퇴 후 본인 연금액이 매우 적다고, 국민연금보다 불리하다고 알고 있다. 대체 무엇을 위해 인사혁신처는 이렇게 왜곡하는가. 국민연금 급여가 지나치게 낮은 상황에서, 공무원 연금 급여가 후하다는 것이 눈치 보여서일까. 아무리 그렇더라도 사실을 왜곡하면 안 된다는 것은 기본이다. 이렇게 왜곡되고 잘못된 정보가 주어지면, 제대로 된 개혁이 이뤄질 수 없음은 물론이다. '근거 기반evidence based 정책'이라는 말이 있다. 정책 판단을 위한 정보를 충분히 모으고, 그에 기반해서 정책을 수립해야 한다는 말이다. 그러나 기반이 되는 정보가 왜곡됐다면, 차라리 감에 의지해서 만드는 주먹구구 정책이 백배 낫다.

초고령 사회, 연금 개혁이라는 질문에 응답하기

한국 연금 개혁에 관한 OECD의 제안

OECD에서는 2014년부터 각국의 연금 제도를 분석하고 개선 방안을 제시하는 연구를 수행하고 있다. 이의 일환으로 2022년에는 〈한국 연금 제도 검토 보고서OECD Reviews of Pension System: Korea〉를 발간했다. OECD 전문가가 국내 전문가보다 한국 현황과 문제점을 더 잘 알 리는 없다. 하지만 한국 밖에서 한국을 보는 것이라서, 그리고 OECD 다른 국가들과의 비교 속에 분석하는 것이라서 좀 더 객관적인 시각을 갖는다는 장점이 있다. 바둑을 둘 때 직접 두는 사람보다 훈수 두는 사람이 더 잘 볼 수 있는 것처럼 말이다. 그런 의미에서 이 보고서가 우리에게 어떤 제안을 했는지 살펴보자.

○ 국민연금 제도 개선 방안

- 보험료율을 높일 것. 빨리 높일수록 지속 가능성에 도움이 됨.

- 국민연금 가입 기간을 늘릴 것.

  - 특히 수급 개시 연령(65세)과 가입 상한 연령을 맞추는 것이 필요함.

- 국민연금과 특수직역연금을 통합할 것.

  - 한국은 OECD 국가 중 공공과 민간 연금 체계가 분리된 네 국가 중 하나임. 기존 특수직역연금 수급자 권리는 유지되어야 하나, 이행 기간이 지난 후에는 특수직역연금 수급권은 국민연금에 맞춰져야 함.

- 소득 상한을 높일 것.

  - 현행은 상용 근로자 평균 소득의 130% 정도로서 OECD 국가 중 가장 낮은데, 소득 상한을 높여서 더 높은 연금 급여를 받을 수 있게 해야 함.

- 사각지대를 해소할 것

  - 소득 파악 역량 제고, 피고용인 보험 가입 회피 고용주에 대한 처벌 강화 등을 통해 사각지대를 해소해야 함.

- 재분배 기능에 대한 일반 재정 투입을 확대할 것.

  - 다른 OECD 국가들과 달리 한국 국민연금 재원 구성에는 일반 재정이 미미한데, 현행 같은 보험료와 급여 불균형에서는 일반 재정 역할이 강화되어야 함. 특히 재분배 기능은 일반 재정을 재원으로 할 수 있을 것임.

- 퇴직 연령과 기대 수명 연계를 강화할 것

  - 퇴직 연령을 높여서 더 오랜 기간 일하고 연금 기여금

에필로그 초고령 사회, 연금 개혁이라는 질문에 응답하기

을 내게 하는 것은 지속 가능성에 도움이 됨. 가급적 빨리 법정 퇴직 연령이 65세가 되도록 할 필요가 있음. 이후에는 다른 OECD 국가처럼 기대 수명 연장과 퇴직 연령 상한을 연계할 수 있음. 예를 들어 늘어나는 기대 수명의 2/3만큼 퇴직 연령을 늦출 수 있음.

- 연금 수급이 근로 유인 저해하는 것을 방지할 것
  - OECD 국가 중 일곱 개 국가만 근로 소득이 일정 수준 이상이면 연금 급여를 감액하는데, 한국은 여기에 속함. 이러한 급여 감액은 수급자의 근로 유인을 저해함. 근로 소득과 연금 급여를 연계하는 것은 바람직하지 않음.

- 출산 및 실업 크레딧을 확대할 것
  - 출산 크레딧 운영 국가 중 첫 아이에게 크레딧을 제공하지 않는 국가는 한국밖에 없음. 첫 아이부터 크레딧을 제공해야 하며, 인정 기간도 늘려야 함. 실업 크레딧을 1년만 인정하는 것 역시 다른 국가들에 비해 너무 짧으며, 인정 기간을 늘려야 할 것임.

○ 퇴직연금 개선 방안

- 퇴직금에서 퇴직연금으로의 전환을 완료할 것
- 퇴직연금 적용 제외를 축소할 것
  - 1년 미만 근로자, 주 15시간 미만 근로자 등 퇴직연금 적용 제외 범위를 축소할 것
- 퇴직연금 활성화를 위한 조세 및 재정 지원을 확대할 것
  - 한국은 다른 국가에 비해 퇴직연금 활성화를 위한 세제

혜택이 적은 편이므로 이를 확대할 수 있을 것임.

- 저소득층의 경우 세제 혜택은 유인 효과가 없으니, 개인이 낸 보험료에 정부가 매칭 지원하는 재정 지원을 고려할 수 있을 것임.

• 비정규직 및 자영업의 퇴직연금IRP 가입 촉진을 위한 개선안을 마련할 것

- 재정 지원, IT 기술 활용한 보험료 징수, 넛지 활용 등 다양한 방안을 통해 비정규직과 자영업자의 퇴직연금 가입을 확대해야 함.

• 중도 인출 사유를 제한할 것

- 중도 인출은 연금 목적에 반하므로, 중도 인출 사유를 엄격히 제한해야 함.

• 종신 연금 선택을 장려하는 정책을 실시할 것

- 대다수 퇴직연금 수령자가 일시금을 선택하는데 이는 연금의 목적에 맞지 않음. 종신 연금 수급을 장려하기 위해 일시금 선택과 종신 연금 선택 간 세제 혜택 차등을 확대할 필요가 있음.

• 퇴직연금 수급 연령을 국민연금과 일치시킬 것

- 퇴직연금이 공적연금을 보완하는 노후 소득 보장 기능을 하려면 공적연금과 수급 연령을 맞출 필요가 있음.

- 퇴직 연령이 65세로 높아지고, 이에 따라 국민연금 가입 연령이 65세까지로 연장되면, 퇴직연금 수급 연령도 점차 높여서 이와 맞추는 것이 노후 대비라는 목적에서 바람직함.

- 디폴트 옵션을 실행할 것
  - 스스로 투자 상품 선택을 원치 않는, 혹은 하기 어려운 가입자를 위해 적절한 디폴트 옵션을 마련해야 함. 디폴트 옵션은 (TDF 상품처럼) 가입자 연령에 따라 위험 상품 투자 비중을 조정할 수 있음.
- 사람들의 노후 소득에 대한 재정적 이해를 높일 것
  - 근로 시기의 재정적 의사 결정이 어떻게 노후 소득에 영향을 미치는가에 대한 교육을 강화할 필요가 있음.
  - 다수 한국 국민은 장기적 필요보다 당장의 필요에 좀 더 가치를 두고 있는 것으로 판단되는데, 노후 대비 저축의 중요성에 대한 홍보를 강화할 필요가 있음.
- 노후 소득 보장 체계로서 공적연금과 사적연금(퇴직연금 +IRP) 간의 정합성을 높일 것
  - 공적 및 사적연금이 노후 소득 보장 체계로서 정합성을 지니고 있지 못함.
  - 국민연금만으로는 적정 노후 소득 보장이 어려운데 사적연금이 이를 보완하는 역할을 못 하고 있음.
  - 정부는 향후 이루어질 연금 개혁에서, 공·사 연금이 정합성을 지니고 효과적인 노후 소득 보장 체계를 구성하도록 해야 함.

OECD 제안의 대부분은 이 책에서 제안한 것과 동일하다. 그럴 수밖에 없다. 이 책에서 제안한 것은 공적연금과 사적연금(퇴직연금)이라면 마땅히 갖춰야 할, 지극히 상식적인 것들이다.

다른 나라에서는 당연히 행하고 있는 것들인데, 우리만 못 하고 (혹은 안 하고) 있는 것들이다.

이 연금 제도 검토 보고서는 국민연금과 퇴직연금만 다뤘고 기초연금은 빠졌다. 그런데 OECD는 비슷한 시기에 〈2022 한국 경제 보고서OECD Economic Surveys: Korea 2022〉를 발간했다. 2년마다 내는 것으로서 한국 경제의 다양한 부문을 다룬다. 이 중 사회안전망 부문이 있는데, 거기에서도 연금 개혁을 논의했다. 국민연금과 퇴직연금에 관한 것은 앞서 논의한 개선안에 다 담겨 있는 것들이니 제외하고 기초연금에 관한 것을 보면, 수급 대상이 너무 많으며 그 때문에 수급액이 작다고 지적했다. 그러고는 국민연금 제도 개혁을 전제로, 기초연금 수급자 규모를 축소하고 수급액을 높이라고 제안했다. 역시 이 책의 개선안과 일치한다.

나는 국민연금의 노후 소득 보장 방안을 다룬 2부의 제목에 '비정상의 정상화'라는 말을 넣었다. 그런데 비정상의 정상화는 이뿐만이 아니다. 기초연금이 노인 빈곤 방지라는 목적에 충실하게 하는 것도, 국민연금의 지속 가능성을 높이는 것도, 퇴직연금의 수익률을 높이고 연금화하는 것도 모두 비정상을 정상화하는 것에 해당한다. 결국 기초연금, 국민연금, 퇴직연금을 포괄하는 한국의 노후 소득 보장 체계 개혁은 다른 게 아니다. 단지 비정상을 정상화하는 것이다.

코끼리 쉽게 옮기기

흔히 연금 개혁은 '코끼리 옮기기'에 비유된다. 규모가 크고 이해관계가 단단히 뿌리내린 탓에 개혁이 쉽지 않기 때문이다. 옮기려 했으나 꿈쩍하지 않은 탓에 결국 제자리에 머문 경우도 많고 심지어는 코끼리에 밟혀 죽은, 즉 정권이 바뀐 경우도 드물지 않다. 그렇다고 제 역할을 못 할 뿐만 아니라, 그대로 두면 병들어 죽을 게 뻔한 코끼리를 방관만 할 수는 없다. 힘들어도 옮겨야 한다. 그리고 기왕에 옮기기로 했으면 성공해야 한다.

《코끼리 쉽게 옮기기》라는 책이 있다. 서울과학기술대학교 김영순 교수가 영국은 어떻게 연금 개혁에 성공했는지를 분석한 것인데, 우리의 연금 개혁에 유용한 시사점을 준다. 영국은 유럽 국가 중에서는 드물게 우리처럼 양당제 구조이다. 그래서 다수당인 집권당이 밀어붙이는 식의 개혁이 많고, 정권이 바뀌면 이전 정부의 개혁을 뒤집는 행태가 빈번했다. 그런데 2000년대 노동당 정부에서 시작된 연금 개혁은 달랐다. 여야 및 다양한 이해관계자, 그리고 일반 국민과의 광범위한 협의 과정을 거쳤다. 그래서 중간에 정권이 바뀌었어도 그대로 이어받아 개혁을 완성했다.

영국 사례에서 주목할 점은 현황 공유 및 개혁안의 공론화 과정이다.[80] 영국은 연금 개혁의 첫 단계로서 연금위원회를 구성했다. 이 위원회는 각각 경영계, 노조, 학계를 대표하는 3인으로 구성됐다. 이 3인은 자기가 속한 진영의 이해만을 고집하는 대신

---

80   이하의 영국 사례는 《코끼리 쉽게 옮기기》의 6장(신노동당 2차 연금 개혁)에서 발췌 정리한 것이다.

합의 형성에 노력했는데, 이 과정에서 위원장의 역할이 컸다고 한다.[81]

연금위원회가 처음 한 일은 연금과 관련된 객관적 사실들(연금 지속 가능성, 소득 계층별 노후 소득 현황 등)을 솔직하고 상세하게, 그리고 대중들이 이해하기 쉽게 전달하는 것이었다. 적어도 "상태 분석에는 아무도 동의하지 않는 사람이 없도록" 함으로써 향후 어떤 정책이 필요한지에 대한 합의의 기반을 구축하려는 것이었다. 현황 분석 결과를 담은 1차 보고서는 이런 목적을 훌륭히 달성했다.

현황 분석을 마친 후, 가능한 선택지는 다음의 넷으로 추려졌다. ①현상 유지, ②부담금 인상, ③노후 대비 사적 저축 증대, ④연금 수급 연령 상향. 개혁이 목적이므로 현상 유지는 대안이될 수 없었다. 연금위원회는 ②, ③, ④를 모두 포함하는 개혁안을 담아 2차 보고서를 발간했다.

2차 보고서 발간 후 연금위원회는 의회·정부와 함께 광범위한 여론 청취와 합의 형성에 돌입했다. 우선 개혁안에 대한 이해관계 집단(경영자, 노조, 퇴직연금 운용사, 시민 단체)의 입장을 서면으로 제출받았다. 그리고 이를 바탕으로 각 이해관계 집단과 합의도출을 위한 공식·비공식 협의를 이어갔다. 또한, 6개월에 걸쳐 지역별로 전 국민 연금 토론회를 개최했다. 이후 특정일(2006년 3월 18일)을 잡아서 '전 국민 연금의 날National Pensions Day' 행사를 개

---

81 위원장인 터너(Jonathan Adair Turner)는 경영계에서 추천했다. 그는 영국 전경련(CBI) 사무총장과 거대 증권 회사인 메릴린치 대표를 역임했지만, 특이하게 중도 좌파 정당인 사민당에 가입한 적이 있고 확장적 재정 정책을 지지한 진보 성향의 사람이었다. 탁월한 리더십을 인정받아서 연금위원회 이후에는 기후변화위원회를 오랫동안 이끌기도 했다.

최했다. 전국 각지에서 시민들이 온종일 연금에 관해 토론하는 행사였다. 연금위원회의 개혁안에 대해 온오프라인에서 시민들이 의견을 제시하고 투표를 진행했다. 연금 개혁 역사상 처음으로 대규모 공적 협의가 이루어진 것이다.

흥미로운 것은 이러한 토론 및 협의 과정 이전과 이후의 여론 변화이다. 이전의 여론 조사에서는 국민 대다수가 노후 문제를 먼 훗날 일로 외면하려 하고, 노후 빈곤은 싫지만 증세 및 연금 수급 개시 연령 상향에는 반대했으며, 노후 대비 저축보다는 당장의 소비를 선호했다. 그러나 이후의 여론 조사에서는 이전보다 합리적인 판단을 하게 되었고 개혁의 비용과 부담도 받아들일 수밖에 없다는 쪽으로 돌아섰다. 이러한 이해관계 집단 및 일반 국민의 합의 도출을 바탕으로 집권당은 야당과도 합의를 도출했다. 그 결과 정권이 바뀐 뒤에도 연금 개혁은 골격을 유지한 채 계속 추진됐다.

우리도 2022년 가을부터 연금 개혁을 위한 전문가 위원회가 국회와 행정부에 설치됐다. 1년이 지난 2023년 가을 현재, 국회는 원래 6개월 정도로 예정했던 위원회 임기를 연장해서 계속 논의 중이다. 행정부는 전문가 위원회 권고안을 바탕으로 국민연금 개편 '계획'을 발표했다. 요약하면 국민연금은 재정 안정화와 노후 소득 보장 강화가 필요하니, 향후 공론화 과정 및 국회 논의를 거쳐서 구체적인 안을 마련하자는 것이었다. 보험료율 등 개혁안의 핵심이 될 수치는 내놓지 않은 채 방향만 제시했다. 당연히 비판이 쏟아졌다. 나 역시 실망이다. 구체적인 보험료율 제시가 어렵다는 것은 이해한다. 그렇더라도 전문가 위원회가 12%에서

18%까지의 인상안을 검토했으니, 최소 12% 이상이라는 기준을 정하고, 이걸 바탕으로 구체적인 재정 안정화 방안을 마련하자고 했다면 좀 더 책임감 있는 모습이었겠다.

연금 개혁은 엄청난 일이다. 그 결과에 따라 우리 노후 소득의 큰 부분이 변하며, 미래 세대의 재정 부담이 전혀 달라진다. 괜히 코끼리에 비유한 게 아니다. 정말 중차대한 일이다. 영국도, 연금 개혁을 훌륭히 완수한 대표 국가로 꼽히는 스웨덴도 상당한 시간이 걸렸다. 지금까지 우리의 연금 개혁 논의 과정은 분명 아쉽다. 하지만 이제 고작 1년이 지났을 뿐이다. 1년 동안 전문가 논의가 이뤄졌으니, 이를 이어서 연금 개혁을 완성해야 한다.

앞으로 이어질 연금 개혁 과정에서는 영국 사례를 적극 참조하면 좋겠다. 특히 연금을 둘러싼 객관적인 사실(지속 가능성, 현세대와 미래 세대의 부담, 현재 및 미래 노인의 노후 소득 보장 상황 등)을 솔직히, 상세히, 알기 쉽게 제시한 것은 꼭 따랐으면 한다. 영국 연금 개혁 참여자와 관련 연구자들은 개혁안에 대한 광범위한 합의 도출의 일등 공신으로 '사실들'을 보여준 연금위원회의 기초 작업(1차 보고서)을 꼽았다.

나는 우리의 연금 개혁이 성공하려면 연금을 둘러싼 '사실들'을 널리 공유하는 것이 가장 중요하다고 생각한다. 친지들과 얘기해 보면 대부분 연금 현황에 대해 잘 모르며 오해가 참 많다. 연금은 자신의 노후 생활에 절대적인 영향을 미친다. 그럼에도 제대로 따져보는 사람이 드물다는 게 약간은 기이하게 느껴지기도 한다. 일반 국민이 연금에 관해 잘 모르는 데는 전문가와 정책 당국 탓이 크다. 나 역시 이 분야를 연구하는 학자로서 책임감을 느꼈고 그래서 이 책을 쓴 것이다. 독자들도 연금 개혁에 대한 생각이, 읽기 전과는 많이 달라졌을 것이다. 개인 저술도 필요하겠지만, 무엇보다 정부 측에서 우리의 노후 소득 보장 체계에 대한 솔직하고 상세한, 그리고 알기 쉬운 백서를 내놓아야겠다. 잘 정리된 연금 관련 사실들이 제공되면, 영국이 그랬듯이, 이를 널리 공유하고 개혁 대안을 공론화하며, 여론 청취, 합의 형성 등 일련의 과정을 거쳐 개혁안을 도출해야 한다.

연금 개혁은 대다수 사람의 노후 소득, 그리고 재정의 지속 가능성에 절대적인 영향을 미친다. 또한 개인의 노후 준비, 고용주의 인건비, 금융 시장 행태에도 큰 변화를 가져온다. 그래서 연금 개혁을 성공적으로 완수하는 것, 재정의 지속 가능성을 높이면서 든든한 노후 소득 보장 역할을 하도록 하는 것은 가장 중요한 복지와 재정 과제이다. 이번 연금 개혁이 성공적으로 이뤄져서 우리의 복지와 재정 역사에 큰 획을 긋는 사례가 되었으면 좋겠다.

고령 사회의 재정 지속 가능성과 세대 간 계약[82]

1장에서 세대 간 계약은 인류가 삶을 영위해 온 기본 양식이라고, '근로 세대가 일해서 돈 벌고 그걸로 자식 키우고 부모 부양하는 것'에 의해 인류는 삶을 이어왔다고 했다. 그러면서 과거에는 가족 내의 세대 간 계약이 중요했지만, 이제는 가족을 넘어

---

82 이 부분의 주요 내용은 내가 쓴 〈경향신문〉 2023년 8월 31일자 칼럼에도 실렸다.

불편한 연금책

사회 전체의 세대 간 계약이 중요해졌다고 했다. 그리고 모든 세대는 미성년기→근로 시기→노년기를 거치면서 순 혜택은 각각 플러스, 마이너스, 플러스가 되는데, 생애 통산으로는 0이 되어야 공정한 계약이라고 했다.[83] 그런데 인구 구조가 변하면서, 세대별 순 혜택 크기가 달라져서 세대 간 계약의 지속에 문제가 발생했다고 했다.

요즘 내 나이 또래 중에 늘어서 자식 덕 보겠다는 사람은 거의 없다. 마찬가지로 젊은 세대 중에도 나중에 노부모 봉양하겠다는 기특한 마음가짐의 청년은 찾기 힘들다. 지금도 자식이 부모 봉양하는 경우가 많지 않지만, 우리 세대가 더 나이 들었을 때 자식이 봉양하는 모습은 도통 그려지지 않는다. 왜 이렇게 되었을까? 충효를 으뜸 가치로 삼았던 유교의 가르침이 오늘날에는 씨알도 먹히지 않는다는 것도 한 이유일 수 있겠다. 하지만 더 근본적인 이유들이 있다. 세 가지를 꼽을 수 있다. 하나는 노년기가 너무 길어졌다는 점이다. 과거 겨우 61세에 환갑잔치를 크게 벌였던 것은 그 나이까지 사는 경우가 흔치 않았기 때문이다. 기력이 쇠해서 자식에게 의지할 때까지 사는 사람도 많지 않았고, 그렇더라도 오래지 않아 죽었기 때문에 부모 봉양 기간이 길지 않았다. 긴 병에 효자 없다고, 몇 년이면 몰라도 수십 년 부모 모실 자식은 옛날에도 그리 많지 않았을 것 같다. 고려장이라는 말이 왜 있었겠는가.

---

83 경제가 계속 성장하면 순 혜택은 플러스(+)일 수 있으므로, 엄밀히는 비용과 혜택의 배분이 유사해야 공정한 계약이다. 하지만 편의상 비용과 혜택을 더한 게 0이라고 해도 무리는 없겠다.

두 번째는 노후 보장에 국가 역할이 커졌기 때문이다. 과거에는 노인 부양 책임이 거의 전적으로 가족에게 있었지만, 이제는 상당 부분 국가 책임이 됐다. 아마 설문 조사를 하면 가족보다 국가 책임이 더 크다는 응답이 많을 것이다. 세 번째는 재산 축적과 금융 발달로 근로 시기에 스스로 노후 대비를 할 수 있게 되었기 때문이다. 과거에는 스스로 노후 대비하기가 어려웠다. 그래서 장성한 내가 부모를 모시면, 다시 내 자식이 성년이 되어 늙은 나를 부양하는 식으로 노후 대비가 이뤄졌다.

이 책에서는 줄곧 연금이 지속 가능하려면 낸 것(+운용 수익)만큼 받아야 한다고 했다. 낸 만큼 받는 연금은 바로 두 번째와 세 번째 즉, 노후 보장의 국가 책임과 근로 세대 스스로의 노후 대비가 결합된 것이다. 가족 대신 국가가 책임지되, 노후에 받을 만큼 근로 시기에 보험료를 적립하는 것이기 때문이다. 또한, 이는 고령화라는 인구 구조 변화로 위기에 처한 세대 간 계약을 온전하게 유지하는 방법이기도 하다. 자기 세대 쓸 것은 자기 세대가 벌어서 충당하면 인구 구조가 어떻게 변하든 각 세대의 순 혜택은 동일하게 0이 되어 공정하다. 계약 파기를 걱정할 이유가 없다.

따지고 보면 자기 세대 쓸 만큼 자기 세대가 부담하는 것은 과거에도 세대 간 계약이 지속하기 위한 암묵적 약속이었다. '미성년-성년-노인' 세 세대 인구 비중이 일정한 상태에서는 과거, 현재, 미래에 성년 세대가 노인 세대 부양하기 위해 지는 부담이 유사하다. 결국, 자기 세대가 쓸 만큼 자기 세대가 부담하는 셈이다. 세대 간 인구 비중 변화로 이게 안 지켜지게 되니 문제가 된 것이다. '자기 세대 쓸 것 자기 세대 마련' 원칙만 지키면 고령 사회라도 재정의 지속 가능성을 걱정할 이유가 없다. 이렇게 생각하면 고령 사회 대응이 그다지 어렵지 않다고 느껴진다. 하지만 이 원칙을 지키는 게 쉽지는 않다. 기존의 '낸 것보다 훨씬 많이 받는 연금'을 낸 만큼 받도록 고치자는 것도 반대가 심하다. 하물며 미리 기금을 적립할 수도 없는 건강보험과 장기요양보험은 어떻게 할 것인가. 또 기초연금 등 일반 재정(조세)이 재원인 각종 사업은 어떻게 할 것인가. 기술적으로 까다롭고 정치적으로도 설득이 쉽지 않다.

다시 말하지만, 내 나이 또래 중에 나중에 자식 덕 보겠다는 부모는 거의 없다. 그렇다면 우리 세대가 쓸 것은, 자식 세대에게 떠넘기지 말고 우리가 마련하자는 데에 반대할 기성세대도 드물 것이다. 국민 개개인의 정서와 의지가 이렇다면, 이를 제대로 반영하는 제도를 설계하고 운영하는 것은 정치와 행정의 몫이다.

연금 개혁은 정부와 정치권의 책무

이 책을 읽은 후, 독자 여러분은 우리의 연금에 대하여 좀 더 긍정적으로 되었는가, 부정적으로 되었는가. 한국 사회의 미래에 대해 좀 더 낙관하게 되었는가, 더욱 비관하게 되었는가. 한국의 고령화 속도는 세계에서 가장 빠르다. 이미 65세 이상 고령자가 전체 인구의 20%에 육박했으며, 30여 년 뒤에는 일본을 제치고 세계 1위가 될 전망이다. 이에 대응하려면 조만간 연금 보험료율은 상당히 높아져야 하며, 건강 및 장기요양보험료율도 꾸준히 높여가야 한다. 그래서 재정 지속 가능성을 높이기 위한 개혁이 순조롭게 이뤄지더라도, 2050년대 중반에는 사회보험료 부담만 소득의 30%(임금근로자는 절반) 정도가 될 것이며, 여기에 조세 부담도 더 늘어야 한다. 사회보험료와 조세 부담을 합치면 대다수 근로 세대는 자기 소득의 1/3이 넘고, 상당수는 거의 절반에 이를 것이다. 지출 관점에서 보자면, 2022년 기준 GDP 대비 14.8%인 복지 지출 규모는 2050년대 중반에는 적어도 25%는 넘을 것이며, 여기에 다른 분야 지출을 더한 총지출은 50% 가까이 될 것이다.[84]

지금보다 지출이 너무 커진다. 도저히 감당이 안 된다고 생각할 수도 있다. 하지만 그렇게까지 비관할 문제는 아니다. 그 이유는 이렇다. 우선 이 정도 지출은 우리가 벤치마킹하는 대다수 유럽 국가는 이미 하고 있다. 가장 지출 규모가 큰 프랑스의 복지 지출과 총지출은 2022년 기준으로 각각 31.6%, 58.1%이다. 1장의 〈그림 1-1〉의 OECD 국가 중 16개 유럽 국가의 평균을 보면 복지 지출은 25.1%이고 정부 지출은 48.3%이다.

30여 년 뒤 우리의 1인당 GDP 수준은 이들 국가의 현재 1인당 GDP보다 훨씬 높을 것이다(지금은 우리가 약간 작다). 1인당 GDP가 높을수록 정부 지출을 감당할 힘은 커진다. 자기 소득이 100만 원일 때 20%를 조세와 사회보험료로 떼어가면 80만 원만 본인 맘대로 쓸 수 있다. 하지만 자기 소득이 200만 원이면 30%를 조세와 사회보험료로 떼어가더라도 140만 원을 본인 맘대로

---

84 2020년에 발표된 재정 추계 전망에 따르면 2050년과 2060년 복지 지출은 각각 24.5%와 27.6%가 될 전망이다.

쓸 수 있다. 30여 년 뒤 예상되는 정부 지출이 그때의 우리 경제력으로 감당 못 할 수준은 절대 아니다. 물론 일찍이 복지국가를 완성했던 유럽과 우리의 정치·행정 여건은 사뭇 다르다. 우리가 참조할 미래로는 유럽 국가보다는 일본이 더 적합할 수 있다.[85] 그런데 일본의 2019~20년 GDP 대비 복지 지출과 정부 지출 규모는 각각 23.9%와 43.6%이다.[86] 그리고 일본의 1인당 GDP는 우리와 유사하다. 일본과 비교하더라도 그렇게 감당이 어려운 수준은 아니다.

그래도 여전히 감당하기 어렵다고 여겨지면, 이번에는 경제성장의 의미를 되새겨보자.[87] 작년보다 올해 대한민국 경제가 성장했다는 것, 1인당 GDP가 높아졌다는 것은 작년보다 올해 대한민국 국민이 쓸 수 있는 재화와 용역의 양이 그만큼 늘었다는 것을 의미한다. 대한민국의 경제 성장률은 점차 낮아질 것으로 전망되지만, 수십 년 뒤에도 여전히 플러스 성장을 할 것이다. 즉 우리가 쓸 수 있는 재화와 용역은 매년 늘어난다. 올해 생산된 재화와 용역으로 대한민국 국민을 먹여 살릴 수 있다면, 향후 더 많아

---

85 물론 일본은 국가 채무 규모가 GDP 대비 200%가 넘어서 OECD 국가 중 가장 크다. 이건 절대 우리가 따라 할 수도 없고 따라 해서도 안 된다. 그런데 일본의 국가 채무가 이토록 커진 것이 복지 지출 증가 때문으로 보기는 어렵다. 일본의 국가 채무가 급증한 것은 1990년대 중반부터인데, 이때의 일본 복지 지출 규모는 크지 않았다. 예를 들어 2000년 일본의 복지 지출은 14.9%로 현재의 우리와 비슷한데, 국가 채무는 그때 이미 140%가 넘었다.

86 이 글을 쓰고 있는 2023년 9월 현재, OECD 사이트에서 구할 수 있는 일본의 가장 최근 자료는 2020년 것이다. 그런데 2020년은 코로나19 사태로 인해 각국의 복지 및 정부 지출이 크게 늘었던 해이다. 2020년 일본의 GDP 대비 복지와 정부 지출 규모는 각각 24.9%와 48.4%이다. 이에 비해 직전 해인 2019년의 복지 지출과 정부 지출은 각각 22.8%, 38.8%였다. 그래서 2019년과 2020년의 평균치를 사용한 것이다.

87 1인당 GDP가 경제력을 제대로 보여주는 지표인가에 대해 논란이 있기도 하지만, 1인당 GDP가 상승하면 그만큼 경제력이 높아진다고 전제하자.

진 재화와 용역으로 그때의 국민을 먹여 살리지 못할 리 없다.

　정부 지출, 그중에서도 특히 복지 지출은 국민에게 직접 혜택이 돌아간다. 연금 지출은 노후 생활 밑천이 된다. 장기 요양 지출은 거동 불편한 노인의 삶을 지탱해 준다. 연금 지출이 줄면 그만큼 노후 생활 유지를 위한 사적 지출이 늘어야 한다. 장기 요양 지출이 줄면 그만큼 자식이 부모를 수발해야 하거나, 사적 요양 보호사 고용을 위한 지출이 늘어야 한다. 국가의 복지 지출이 줄면 그 대신 개인과 가족의 부담이 늘어야 한다. 그래서 한 사회의 복지 지출 규모는 노령·질병·요양 등의 사회적 위험에 대해 얼마를 국가가 책임지며, 얼마를 개인과 가족의 부담으로 넘길 것인가에 의해 결정된다.

　국가가 책임지든 사적으로 해결하든, 대한민국이 미래의 노후 소득 및 노인의 질병·요양 문제에 얼마나 여유 있게 대응할 수 있는지는, 원천적으로 여기에 사용할 재화와 용역의 양이 얼마나 되는지, 이를 결정하는 경제력에 의해 좌우된다. 물론 대한민국 국민 전체를 먹여 살리기에 충분한 재화와 용역이 생산된다고 해서, 고령 사회 문제가 저절로 풀리지는 않는다. 총량만 문제가 된다면 왜 우리의 노인 빈곤율이 다른 OECD보다 압도적으로 높겠는가. 우리의 경제력(1인당 GDP)은 OECD 국가 중 중간 정도에 해당하는데도 말이다. 우리와 1인당 GDP가 유사한 국가로는 이탈리아, 뉴질랜드, 이스라엘, 스페인 등이 있는데, 이들 국가의 노인 빈곤율은 순서대로 11.3%, 10.6%, 20.6%, 10.2%이다. 40% 내외인 우리와는 너무나 다른데, 이는 그 사회에서 생산한 재화와 용역을 어디에 얼마나 배분했는가에 따른 결과다.

정리하면, 고령 사회 문제의 해법은 먼저 파이를 키우고, 이를 고령 사회 수요에 맞춰 잘 배분해야 한다는 것이다. 그런데 이는 경제의 근본 문제인 성장과 분배를 잘하라는 말과 같다. 결론이 허탈하다고 느껴질 수 있다. 결국, 내가 하고 싶은 말은 고령 사회라고 해서 특별난 게 아니며, 근대 이후 어느 사회 어느 시절이든 항상 화두였던 견실한 성장과 좋은 분배가 약간 다른 형태로 우리 앞에 놓였을 뿐이라는 것이다. 그러니 초유의 사태이고 답이 없다면서 너무 비관할 필요는 없다는 것, 그저 지금 우리가 해야 할 일들을 정하고 하나씩 차근차근 이뤄가면 된다는 것이다. 이 책을 마무리하면서 꼭 하고 싶은 말을 전한다.

"수십 년간 성실히 일하면서 꾸준히 보험료를 납부했다면, 국민연금과 퇴직연금만으로도 웬만큼 노후 소득이 보장되어야 한다. 또한, 이는 미래 세대도 동등하게 누려야 한다. 이는 복지 국가의 당연한 책무이다. 이를 못 한다면 정치권과 정부의 직무 유기다."

한글 자료

강성호·정원석·이상우·이소양, 《퇴직연금 지배 구조 개편 논의와 정책 방향》, 보험연구원, 2022.

김영순, 《코끼리 쉽게 옮기기: 영국 연금 개혁의 정치》, 후마니타스, 2014.

김원섭·강성호·김형수·이용하, 〈우리나라 공적연금의 보편적 중층 보장 체계로의 재구축 방안에 관한 연구〉, 《사회보장연구》 32(4), 2016, 1~29쪽.

김원태, '공무원 연금 개혁으로 겨우 134만 원 받는다? 실제 산출해 보니 2020 입직자도 267만 원 이상', 〈대한뉴스〉 2020년 11월 4일자.

김용하, 〈인구 구조 변화와 사회보장 재정〉, 《보건복지포럼》, 보건사회연구원, 2019.

_____, 〈시뮬레이션 기법을 이용한 국민연금의 제도적 지속 가능성 고찰〉, 《보건사회연구》 39(2), 2019.

김우창, 〈기금 운용 수익률 제고 방안에 관한 공청회 발제문〉, 국회 연금개혁 특별위원회(2023. 4. 26.)

김태일, 〈노후 소득 보장 강화를 위한 국민연금 개혁안〉, 양재진 외 《복지의 미래와 재정》, 한국조세재정연구원, 2022, 209~256쪽.

_____, 〈국민연금 개혁 방안에 대한 평가〉, 《한국행정연구》, 32(3), 2023.

김태일·신영민, 〈OECD 국가 비교를 통한 국민연금 보장성 강화 방안〉, 《정부학연구》 28(3), 2022, 5~33쪽.

김태일·최영준, 〈노동 시장의 변화와 국민연금 사각지대에 대한 대안〉, 《한국정책학회보》 26(2), 2017, 395~418쪽.

남재우, 〈공적연금의 재정 방식과 연금 개혁〉, 《자본시장 포커스》, 자본시장연구원, 2023-16호, 2023.

류재린·권혁진·우선희,《지역 가입자 연금 보험료 지원 제도의 효과 추정: 마이크로시 뮬레이션 모형을 중심으로》, 한국보건사회연구원, 2022.

류재린·정해식·이용하·신화연·이다미·이지혜,《공적연금 재구조화 방안 연구》, 한국 보건사회연구원, 2022.

밀턴 프리드먼, 심준보·변동열 옮김,《자본주의와 자유》, 청어람미디어, 2011.

밀턴 프리드먼·로즈 프리드먼, 민병균·서재명·한홍순 옮김,《선택할 자유》, 자유기업 원, 2022.

박영곤·윤석명,〈서유럽 주요국들의 연금 제도 분석 및 시사점: 덴마크·영국·스웨덴· 이탈리아를 중심으로〉, 대외경제정책연구원, 2002.

백학영,〈세계은행과 ILO의 연금 패러다임 비교: 공적연금의 목적을 중심으로〉,《사회 복지정책》24, 2006, 61~88쪽.

민재성·김중수·이덕훈·서상목·이혜호·구성열,《국민연금 제도의 기본 구상과 경제 사 회 파급 효과》, 한국개발연구원, 1986.

서상목·민재성·김중수·이덕훈,《국민연금 제도의 기본 구상과 경제 사회적 효과 분석》, 1986.

석재은,〈기초 연금 도입과 세대 간 이전의 공평성〉,《보건사회연구》35(2), 2015, 64~99쪽.

_____,〈공적연금의 지속 가능한 다층 기본 보장 방안〉, 보험연구원·한국 사회보장학 회 공동 세미나(2023. 2. 27).

석재은·김수봉·이정우·지은정,《OECD 국가의 기초보장과 공적연금 체계 비교 연구 (Ⅰ)》, 한국보건사회연구원, 2004.

성혜영,〈1985년 일본 공적연금 제도의 구조적 개혁 사례 연구〉,《입법과 정책》11(3), 2019, 179~204쪽.

성혜영·김혜진·최웅비·신승희,《국민연금 재정 목표 달성을 위한 제도 및 기금 운용 개선》, 국민연금공단 국민연금연구원, 2022.

신진욱,《그런 세대는 없다》, 개마고원, 2022.

송홍선,《DC형 퇴직연금의 노후 안전망 역할 강화 연구》, 자본시장연구원, 2022.

_____,《수익률 제고를 위한 퇴직연금 자산 운용 체계 개선 방향》, 자본시장연구원 이 슈 보고서 19-10, 2019.

안서연·백학영,《베이비 부머의 소득, 소비, 자산의 구성과 분포 변화 연구: 베이비 부 머 이전 세대와의 비교를 중심으로》, 국민연금공단 국민연금연구원, 2020.

양재진, 〈세계은행과 국제노동기구의 연금 개혁전략 비교연구: 한국에의 적용과 대응〉, 《한국정책학회보》 10(3), 2001, 225~246쪽.

_____, 〈스웨덴 연금 제도의 이해와 쟁점 분석〉, 《사회과학논집》 42(2), 2011, 105~127쪽.

원종욱·신진영·이승호·남재우·주성철·장철, 《국민연금 기금 운용 중장기 전략 수립》, 한국보건사회연구원 연구보고서, 2013.

유종성, 〈국민연금 개혁의 트라일레마, 해결 방안을 찾아서〉, 《사회보장연구》 38(3), 2022, 355~391쪽.

유호선, 〈퍼지셋 이상형 분석을 통한 공적 노후 소득 보장 체계의 유형화-최저 소득 보장 제도의 영향력을 고려〉, 《사회복지정책》, 49(1), 2022, 157~187쪽.

_____, 〈연금 제도의 지속 가능성에 대한 이론적 고찰: 국제 기구들의 논의를 중심으로〉, 《사회보장연구》 36(2), 2020, 1~35쪽

_____, 〈네덜란드의 다층 노후 소득 보장 제도 분석 및 한국을 위한 시사점〉, 《유럽연구》 40(3), 2022, 221~249쪽.

_____, 〈독일과 스웨덴의 공적연금 재정 안정화 개혁 비교 연구〉, 《유럽연구》 39(4), 2021.

유호선·유현경·손원섭, 《국민연금 재정 안정화 방안》, 국민연금공단 국민연금연구원, 2019.

유호선·김성일·유현경·손현섭, 《퇴직연금의 노후 소득 보장 기능 강화 방안》, 국민연금공단 국민연금연구원, 2022.

유호선·이은실·정인영·김형수·이예인, 《국민연금 급여 적정성 보장을 위한 최저 소득 보장 제도 도입 검토》, 국민연금공단.

유희원·류재린·김혜진·김아람, 《국민연금 제도의 사각지대 현황과 대응 방안》, 국민연금공단 국민연금연구원, 2021.

윤석명·신화연·유재린·이병재·한수진, 《국민연금 재정 안정화를 위한 공적연금 제도 개혁 방안 모색》, 국회입법조사처, 2022.

윤홍식, 〈역진적 선별성의 지속과 확장성의 제약, 2008~2016: 이명박·박근혜 정부 시기 한국 복지 체제의 특성〉, 《한국사회정책》 25(4), 2018, 163~198쪽.

이용하, 〈국민연금과 공무원연금의 관계 정립 방안: 통합·일원화를 중심으로〉, 정책기획위원회 발표 자료, 2022.

_____, 〈우리나라 노후 보장 개선 방안: 국민연금 개혁을 중심으로〉, 정책기획위원회 발표 자료, 2021.

이은주·주은선·제갈현숙, 《일하는 사람을 위한 공적연금 개혁 방안: 국민연금 중심 구조 개혁 방안》, 한국노총 중앙연구원, 2022.

이준행, 〈기금 운용 수익률 제고 방안에 관한 공청회 발제문〉, 국회 연금개혁 특별위원회(2023. 4. 26)

이철승, 《불평등의 세대: 누가 한국 사회를 불평등하게 만들었는가》, 문학과 지성사, 2019.

정경배·박경숙·박능후, 《국민연금 확대 방안 연구-기초 연금제와 소득 비례 연금제의 일원적 설계》, 한국인구보건연구원, 1988.

_____, 《기초 연금 제도 정책 구상과 사업장 확대》, 한국인구보건연구원, 1989.

정문경·원종현, 《국민연금의 전략적 자산 배분이 수익률에 미치는 영향》, 국민연금연구원, 2005.

정인영·권혁창·유희원, 〈미취업 청년층을 위한 국민연금 크레딧 제도 개선 방안 연구〉, 《사회 과학연구》 29(1), 2018, 153~175쪽.

정인영·정창률·권혁창, 〈다층 노후 소득 보장 체계의 변화 영국의 공·사적 연금 제도를 중심으로〉, 《사회과학연구》 36(2), 2020, 21~46쪽.

정창률, 〈노후 소득 보장 기능 강화를 위한 퇴직연금의 과제: 시장 창출, 시장 수정, 시장 보상의 관점에서〉, 《한국사회정책》 30(1), 2023, 189~215쪽.

_____, 〈퇴직연금 지급 방식 개선에 관한 연구〉, 《한국사회정책》 28(4), 2021, 43~70쪽.

주은선·오건호·이은주·전미나, 《공적연금 발전 방안 연구》, 저출산고령사회위원회, 2021

최옥금, 〈기초연금과 국민연금 관계에서의 현황 및 이슈〉, 연금전문가포럼 발표 자료, 국민연금연구원, 2022

투키디데스, 천병희 옮김, 《펠로폰네소스 전쟁사》, 도서출판 숲, 2011.

피케티, 장경덕 옮김, 《21세기 자본》, 글항아리, 2014.

제5차 국민연금 재정 계산 공청회 발표 자료, 재정계산위원회 공청회(2023년 9월 1일).

영문 자료

Barr, Nicholas, *Reforming pensions: Myths, truths and policy choices*, International Monetary Fund WP/00/139, Washington, DC, IMF, 2000.

Barr, Nicholas, and Diamond, Peter, *Reforming Pensions: Principles and Policy Choices*, Oxford University Press, 2008.

Bonoli, Giuliano, *The politics of pension reform: institutions and policy change in*

Western Europe, Cambridge University Press. 2000.

Bonoli, Giuliano, "The Politics of the New Social Policies: Providing Coverage against New Social Risks in Mature Welfare State," *Policy and Politics* 33(3), 2005, 431~449.

Casey, B, H, and Dostal, J, M, "Voluntary pension saving for old age: Are the objectives of self-responsibility and security compatible?", *Social Policy & Administration* 47(3), 2013, 287~309.

Holzman R., and Hinz, R., *Old Age Income Support in the 21st Century: an International Perspective on Pension Systems and Reform*, Washington, D. C.: The World Bank, 2005.

Gillion, Colin, et al., *Social Security Pensions: Development and Reform*, ILO, 2000.

Lindert, Peter. H, *Growing Public: Social Spending and Economic Growth*, Cambridge University, 2004.

Myles, John and Paul Pierson, "The Comparative Political Economy of Pension Reform", in: Paul Pierson (ed.), *The New Politics of the Welfare State*, Oxford: Oxford University Press, 2001, 305~333.

European Commission, *The 2021 Pension Adequacy Report: current and future income adequacy in old age in the EU*, 2022.

European Commission, *The 2021 Ageing Report–Economic and budgetary projections for the EU Member States (2019–2070)*, 2022.

ILO, *Economic Security for a Better World*, 2004a.

____, *A fair Globalization: The Role of the ILO*, Report of the Director-General on the World Commission on the Social Dimension of Globalization, 2004b.

____, *Social protection for older persons: Policy trends and statistics*, 2017.

____, *Social protection for older persons: Key policy trends and statistics*, 2014.

OECD, *Pensions at a Glance 2021: OECD and G20 Indicators*, OECD Publishing, Paris, 2022.

____, *OECD Reviews of Pension Systems: KOREA*, 2022.

World Bank, *Averting the old age crisis: Policies to protect the old and promote growth*, The World Bank, 1994.

_____, *Old Age Income Support in the 21st Century: The World Bank's Perspective on Pension System and Reform*, 2005.